Harald Sæverud

Lorentz Reitan

Harald Sæverud

(1897–1992)

Mannen, musikken og mytene

Forum/Aschehoug

Utgitt i samarbeid med Stiftelsen Siljustøl og med støtte fra Bergenshalvøens
Kommunale Kraftselskap og Norsk kulturfond
Billedredaksjon, formgiving og layout: Inger Bentzon
Satt med Adobe Garamond og Futura i Aschehougs Bokverksted
Repro: Tangen/Oslo
Papir: 130 g Multi Art Silk
Printed in Norway
Reistad Offset, Oslo 1997
ISBN 82-03-29078-7

Innhold

1925–1930

1930–1940

1940–1950

1950–1960

Forord

«Jeg håper min musikk har sin fremtid, selv har jeg bare min fortid.» Det var komponistens svar på spørsmålet om hva som ville leve lengst: Harald Sæveruds komposisjoner eller anekdotene om ham. Men det er gjerne de mange historiene som med årene har dominert bildet av en særpreget tonekunstner som skulle få tilnavn som «eneren», «the grand old man» og «nestoren» i norsk musikk. Da han gikk bort i 1992, ble han til og med æret med statsbegravelse, og minnestunden i Grieghallen i Bergen kunne oppleves i de tusen hjem via TV-skjermen. Den var en statsleder verdig.

Men hvem var egentlig Harald Sæverud, og hvordan fortoner hans livsverk seg, i forlengelsen av publikumstrefferne *Kjempeviseslåtten*, *Rondo amoroso*, *Sinfonia dolorosa* og *Peer Gynt?* Denne bok pretenderer ikke å gi alle svarene. Den er et forsøk på å skissere et bilde av en person som var nærmest 100% oppslukt av sine noter – det meste i hans tilværelse dreide seg om hans eget musikalske univers. Derfor har jeg også valgt å følge Harald Sæveruds livsløp hovedsakelig gjennom verkenes tilblivelse, og den fysiske realiseringen på konsertarenaen. Her er også avstikkere til miljøet omkring, ikke minst til slekt og familie som var av stor betydning for Harald Sæverud.

At boken foreligger på dette tidspunkt har sammenheng med at man i 1997 kan feire 100-års jubileet for komponistens fødsel. Ideen til skriftet er ikke min, den ble opprinnelig luftet av representanter for Bergenshalvøens Kommunale Kraftselskap overfor Stiftelsen Siljustøl. Selskapet kunne tenke seg å støtte et bokprosjekt i anledning jubileumsåret. Når undertegnede tok imot utfordringen til

– på fritt grunnlag – å forfatte boken, skyldtes det ikke minst mitt personlige forhold til Harald Sæverud. Våre første møter fant sted på slutten av 1970-tallet, og det skulle bli mange av dem, både med og uten akevitt iblandet malurt, som helsefantasten og naturtilbederen hadde stor tro på. Resultatet av samtalene ble nedfelt i flere skriftlige arbeider, deriblant i en større leksikonartikkel.

Likevel var det mange ubesvarte spørsmål. Hvilket liv hadde han *egentlig* levet? Hva var påvirkningskreftene i hans utvikling? Hvordan ble han mottatt av det toneangivende musikkmiljøet? Hvordan hadde hans egen rolle i det offentlige rom vært? En rekke kilder har bidratt til forsøkene på oppklaring, i slutten av boken er det redegjort for dem. Av særlig betydning må nevnes Harald Sæveruds etterlatte papirer i hans hjem Siljustøl. Om den ikke er komplett, så har samlingen avdekket mange tråder som det senere har vært spennende å trekke i.

Harald Sæveruds originalitet ga seg utslag i komposisjoner som ikke alltid falt i god jord. Men denne moderne klassiker, med melodien som skapende rettesnor, har på ingen måte sagt sitt siste ord i konsertsalen. Jubileer kan aktualisere en kunstner for en stakket stund. Forbausende lite fra Harald Sæveruds verkliste er kjent i dag, kanskje fordi noen få folkekjære stykker har overskygget resten. Men det spørs om ikke tiden nå er inne for en bredere Sæverud-renessanse. I en tid hvor naturen igjen er i ferd med å komme til heder og verdighet vil hans musikk, som i stor utstrekning bygger på nettopp naturopplevelser og – inspirasjon, kunne finne et næringsrikt jordsmonn. Som alternativ til den teknologiske kompleksitet kan det iblant være befriende å lytte til gutten som holder opp en enkel gjenstand og roper: «Jeg fant, jeg fant!».

Bergen den 6.1.1997
Lorentz Reitan

1897–1920

Fødsel og barneår

17. april 1897 slo Harald Sigurd Johan Sæverud øynene opp for første gang. Det skjedde i Nordnesbakken 7, ytterst på Nordnes som strekker seg ut i Byfjorden i Bergen med Vågen på den ene siden og Puddefjorden på den andre. Barnets foreldre var begge innflyttere til byen. Faren Herman Pedersen Sæverud kom fra Bremnes på øya Bømlo i Sunnhordland, mens moren, Cecilie Bårdsdatter Tvedt var født i Samnanger ca. 40 km øst for Bergen, innerst i den trange Samnangerfjorden. Harald var barn nummer fire i en barneflokk som med årene skulle vokse seg til åtte. På dette tidspunkt hadde han to søstre, Hildur Marie på seks år og Martha Susanna som fylte tre år noen uker senere. Hans eldste bror, Bjarne Peder Olai, kunne feire sin femårsdag nøyaktig en uke etter at Harald Sigurd Johan kom til verden.

Fødselen ble neppe bemerket mange andre steder enn i Nordnesbakken 7. Det var påskeaften, men bergensavisene kom ut og i Bergens Tidende var toppoppslaget på førstesiden en annonse fra P. M. Hansens Modemagazin. Inni avisen stod det en melding om at komponisten Johannes Brahms ble «den 6te ds. med megen Højtidelighed begraven i en af Wiens Kommune skænket Grav ved Siden af Beethovens sidste Hvilested.»

Avisen Arbeidet på sin side, polemiserte mot det såkalte «arbeidervenlige kapitalistorgan» Bergens Tidende som «søger at bekjæmpe en selvstændig arbeiderbevægelse i vor by ved forskjellige mindre hæderlige midler.» Ellers ble det reklamert for teatrets oppførelse av operetten «Cornevilles klokker» to dager senere, mens Eldorado konkurrerte med teatret om publikums oppmerksomhet ved å tilby «2 sensati-

Nordnesbakken 7 hvor Harald Sæverud kom til verden. Huset var bygget på den nedlagte St. Pauls kirkegård, som var forbeholdt forbrytere og fattigfolk. De makabre omgivelsene ga komponisten en overbevisende forklaring på hvorfor så mye av hans musikk gikk i moll-tonearter.

onelle Varietéforestillinger» og en «storartet Galaforestilling».

Så lenge bodde ikke Sæverudfamilien i Nordnesbakken 7. Ifølge ham selv skal de ha flyttet til Haugeveien 17 som ikke lå mange kvartalene unna, før de fortsatte sin omflakkende tilværelse til Minde, dengang beliggende i Bergens nabokommune Fana. Men Nordnesbakken 7 skulle komme til å få en nesten magisk betydning for Harald Sæverud. Mange år senere gikk det opp for ham at huset hadde stått på et område som tidligere hadde vært kirkegård. Og det var ikke hvilken som helst kirkegård heller. Det var den bergenske fattigkirkegården St. Paul hvor samfunnets tarveligste og ynkeligste legemer ble stedt til hvile. Her ble også byens forbrytere lagt under torven. Gravplassen var underlagt Nykirken og hadde vært i bruk fra 1650 til 1856. Da behovet for tomteland for den stadig ekspanderende byen meldte seg på slutten av århundret, ble St. Pauls kirkegård regulert til boligformål, og over grunnen som rommet knokler og hodeskaller, reiste det seg på begynnelsen av 1890-tallet leiegårder.

Harald Sæverud var omkring de femti da det gikk opp for ham hvordan omgivelsene hadde vært under hans første oppvekstår. Gjennom historien om kirkegården fikk han en overbevisende forklaring på de melankolske trekkene han fant nærværende i sin musikk, for ikke å si i hans eget sinn. Studier ved Universitetsbiblioteket i Bergen avdekket de rystende opplysningene som senere skulle inngå i en forklaringsmodell han fastholdt helt til sin død. Med stor sans for dramatikk gav han i 1974 en meget fargerik beskrivelse av sitt fødested:

«Ikke bare en nedlagt gravplass, – nei, – selve byens fordums rettersted var grunnen under huset vårt! Her var det Sigurd Slembe ble fryktelig torturert, – lemmene knust, ryggen brukket, huden flådd av – . Her var det at «den falske Margrete» ble brent, og på bålet fødte et barn som ble «endt oppå spjot». Og her ble også Anne Pedersdotter senere brent som heks.

... For en påkjenning det må ha vært for min stak-

Utsikt over Bergen. Nordnes strekker seg ut i Byfjorden som en landtunge mellom Puddefjorden og den travle Vågen. I den fargerike bydelen hadde også Ludvig Holberg og Edvard Grieg tilbrakt sine barneår.

kars, lettskremte mor å få sin smertefulle forløsning der ute på dette all jammers forbannede sted, – og de tunge og mørke drag i mitt sinn må jeg ha suget i meg med morsmelken.»[1]

Den historiske korrekthet om detaljene kan nok trekkes noe i tvil, ifølge den historiske forskning skal f.eks. Sigurd Slembe ha blitt fanget og pint i hjel i slaget ved Holmengrå utenfor Strømstad i 1139. Men for Harald Sæverud ble den mest interessante også den mest overbevisende forklaring. Det er imidlertid et faktum at den ytre delen av Nordnes gjennom århundrer hadde vært et sentrum for militærmakt og henrettelser. Ut mot Puddefjorden, ikke mange metrene fra Nordnesbakken og enda nærmere Haugeveien, lå Galgebakken som var Bergens mest kjente rettersted. Like til 1830-tallet stod det en galge på toppen av bakken. De siste tiårene hadde den nok virket mer som en makaber advarsel, ettersom henrettelse ved hengning var blitt avskaffet allerede i 1815.

Nærmeste nabo til Galgebakken var Fredriksberg festning som ble bygget på slutten av 1660-tallet, og var i virksomhet som militært fort frem til 1872. Festningsverkene strakte seg rundt ytterspissen av Nordnes, og like overfor St. Pauls kirkegård stod et krutthus. Fra Nordnesbakken 7 hadde man utsikt mot dette.

Det hadde nok skjedd litt av hvert gjennom historien i strøket hvor Harald Sæverud trådte sine første barnesko, og med hans livlige fantasi var det sikkert fristende å vektlegge det som passet inn i en fargerik ramme. Kirkegården var ihvertfall en realitet, men i hvilken grad hans mor i det hele tatt hadde gjort seg noen tanker omkring stedets forhistorie kan man bare spekulere om. Det har tydeligvis ikke vært noe samtaleemne hjemme, all den stund Harald Sæverud først midtveis i livet fikk visshet om de makabre grunnforholdene. Og det var av andre personer enn medlemmer av familien.

Han ble døpt i Nykirken 2. mai 1897, og faren, Herman Pedersen Sæverud står i kirkeboken oppført som handelsborger. Herman P. Sæverud var bondesønn fra Bømlo, født i 1861, men gårdsbrukene på de kanter var ikke av en slik størrelse at de kunne brødfø barneflokken særlig utover konfirmasjonsalderen. Herman P. Sæverud dro til Bergen for å prøve lykken i en by i kraftig ekspansjon, hvor det alltid var muligheter for arbeidsvillige ungdommer fra landet. Han begynte i butikk. Først hadde han underordnede stillinger, men gradvis skulle han arbeide seg oppover på den sosiale rangstigen. I 1883 ble han medinnehaver i firmaet Haukeland, Tvedt og Sæverud som drev mel- og kolonialhandel i Vossegaarden 8 og 10 på Nordnessiden av Vågen, mellom Muralmenningen og Holbergsalmenningen.

Så å si gjennom firmaet traff han sin tilkommende Cecilie Bårdsdatter Tvedt fra Samnanger. Hun var søster av Herman P. Sæveruds kompanjong Johannes Tvedt, også han bondesønn som hadde trukket til byen. I motsetning til Herman P. Sæverud var Johannes Tvedt odelsgutt, men

Harald Sæveruds foreldre var begge av bondeslekt. Herman Pedersen Sæverud kom fra Bømlo i Sunnhordland, mens moren Cecilie Bårdsdatter Tvedt var født i Samnanger noen mil øst for Bergen.

hans talenter gikk i helt andre retninger enn et stabilt liv på landet. Han foretrakk byen og den dynamiske handel og vandel, og var den egentlige sjefen i Haukeland, Tvedt og Sæverud. Fra detaljhandel vokste forretningen etter hvert til å omfatte engrosvirksomhet, og i 1886 ekspanderte firmaet videre inn mot hardere vareslag. Man begynte å kjøpe opp skrapjern som ble solgt videre til jern- og spikerverk på Østlandet.

Den 29. mai 1887 stod bryllupet mellom Cecilie Bårdsdatter Tvedt og Herman Pedersen Sæverud. Hun var 18 år gammel, han 26 år. Alt tyder på at de nygifte flyttet inn over butikken, for da deres to førstefødte, Hildur Marie og Bjarne Peder Olai, ankom i henholdsvis 1890 og 1892, hadde familien Sæverud adresse Vossegården 8. To år senere bodde de i Nordnesgaten 2 og tre år deretter i Nordnesbakken 7. Alle stedene lå i gangavstand til Vossegården og butikken.

Herman P. Sæverud var født på gården Sæverud i Bremnes sogn, på nordvestsiden av Bømlo. Gården ligger midt i Bremnesbygda, men drar man vestover, kommer man rett ut i Nordsjøen. På innsiden av Bømlo reiser Siggjo-fjellet seg som et karakteristisk landemerke, og ikke langt derfra er Moster hvor Olav Tryggvason skal ha landet da han brakte kristendommen til Norge i år 995. Naturen er skrinn på Nordsjøsiden av øya, mer frodig på innsiden. Jordbruk har i århundrer vært kombinert med fiske. På mange måter fremstår øykommunen som et konsentrat av den ytre delen av vestlandskysten med sin overflod av små og store øyer, trange viker og mange naturlige havner. Historisk sett har også Bømlo dype røtter, og av arkeologen Haakon Shetelig er Bømlo blitt kalt «Sogelandet».

Harald Sæveruds far var den nestyngste av åtte barn, og av disse flyttet fire fra Bømlo, en døde ung, og tre av søsknene bosatte seg på øya. Dette var nok ikke uvanlig på den tiden, men man led ingen nød på Sæverud, og gården ble ansett som rimelig stor. Sæverudene var gårdbrukere så langt tilbake det er mulig å følge slekten, men hvor gammel Sæverudgården er, vet man ikke med sikkerhet. Gården regnes ikke blant de aller eldste bruk i Bremnes. Det er påvist at den var befolket fra omkring 1600, men den kan være adskillig eldre. Kanskje ble den ryddet så tidlig som før svartedauden, men at beboerne strøk med i pesten.

Navnet *Sæverud* kommer trolig av det gammelnorske *sævar* (genitiv av sær), «sjø», og *ruð*, «rydning». Altså en ryddet plass ved sjøen. *Sæverud* regnes som det opprinnelige navn, men det har vært skrevet på mange ulike måter gjennom tidene: *Siwidre* (1596), *SeffurEid* (1626), *Soeffuerud* (1645), *Seffrud* (1715). Gården ble også kalt *Øyjoro,* ødemarken eller ødegården, et navn man mener kan ha sammenheng med at gården hadde vært avfolket. *Øyjoro* går igjen i personnavn i ledd etter ledd, og selv Harald Sæveruds farfar står oppført i bøkene som Peder Pederson Øyjoro. Sæverud-navnet kommer igjen i bruk i det etterfølgende slektsledd, altså med Herman Pedersen Sæverud og hans søsken.

Sæverud- eller Øyjoro-gården var opprinnelig underlagt Finnås prestebol, og råderetten over gården lå hos prestene i Finnås. (Finnås var navnet på hele øykommunen inntil 1916, da den ble delt inn i henholdsvis Bremnes, Bømlo og Moster.) Den tidligste brukeren på gården man vet om er en viss Rasmus Seffuerud som er nevnt i skrifter fra 1612. Den første av Harald Sæveruds slekt som bebodde Sæverud/ Øyjoro var Peder Kjølvson Meling (1699–1770), komponistens tipp-tipp-oldefar. Han kom fra Meling som ligger litt lenger sør i sognet, og drev fra 1733 halvparten av den opprinnelige Sæverud-gården, som noen tiår i forveien var blitt oppdelt i to omtrent like store bruk.

Jorda på Sæverud ble ansett som god, og til gården lå det også andeler i flere fiskeviker. Rikdom kan man på ingen måte snakke om, men på Sæverud/Øyjoro hersket det en viss form for velstand etter datidens målestokk. Da Peder Kjølvson Meling gikk bort, etterlot han seg en ikke ubetydelig mengde sølv, dessuten 4 kyr, 2 kviger, 6 sauer og fjerdeparten av en makrellnot. At han også nøt tillit i omgivelsene, ser man av det faktum at han var lagrettsmann.

Hans sønn, Ola Pedersen Øyjoro (1742–1823) steg enda et hakk på den sosiale rangstigen. Foruten å etterfølge sin far som lagrettsmann, var han prestens medhjelper. Hovednæringen var tydeligvis fehold og fiske, og i bygslingsdokumentet heter det at Ola Pedersen skulle ha rett til en del «af den Fisk han og Medleylending med Nod fanger i Gaardens underliggende Kastevaager, samt sammes tilhørende Øer til græsning for sine Smaler.»[2] Men han var også involvert i handelsvirksomhet av mer sofistikert slag, og i 1796 står han på vegne av 7 andre i distriktet som underskriver av en kontrakt for levering av hummer til England.

Hans sønn Peder Olson Øyjoro (1780–1858), altså Harald Sæveruds oldefar, utvidet fiskerivirksomheten gjennom å bygsle mer land med fiskerettigheter. Men han måtte sørge for at kirken fikk sin rettmessige del av fangsten, og at geistligheten hadde sans for de mer elegante gastronomiske finesser, kan følgende setning i bygslingsdokumentet tyde på: «Saa maa han ej selv optage eller tillade andre at optage Østers som maatte findes ved denne Gaardeparts Strand, uden Beneficarie udtrykkelige Tilladelse.»[3]

Selv om Peder Olson satt godt i det økonomisk og

ble regnet som velstående, så fikk han en ripe i lakken under Napoleonskrigene da dobbeltmonarkiet Danmark-Norge befant seg i krig med England. Situasjonen er beskrevet i bygdeboken for Bømlo: «I krigen 1807–14 var Peder seksjonsjef for kystverket, men vart dømd til 'vanærende straf', trulig i samband med krigsrettsaka etter at den engelske fregatten hadde vore inne i Bekkjarvik og kapra ei kornskute. Peder hadde ikkje røysterett på grunn av dette.»[4] Det heter seg at han senere skal ha fått tilbake alle sine rettigheter.

Peder Olson Øyjoro var også musikalsk. Harald Sæverud fortalte ofte om sin oldefar og hans vokale evner. Han var omgangsskolelærer og alle kunne høre når Peder Olson var på vei, for han sang bestandig. Da han var i kystvernet, måtte de engang søke nødhavn, men i det forrykende været var det uråd å tenne bål. «Sovner folkene inn, så fryser de ihjel, tenkte min oldefar. Men så fant han en utveg: 'Hør her karer! Nå skal jeg kvede for dere, og hvis dere kan gripe meg i at jeg gjentar meg, enten i ord eller tone, skal dere få sove.' Og han kvad hele natten og reddet dem.»[5]

Harald Sæveruds farfar Peder Pedersen Øyjoro (1819–1897) overtok i 1837 den ene halvparten av gården. Gjennom et såkalt «kongeskjøte» var denne delen blitt selveiende, og selv om hans andel bare tilsvarte halvparten av farsgården, så ble dette delvis kompensert av at hans kone, Harald Sæveruds farmor, brakte andeler av andre eiendommer inn i fellesboet.

Peder Pedersen mistet imidlertid sin kone i 1867, dermed ble Harald Sæveruds far morløs i en alder av seks år. Faren giftet seg opp igjen, men gården overlot han til Hermans eldste bror som imidlertid ikke fikk så stor glede av den. Han døde etter bare syv år som bonde. Enken fortsatte driften med ny ektemann, men i 1899 ble gården solgt ut av Sæverudslekten.

At Herman P. Sæverud tidlig måtte livberge seg selv var sannsynligvis en dyd av nødvendighet etter disse familie- og eiendomsforandringene. Men slekten hadde likevel en tilknytning til Bremnes, riktignok ikke til den gamle slektsgården. De sommeroppholdene som Harald Sæverud senere refererer til, fant sted hos hans onkel Andreas, Hermans yngste bror, som var bosatt på Sjøvoll, ikke så langt fra der Sæverud ligger.

Når Harald Sæverud senere kom inn på hva stein og karrig vestlandsnatur betydde for ham, så hadde kanskje disse følelsene sitt utspring nettopp i naturopplevelsene fra Bømlo. Havet utenfor ga også en helt annen dramatikk til tilværelsen enn det landskapet han gjennom morsslekten opplevde i Samnanger. Den lange Samnangerfjorden stod nok ikke slik i kok som båene utenfor skjærgården på Bremnes, hvor, ifølge Harald Sæverud, folkeferdet også hadde tatt farge av de personer som ble skyllet i land:

«De utfyldte hinannen så godt disse to feriestedene, Samnanger med sin milde ro både i landskap og folkelynne, og Bømmeløen med selve storhavet inn på livet, hvor det urene farvann og de lumske hvirvelstrømmer ned gjennom tidene har hatt skylden for utallige forlis. Om noen kom fra det i live, så ble det som oftest slutten på reisen. Da slo de seg ned på øyen og blandet seg med folket der. Dette stadige tilsig av fremmed blod har satt sine spor, ikke bare i utseendet, hvor de helt 'spanske' typer ikke er sjeldne, men også ved sitt livlige gemytt, sitt djerve lune og sin glade latter.»[6]

Også på morssiden var bøndene i flertall. Men det kulturelle miljøet i Samnanger artet seg på en annen måte enn ute mot Nordsjøen, og i Tveit-ætta, som morens slekt er blitt kalt, finner man også innslag av adelig blod og av kongelige embedsmenn. En av de første kjente forfedrene er lensherre og admiral Christoffer Trondsen Rustung som virket på første halvdel av 1500-tallet. Han skal en tid ha vært i tjeneste hos erkebiskop Olav Engelbrektson, men slo seg så på en militær karriere og avanserte til admiral og flåtesjef for den dansk-norske marine.

Admiralen hadde ambisiøse døtre, den ene var innblandet i en heller pikant affære med Maria Stuarts ektemann jarlen av Bothwell, som skal ha lovet damen ekteskap, et løfte han på ingen måte holdt. Det resulterte i rettssak med påfølgende erstatning til den forsmådde. Hennes søster som er neste ledd i Tveit-rekken, Dorthea Kristoffersdatter Rustung, ble gift med John Stuart, halvbror til Maria Stuarts far, den skotske kong Jakob 5. Dorthea Kristoffersdatter Stuart arvet etter sin far, admiralen, en eiendom på Steine ikke så langt fra Nordheimsund i Kvam, det som i dag er nabokommunen til Samnanger. På Steine skulle mange av etterkommerne slå seg til ro. Et par ledd etter Dorthea Kristoffersdatter blir en av futene i Hardanger, David Pust, inngiftet i Harald Sæveruds anegalleri.[7]

På 1700-tallet finner man den første personen av ætta som flytter fra Steine til Samnanger. Det skjer i 1749 da Johannes Bårdsson Steine (1715–81) inngår ekteskap med Marita Knutsdatter Tysse, og han forlater den vide Hardangerfjorden til fordel for det mer inneklemte Tveit i Samnanger. Sannsynligvis har Harald Sæveruds tipp-tipp-oldefar kommet den bratte veien over Tokagjelet og Kvamskogen til brudens hjembygd. Det er fra dette leddet at slektslinjene mellom Harald Sæverud og komponistkollegaen Geirr Tveitt springer ut, da bror og søster, Johannes Bårdsson og Marita Steine, er opphavet til hver av tonekunstnerne. De blir dermed seksmenninger.

Den mest interessante personen i rekken av Johannes eller Bård som familieoverhodet vekselvis blir døpt, er Harald Sæveruds oldefar Johannes Bårdsson Tveit (1786–1847). At den meget slektsbevisste komponisten skulle føle en særlig sterk tilknytning til akkurat ham, skyldes ikke minst oldefarens musikalske evner. Johannes Bårdsson Tveit var viden kjent som en av sin tids aller fremste hardingfelebyggere, og han har fortsatt et navn i den norsk folkemusikkens historie av den grunn.

Johannes Bårdsson Tveit skulle bli et viktig ledd i den felebyggingstradisjonen som startet med Olav Jonson Jaastad, som har laget den eldste kjente hardingfela, Jåstadfela fra 1651. Jaastad virket i Ullensvang lenger inne i Hardanger, men felekunsten spredte seg, og ikke minst far og sønn, Isak og Trond Botnen innerst i Fyksesundet, fikk

Tveita-fele bygget av Harald Sæveruds oldefar Johannes Bårdsson Tveit i 1821. Han ble regnet som en av de fremste felebyggere i første halvdel av forrige århundre, og var kjent for å lage særlig klangsterke hardingfeler. Instrumentet på bildet tilhørte Harald Sæverud.

stor betydning for den videre utforming av instrumentet.

Johannes Bårdsson Tveit fortsatte i det sporet som Trond Botnen hadde trukket opp, og «Tveita-felene» eller «Samnanger-felene» som hans instrumenter ble kalt, var så lydsterke at mange spillemenn foretrakk dem. Johannes Bårdson var meget nøye med valg av trevirke til felene sine, og han hadde ulike knep for å trylle frem maksimal lyd av emnene, kan folkemusikkforskeren Arne Bjørndal fortelle:

«Felevyrket fann han seg um våren. Det skulde helst vera vakse upp ved ei elv eller ein foss, for så hadde veden 'soge i seg noko av tonedraget frå elvesusen eller fosseduren', meinte han. Ei stor svartor la han eingong nedåt. Og denne vart bruka til botnar i mange gode felor. Ein skulde ikkje nytte nedste alnene av treet. Og ljonslegen ved var den aller beste. Å koka feittet av materialet måtte ein alltid gjera. Og etterpå lata det liggja under rennande vatn nokre dagar. Ei løynderåd var det å late nokre sterke, serlaga dropar ned i vatnet ein kokte feleveden i.»[8]

Johannes Bårdsson Tveit var kjent som en trivelig og munter person, og ikke så lite av en satiriker. Han hadde en dårlig fot som gjorde ham lite egnet til utearbeid, så felekunsten ble løsningen for ham. Men felebygging, spill og dans var en vederstyggelighet i de religiøse kretser. Da han på sine eldre år ble ille plaget av gikt, het det seg at det var straffen for at han hadde laget så mange syndige feler. Johannes Bårdsson hadde et lyst hode, noe Arne Bjørndal tilskrev at han på morssiden nedstammet fra den adelige Losnaætta, hvor et av medlemmene var Erik Loss som på 1500-tallet virket som rektor ved Latinskolen i Bergen. Det skal siden ha vært mange geistlige og boklærde personer oppover i den slekten.

At det var rike evner i familien er felemakerens sønn Bård Johannesson Tveit (1830–1917) et godt eksempel på. Denne Harald Sæveruds morfar stod sentralt i sin hjembygd. I yngre år virket han som lærer, og takket være sine store talegaver og den allmenne respekten han nøt, så ble han to ganger valgt som ordfører i Os og Samnanger. Han hadde også andre tillitsverv, og i mange år satt han i bestyrelsen for den lokale sparebank.

Bård Johannesson Tveit tilhørte de «vakte» og la ned mye arbeid i indremisjonen. Han hadde også en musikalsk åre som i yngre år skal ha fått utløp i felebyggingskunsten. Men dette ble en heller tvilsom geskjeft da han ble en kristen, derfor gikk han over til å lage trommer som kunne brukes både til bryllup og begravelse. Farsgården ser det ikke ut til at han har vært særlig interessert i. Da han var 32 år gammel, hadde han solgt ut to tredjedeler av gården, og i 1882 gikk hovedbruket samme veien. Den nevenyttige tusenkunstneren skaffet seg andre områder og ryddet seg en ny gård som fikk navnet Nytveit, og det var til Nytveit at Harald Sæverud kom på sommerbesøk i barneårene. En opplevelse herfra etset seg særlig inn i det sarte barnesinnet og skulle ifølge ham selv få konsekvenser for hans første symfoniske arbeide:

«Sammen med fullmånens søkelys inn gjennom det åpne vindu strømmet en helt fortrollet, uvirkelig musikk. Jeg hadde aldri hørt noe lignende, og lys og toner syntes å forene seg og bli et nytt og salig eventyr.

Det var uglene som holdt konsert der ute i måneskinnet. Jeg listet meg ut av vinduet, og i flagrende nattskjorte vandret jeg timevis så stille som mulig omkring i lien. Jeg var bergtatt av alle sommernattens undere, – de uvirkelige skygger i dette drivende sølvlyset, den berusende duft av blomster og blade, og det aller sarteste lydskum av bløte uglevinger. Og så det mangestemmige uglekor! Jo, – jeg var ført inn i en forhekset verden, og spiren til det som senere skulle bli min første symfoni, begynte sitt lille liv inne i meg, som et ekko av sommernattens trylleri.»[9]

Bård Johannesson Tveits boklige sysler smittet over på hans barn. Flere av Harald Sæveruds onkler fikk derfor utdannelse som muliggjorde karriere andre steder enn i lokalmiljøet. Onkel Nils studerte teologi og endte som sogneprest i

Trefoldighetskirken i Oslo, mens hans bror Vilhelm Bertin gikk inn i journalistikken. Via Aftenposten og Norsk Arbeidsgiverforening kom han til NRK, hvor han til slutt ble sjef for nyhets- og aktualitetsavdelingen. En tredje onkel, Kristian Tvedt, slo seg opp som ingeniør i New York. Eldstemann, Johannes Tvedt, foretrakk imidlertid den bergenske handelsstand, og gjennom ham er det nok at søsteren Cecilie møtte Herman Pedersen Sæverud fra Bremnes.

Velstand og konkurs

Da Harald Sæveruds far la Bømlo bak seg og begav seg på sin 70 kilometer lange reise nordover til Vestlandets hovedstad, kom han til en by som var ved begynnelsen av en lang oppgangsperiode. Bergen var mulighetenes by. Fra 1875 til 1900 ble folketallet mer enn fordoblet, fra 34 000 til 72 000, og mye av økningen skyldtes innflytting fra bygdene. Moderniseringen av by og næringsliv skjøt fart, innen skipsfarten gikk dampskipenes andel av tonnasjen opp fra 35% til 80% i løpet av 1880-årene, og industrialiseringen vokste.

Innen kommunikasjonene skjedde det også en revolusjon. Mens Bergen hadde vært helt avhengig av båten som transportmiddel med omverdenen, så kom etter hvert jernbanen til den gamle hansastad. Først i form av en smalsporet linje til Voss i 1883, men 26 år senere ble linjen mellom Bergen og Oslo åpnet. Dermed var Bergen «landfast» med resten av Norge. Samme år som Harald Sæverud ble født, kunne bergenserne reise med trikken, og lytte til larmen av en storstilet byggevirksomhet som hadde preget byen i en rekke år allerede.

Mot århundreskiftet ble således Torgallmenningen gitt et moderne city-preg med prangende og sterkt dekorerte bygninger i tidens stil, til erstatning for de mindre og mer klassisk utformede bygningene som stod der tidligere. Like etter århundreskiftet gikk man også løs på Bryggen og ville føre den inn i den nye tidsalder. Flere av de gamle tre-

Bergen rundt århundreskiftet – mulighetenes by for de mange som trakk inn fra bygdene, med handelsforbindelser til fjerne himmelstrøk. Bildet viser Torgallmenningen som strekker seg ned mot Fisketorget, med moderne bygninger som gir den kjente paradeplassen et imponerende preg.

gårdene lengst inne i Vågen ble revet til fordel for moderne murbygninger, men en viss kontinuitet med fortiden tilstrebet man likevel ved at nybyggene ble tilpasset Bryggens øvrige stil med de karakteristiske spisse gavlene.

I dette sydende bysamfunnet var det at Herman P. Sæverud hadde sitt daglige virke. Firmaet Haukeland, Tvedt og Sæverud gikk tilsynelatende meget godt, og i 1892 var også produksjon av smør innlemmet i interesseområdet. Haukeland, Tvedt og Sæverud var nemlig blitt disponent for smørfabrikken «Bjørgvin». Seks år senere startet man fabrikasjon av skokrem og impregneringsmiddel for lær under navnet «Nordpol», muligens inspirert av Fridtjof Nansens berømte polferder.

Med velstanden og en stadig økende familie kom

behovet for større plass og sikkert også for en mer standsmessig bolig. Allerede i 1899 har familien flyttet ut av den tettpakkede byen til det mer landlige Minde i nabokommunen Fana. De skal også ha bodd en tid på Årstad, også utenfor bygrensen, før Herman P. Sæverud i 1905 tar spranget fullt ut og investerer i eget hus på det fasjonable Fjøsanger i Fana, et stykke sør for Bergen. Kr 7 000 betalte han for eiendommen Sjøstrand på Nyhaugen, og året etter kjøpte han en tilleggsparsell for kr 150. Takket være jernbanen var det ingen problemer med å komme raskt til Bergen sentrum, det var stasjoner både på Minde og Fjøsanger. Forretningen var nå også flyttet inn i nye lokaler i Strandgaten 53, ettersom de gamle bygningene i Vossegården 8 og 10 hadde forsvunnet fra jordens overflate som ledd i byfornyingen i strøket.

Men Herman P. Sæverud er interessert i annet enn kjøp og salg. Han kommer fra Bømlo, en av kristenlivets sterkeste bastioner på Vestlandet, og i Bergen blir han innrullert i den lokale indremisjonsavdeling, og tar aktivt del i menighetens arbeid. I 1901 velges han som den første formannen i den bergenske krets av Søndagsskolen, og han får andre tillitsverv i den religiøse bevegelsen. I 1907 skal det sendes seks «deputerte» til årsmøtet i Det Vestlandske Indremisjonsforbund i Egersund. I valget oppnår Herman P. Sæverud flest stemmer. Så er det styret i Bergens Indremisjon som står for tur, og i desember samme år oppnår både Herman P. Sæverud og hans svoger Johannes Tvedt tillitsvotum til to av de ledige plassene. Ved styrets konstituering blir Johs. Tvedt valgt til avdelingens formann.

Dette var midt under en vanskelig periode i den bergenske indremisjonsforening. I årevis hadde det stått strid om teologiske spørsmål, og til årsmøtet i 1907 var det mobilisering mellom en konservativ og en radikal fløy. De konservative seiret, og sendte seks nye medlemmer inn i styret, deriblant Herman P. Sæverud og hans svoger. Den første ordinære saken det nye styret fikk til behandling var en henstilling fra en av byens menigheter om «ad Lovens Vei» å få fjernet en av byens prester som hadde et altfor nyansert syn på spørsmålene om jomfrufødsel og Jesu oppstandelse.

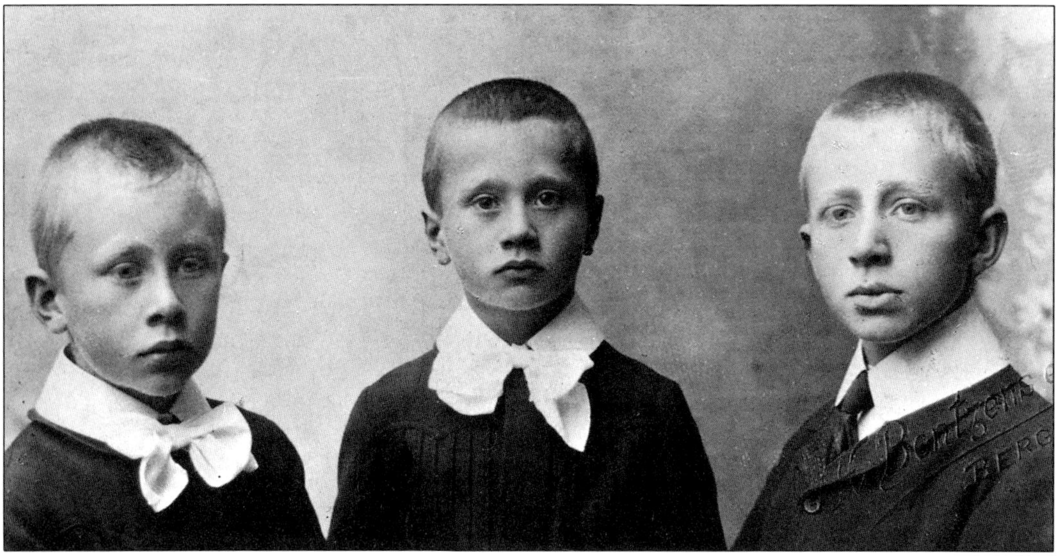

De tre brødrene Sæverud fotografert mens velstanden enda rådet i familien. Fra v. Harald Sigurd Johan, Fridtjof Herman Nicolai som var yngst, og storebror Bjarne Peder Olai.

Styret vedtok å gi en støtteerklæring til menigheten, og Herman P. Sæverud var blant de utpekte til å formulere brevet til Kirkedepartementet. Johs. Tvedt står som underskriver av henstillingen som ble ekspedert til Kristiania.[10]

Det var med andre ord et meget religiøst hjem Harald Sæverud kom fra, men det var også et hjem preget av velstand. I løpet av 1908 var barneflokken vokst til åtte, tre nye piker var kommet til: Sigrid Cecilie, Solveig Pernille og Ruth Margrethe, dessuten lillebroren Fridtjof Herman Nikolai. Han var to år yngre enn Harald og ble en naturlig lekekamerat sammen med storebror Bjarne. Som så mange barn fra kondisjonerte hjem ble også Harald sendt til privatskole, Frk. Heibergs gutteskole, og om søndagen måtte han til pers i søndagskolen. Men å bruke søndagen til slike sysler fortonet seg som noe bortimot et mareritt, skriver han i sine barndomserindringer:

«Mine snille foreldre var 'religiøse' på den måten at de ikke syntes det var nok med religionshistorie på skolen og en god del bibellesning efter aftens. Nei – Fridtjof og jeg ble sendt på søndagsskole i byen på den eneste dagen vi kunne ha vært frisk og fri ute i skog og mark, – eller tatt en båttur, fisket, badet! Mine stakkars foreldre ante nok ikke at dette var rett og slett barnemishandling! Hvor jeg hatet min mors hete pust når hun bøyet seg over meg for å knyte slipset, – søndagssløyfen, – blått med hvite prikker! Og hvor jeg hatet selve toget som tok oss inn til byen på den dagen da jeg egentlig skulle ha vært indianerhøvding i skogen. Men mest av alt hatet jeg den koksovnsluktende kroken i Misjonshuset hvor vår klasse var anvist plass. Jeg skar de frykteligste ansikter hele timen igjennom, og jeg tror ikke at læreren ville ha kjent meg igjen, om jeg hadde møtt ham på et nøytralt sted. En venn av far hadde en klasse borte i en annet hjørne. Han var en grei mann, og både han og far fant ofte på å ta seg en frisk vinterdukkert i Nordåsvannet efter først å ha hugget hull i isen. Det gale med han var bare at han så lett kunne bli bråsint, – og da smalt det, – selv i Misjonshuset.»[11]

Harald Sæveruds klasse på Frk. Heibergs Gutteskole. Den vordende komponist står i siste rekke helt til høyre.

Selv om det religiøse svartsynet kunne legge en dempende hånd over inneklimaet i det sæverudske hjem, så hadde særlig faren sider som kunne gi adskillige lysglimt i tilværelsen:

«Selv om far leste litt for ofte høyt om kveldene, og det ble en altfor trykket bibelstemning, så kunne han innimellom være den muntreste av oss alle. En Jonsokaften da mor lå syk (med barn igjen?) var far lei fordi hun ikke fikk være ute og se på fyrverkeriet. Først viste han henne 'bengalske lys', og det kunne jo gå an. Men så fant han frem sterkere saker, og det tok til å sprette og smelle både her og der. Til slutt ble han helt guttekåt og tente på en rakett som freste og raste oppunder taket. Og der lå min mor og grøsset med vidåpne øyne, mens far holdt på å le seg fordervet.»[12]

Men årene på Fjøsanger fortonet seg ikke som lykkelige for åtteåringen. Livet i det naturskjønne strøket med utsikt over Nordåsvannet hvor Edvard Grieg kanskje kunne påtreffes i båt sammen med sin venn Frants Beyer, og hvor Christian Michelsens slottslignende villa utgjorde et vakkert skue, ble, ifølge hans egne ord «mer alvorlig og vanskelig. Der skulle jeg lære å hate, hate, hate!!»[13]

Hatet hadde tydeligvis flere årsaker. Hans naturlige skyhet utviklet seg etter hvert til «en ulidelig plagsom og helt urimelig grad av sjenanse.» Søndagsskolen var det også god grunn til å hate. Men det var en hendelse som i særlig grad må ha brent seg inn i sjelen på den unge og følsomme Harald, det var da farens firma gikk konkurs:

«Å gå falitt var en stor skam i de dage, og sammenbruddet i fars foretagender (sammen med to kompanjonger) var totalt. En margarinfabrikk, en kolonialhandel, et dampskipsselskap,– alt ble veltet overende, og fra å være 'velstående' sank vi ned i den ytterste armod. Det ble ymtet om misligheter og spekulasjoner, og de som hittil hadde måttet finne seg i at også 'lesere' kunne gjøre det godt i forretningslivet tok sitt món igjen. 'Tror du på Gud?' ropte den ene nabo hånlig til den annen over hodet på far.»[14]

Raset kom i 1909. Da ble det klart at Haukeland, Tvedt og Sæverud ikke klarte sine forpliktelser. Byrden ble ekstra tung for Herman P. Sæverud som jo satt i glasshus som en av de fremste i den bergenske indremisjon. Til og med på ytterste konservative fløy. Det samme gjaldt hans svoger Johs. Tvedt som nå var foreningens viseformann. De trakk seg frivillig fra styret med øyeblikkelig virkning, og styrereferatet beretter tørt og saklig:

«Der refereredes en skrivelse fra Johs. Tvedt og H. P. Sæverud hvori de anfører, at de på grund af de forholde hvori deres firma fortiden er stedt, indtil videre ikke bør delta i indremissionsarbeidet utad i nogen form. Bestyrelsen er enig i det syn, der er fremholdt af de to brødre, hvorfor suppleanter indtil videre blir at indkalde til møderne.»[15]

Ydmykelsen er nærmest total. Det mangler flere hundre tusen kroner i boet, en formidabel sum etter den tids kroneverdi, og Herman P. Sæverud må flere ganger søke bobestyrer om midler til å overleve. Huset på Fjøsanger kan de ikke bo i og må flytte til adskillig enklere kår, i første omgang til Damsgård, men huset forblir likevel en stund i familien. Etter all sannsynlighet har det vært leiet ut.

Som om dette ikke er nok, reises det også straffesak mot innehaverne av Haukeland, Tvedt og Sæverud. I juni 1910 blir den behandlet av Gulating lagmannsrett og elendigheten brettes ut i bergensavisene. En hel uke er de tre stakkarnes skjebne frydefull lesning for de skadefro. Spalte opp og spalte ned, gjerne med henvisning fra første side. 13 år gammel kan Harald Sæverud lese i avisen at hans far er idømt 100 dagers fengsel, mens hans onkel Johannes må sone et helt år. De blir også degradert som samfunnsborgere, for i domsslutningen heter det i tillegg: «Dertils taber de tiltalte for en tid av 10 – ti – år stemmeret i offentlige anliggender og adgang til at opnå offentlig tjeneste.»[16]

De dømte forsøker å anke, men anken tas ikke til følge. I april 1911 foretar lensmannen i Fana utpanting hos fhv. kjøpmann Sæverud for manglende innbetaling av kr 12,92 i skatt. Det samme gjentar seg de påfølgende år. I 1912 går huset på Fjøsanger under hammeren for kr 100.- ! Alt dette registreres av den unge Harald som befinner seg i de utsatte pubertetsårene. Med 60 års avstand gir han følgende oppsummering av situasjonen:

«Det gikk en tid stadig nedover med oss. Helt galt gikk det tilslutt, og jeg var en gang den stakkaren som måtte gå med skjortebytte til far i fengslet. I to måneder satt han inne. Først tenkte han å bruke tiden til å lese engelsk, men efter kort tid gikk han over til Jobs bok. Den kunne være vel så lærerik, tenkte han. En trøst var det allikevel for oss å lese i et avisreferat at en banksjef, som angivelig skulle ha rost de planer som kom til å velte firmaet, benektet å ha uttalt noe sånt. Og dette avla han ed på 'med neppe hørlig stemme', som det stod i avisen.»[17]

Fallet og vanæren kan ha vært medvirkende til at Harald Sæverud for alvor dukket inn i musikkens verden, for det var etter at de hadde flyttet fra Fjøsanger til et «i sin tid ganske fornemt gammelt hus» på Damsgård at han for alvor fikk visshet om at musikken skulle bli hans livsvei. Tidligere hadde familien hatt flygel, nå måtte man nøye seg med piano og både broren Bjarne og eldstesøsteren Hildur hadde fått pianoundervisning. Men Haralds første pianoundervisning var av et helt rudimentært slag:

«Av Hildur fikk jeg vite hvor c-en var, midt på pianoet, og ut fra den talte jeg meg oppover i diskanten og nedover i bassen. Omsider klarte jeg å spille efter noter. Og så kom den første store opplevelse, – en reise inn i musikkens rike, fra perm til perm i Lindemans koralbok. Min kirkegårdsfødsel som jeg i disse årene ikke hadde anelse om, må ha virket like sterkt på meg som den magnetiske pol på kompassnålen, og da er det ikke merkelig at det bare var alvorstung pasjonsmusikk og gravsalmer jeg helst spilte. 'Naglet til et kors på jorden' var det skjønneste jeg visste.»[18]

En medvirkende faktor til denne interessen for akkurat Lindemans koraler, kan det ha vært at slik musikk sannsynligvis tilhørte barnelærdommen i et hjem med et så sterkt islett av kristendom. Det tunge molldraget allerede fra ungdommen av var et hovedpoeng hos ham, og som et eksempel på disse understrømmer i hans sinn ble det første klaverstykke kalt for *Hønens død,* omdøpt etter det mer prangende 'Hanens død'. «Vis moderasjon og god oppdragelse, sa jeg til meg selv, og så forandret jeg titelen.»[19]

Men avgjørelsen om å bli komponist skyldtes ikke først og fremst møtet med koralene. Av en kusine hadde han fått låne Børnenes Melodibog, og den forførende musikken i tre fjerdedelstakt gjorde utslaget:

«Hadde jeg hatt et ur den gangen, men det var jeg ikke stor nok til, så kunne jeg tatt tiden på sekundet! Jeg var fullstendig sikker på dette med komponisten, at da jeg en gang talte med min beste kamerat – et langt rekel fra Sogn – og fikk høre at han hverken diktet, malte eller komponerte, så tenkte jeg: Er han riktig klok?»[20]

Gjennombruddet i familiekretsen kom med pianostykket *Reisen til eventyrland* som faktisk den dag i dag kan forbause med sin rytmiske snert og en harmonikk som bringer tankene hen på toneganger av et mer moderne slag; særlig når man tar i betraktning at opphavsmannen var en utøver som var ganske utrent i det meste innen det musikalske fag.

I tillegg til at klaverspillet og komponeringen kan ha fungert som tilflukt i en vanskelig periode, må han også ha hatt en følelse av at dette var områder som han behersket og kunne uttrykke seg gjennom. Ved klaveret og over notearkene kunne han fabulere og skape noe som var hans eget, samtidig som han slapp å bli konfrontert med de pinlige situasjoner som oppstod på grunn av hans sjenanse, selv overfor medlemmene av hans egen familie:

«Også hjemme var min skyhet og ensomhetstrang en evig plage. Flere år ble julaften så sørgelig ødelagt for meg, fordi det var meg helt umulig å ta de andre i hånden og synge julesangene rundt treet. 'Kom da, Harald,' kalte min bestemor og åpnet ringen for meg. Nei, jeg kunne for mitt bare liv ikke ta del i gleden. Borte fra min krok stirret jeg betatt på det strålende juletre, og da 'Deilig er jorden' ble sunget, hørte jeg denne eneste gangen at bestefar hadde så rik og dyp stemme. Malmfull, tenkte jeg.»[21]

Harmonien som musikklivets flaggskip

Med Harald Sæveruds religiøse bakgrunn var ikke Bergens profesjonelle kulturliv noe naturlig miljø i oppvekstårene. Indremisjonshuset Betlehem stod Herman P. Sæverud og hans familie adskillig nærmere enn Musikselskabet Harmonien eller Den Nationale Scene. Senere skulle imidlertid handelsmannens sønn bli et ankerfeste nettopp i det profane kulturlivet, og høste både ære og berømmelse for sin innsats.

Bergen var rundt århundreskiftet ingen stor by verken i utstrekning eller folketall, likevel hadde den en kulturell forhistorie som må sies å være ganske oppsiktsvekkende. Allerede i 1765 opprettet Bergens borgere Norges første musikalske selskap, det som senere fikk navnet Musikselskabet Harmonien. I de følgende århundrer skulle Harmonien, som selskapet og dets orkester kalles på folkemunne, bli tyngdepunktet og flaggskipet i byens musikkliv. Her hadde den symfoniske musikken sin fremste formidler, og her kunne talentene få utfolde seg som solister eller instrumentalutøvere. Den unge Ole Bull var ikke mer enn åtte år gammel da han første gang spilte med i orkestret i 1818. Året etter var han solist med Harmonien i en fiolinkonsert av Pleyel.

En av Harmoniens tidligste «anførere» var Edvard Griegs oldefar, vin- og krambodhandler Niels Haslund. Senere ble profesjonelle musikere engasjert som musikalske ledere, og Harmoniens virksomhet skapte ringvirkninger utenfor egen krets. Ole Bull fikk sin første skikkelige fiolinundervisning av nettopp to av selskapets utenlandske «anførere», som dermed satte fart på en ganske utrolig musikalsk karriere. Og man forsøkte å følge med i det som skjedde på kontinentet. Verker av Haydn og Beethoven skal således ha blitt oppført i Bergen mens komponistene enda var i live.

Men selskapet var et resultat av det private initiativ, og avhengig av borgernes velvilje for driftens del. Det gikk opp og ned, alt etter de åndelige og økonomiske konjunkturer. I perioder kunne det være liten eller ingen utadrettet aktivitet. Årene 1880–82 trekkes gjerne frem som et kunstnerisk høydepunkt. Da var Edvard Grieg orkesterets dirigent. Men det skapte ikke bare harmoni innad i virksomheten når den kravstore komponist-pianisten stod på kapellmesterpulten. Han stilte uvante kunstneriske krav til både musikerne og sangerne. Hvis korets sangerinner heller ville gå på ball enn på hans generalprøve, så kunne han «renonsere på deres fremtidige medvirkning». Dette skapte naturlig nok stor brudulje på byen, og Grieg kom på kant med ledelsen.

Men Griegs kompromissløse holdning i de kunstneriske spørsmål ble lagt merke til. Og i enda sterkere grad da han i 1898 stod i spissen for den musikkfesten som fant sted i tilknytning til en stor industri- og fiskeri-utstilling i Bergen. Kun det beste var godt nok, og Grieg fikk presset gjennom at man skulle engasjere Concertgebouw-orkestret fra Amsterdam. Standarden som norske orkestre hadde å tilby, var simpelthen ikke god nok. Ny skandale og protester i avisene. Men etter suksessen var det ingen som knurret. Bergen hadde fått et pust av det fremste innen europeisk, symfonisk musikk, og det ga naturlig nok mersmak. Men noen umiddelbare konsekvenser for orkesterkulturen i byen hadde dette ikke.

Rundt århundreskiftet fikk Harmonien til og med konkurranse fra en gruppering som kalte seg Musikkforeningen, men det endte med sammenslåing og avtale med Den Nationale Scene isteden. Teatret overtok i realiteten orkestret, og skaffet seg dermed musikere på permanent basis, og i samarbeid med Musikselskabet Harmonien skulle det nye teaterorkestret gi et bestemt antall offentlige konserter årlig. Men det ble det heller smått med. I Harald Sæveruds barneår var det derfor så som så med den symfoniske musikkens kår i Bergen. Det var mest militærmusikken han kom i kontakt med. Han skulket gjerne skolen for å høre den.

I 1915 kunne Musikakademiet i Bergen feire sitt 10-års jubileum. Samme år ble Harald Sæverud tatt opp som elev, og undervisningen fant sted i Vestre Torvgate.

Mislykket gymnasiast. Musikakademiet i Bergen. *Huldren*

Etter Frk. Heibergs gutteskole gikk veien til ærverdige Bergen Katedralskole. Byens eldste læreanstalt med aner tilbake til 1100-tallet. I den gamle latinskolen hadde de gått alle som ble regnet for noe i den bergenske fortid: Absalon Pederssøn Beyer, Petter Dass, Ludvig Holberg, Nicolai Wergeland, Johan Sebastian Welhaven og Armauer Hansen, for å ta et knippe av de mest kjente. Her skulle Harald Sæverud gjennomføre middelskolen mens det kokte som verst i saken rundt hans far. Til årseksamen i klasse Ia i 1910 får han likevel gode resultater, av 16 fag oppnår han i 10 karakteren meget tilfredsstillende og i 6 tilfredsstillende. Neste klasse går også bra, og i IIIa i 1912 kan han vise til 10 meget tilfredsstillende og 10 tilfredsstillende. I IVa får han meget tilfredsstillende i de to avgangsfagene religion og naturfag.

Harald Sæveruds sjenanse gjorde at ingen andre enn de aller nærmeste måtte kalle ham for Harald. På skolen gikk han derfor bare under navnet Sæverud. Alle de andre i klassen var læreren på fornavn med, bare ikke Harald. Han følte det som om han hadde en usynlig rustning som beskyttet ham. Men han hadde en venn i klassen som skulle bli hans hjertevenn for livet: Martin Hjertholm. De gikk sammen på skolen i flere år, og Martin Hjertholm hadde den samme musikkinteressen som Harald Sæverud. Han hadde funnet en meningsfelle.

Men skolearbeidet ble etter hvert et ulidelig ork. Han var jo bare interessert i musikk. I 1913 hadde familien flyttet til Ladegårdsgaten i Sandviken, og Harald Sæveruds dobbeltliv begynte å skyte fart: skoleelev om dagen, komponist om natten. I sistetimene uteble han til stadighet, da gikk han for å høre på «brigademusikken»s konserter. Ofte skrev han falske meldinger om at han var uforberedt, eller han regelrett skulket hele skoledagen. Dro på turer i byfjellene og skremte folk som så ham på kanten av stupet:

«En dag da været var bedre, fordrev jeg skoletiden med å

klatre på den nesten utilgjengelige bratte siden av Sandviksfjellet. Det var spennende å balansere på den ganske smale stripen som kløvet hele fjellsiden bortover på tvers i en linjalrett linje. Men jeg ble oppdaget. Langt der nede i Fjellveien sto noen og pekte og talte opphisset til hinannen. Det gjaldt å komme seg bort før redningsmannskap med stiger og tau ville hente meg ned. Og vekk var jeg.»[22]

En gang skal hans snille norsklærer Peter Grieg ha frest til ham: «Enten er du en engel eller så er du en djevel.» Bare om natten hadde han det godt, skriver han. Da satt han ved strykebordet i rulleboden og komponerte. Han ville overbevise de andre om at han *måtte* få lov til å bli komponist. Karakterkurven hadde en faretruende retning nedover. Gymnaskarrieren skulle utvikle seg til en katastrofe.

Allerede etter første klasse på latinlinjen var skriften på veggen tydelig. Av 15 karakterer til årseksamen i 1914 fikk han meget tilfredsstillende i bare tre fag: i historie, orden og oppførsel. Han oppnådde tilfredsstillende i 8 fag, og nogen i tysk skriftlig, engelsk muntlig og matematikk muntlig. I matematikk skriftlig var det bare så vidt det hanglet og gikk, der måtte han nøye seg med måtelig. Hans klasseforstander, overlærer Nilsen, så seg nødt til å flytte sin elev opp på prøve. Men så mye prøving ble det ikke akkurat, for i andre gymnasklasse sluttet Harald Sæverud skolen for godt. I eksamensprotokollen for 1915 står det lakonisk: «utgaat». Nå gikk veien til Musikakademiet i Bergen.

Den første systematiske musikkundervisning

Musikakademiet var ingen gammel institusjon i det bergenske musikkliv. Det hadde startet sin virksomhet i 1905, og ildsjelen bak denne musikkskolen var fiolinisten Torgrim Castberg som fem år tidligere var kommet til byen som konsertmester i Musikselskabet Harmoniens orkester. Edvard

Grieg skulle bli en av Castbergs støttespillere, og det var han som også hadde gitt institusjonen dens navn.

Musikakademiet ekspanderte raskt, etter hvert kom både stat og kommune inn med årlige bidrag, og i 1912 kunne man flytte inn i fine lokaler i Vestre Torvgate. Her var det konsertsal og prøvesal i tillegg til 17 undervisningsrom. Og den Paris- og Berlin-utdannede Castberg hadde vyer for sitt akademi. I 1915 skrev han i en liten jubileumsberetning: «Skulde ikke Ole Bull's og Edvard Grieg's by være værdig til at huse vor kommende norske musikkhøiskole? Tilvisse!»[23]

Det var i så fall ingen tvil om hvor den skolen burde ligge. I Vestre Torvgate. Castberg hadde lokalene klare. I påvente av at musikkhøgskolen skulle komme, ble de ledige rommene midlertidig leiet ut til Fru Griegs pigeskole.

Borghild Holmsen (1865–1938) var Harald Sæveruds lærer i klaverspill og harmonilære ved Musikakademiet i Bergen. Komponistinnen fra Ski var en fin støtte for den unge eleven som helst ville gå sine egne veier. Harald Sæverud tilegnet henne sitt opus 1, *5 Capricci* for klaver.

I Borghild Holmsen fikk Harald Sæverud en lærer som var «... muntrere og ureddere i sin form enn mange andre, stimulerende og uakademisk. Ikke så lite av en original. Hun visste å ta seg av sin unge elev på den rette måten, støttet hans selvtenkning og lot det stå til. Og lo en trillende latter når hun syntes det bar for vilt i vei over stokk og sten,» ifølge Sæveruds nære venn Sigmund Torsteinson.[24]

Borghild Holmsen var en modig dame. Hun var faktisk den første kvinne som hadde fremstått med egen komposisjonsaften her til lands. Det var i Kristiania i 1898, da hun presenterte seg med et program bestående av en fiolinsonate i tillegg til sanger og klaverstykker. I forkant hadde proprietærdatteren fra Ski bak seg årelange studier i Leipzig, hvor hun hadde vært elev ved det samme musikkonservatorium som Edvard Grieg. Hun hadde til og med Griegs gamle lærer, Carl Reinecke, som sin komposisjonslærer.

At kombinasjonen kvinne og komponist ikke var den letteste, var noe Borghild Holmsen hadde fått erfare. Etter en serie avslag på stipendiesøknader for videre studier, valgte hun å satse på undervisning, og tok veien fra Kristiania til Torgrim Castbergs akademi i Bergen. Her satte den noe egenrådige pedagogen seg raskt i respekt, for ikke bare var hun en glimrende pianist, hennes Leipzig-studier hadde også bibrakt henne et solid fundament av teoretiske kunnskaper.

I 1911 ble Borghild Holmsen til og med tildelt den franske utmerkelsen Officier d'Académie, for et foredrag hun hadde holdt i Normandie om norsk musikk.

Hvor mye komposisjon Harald Sæverud studerte ved Musikakademiet er usikkert. Han var først og fremst Borghild Holmsens pianoelev, uten at han utmerket seg med særlig flid, ifølge ham selv. Mange år senere beklaget han seg over at han hadde vært for doven. Han hadde sluttet skolen «... for å kunne ofre meg for pianoet, men da fikk jeg så god tid at jeg nesten ikke behøvde å bruke den».[25]

I teori gjennomgikk han Salomon Jadassohns harmonilære, en lærebok som skulle bli en klassiker ved mange læresteder omkring århundreskiftet. Borghild Holmsen var sannsynligvis blitt kjent med den i Leipzig, for Jadassohn underviste i teorifag ved konservatoriet da hun studerte der. Men noen spennende lærebok kan neppe Jadassohns ha vært for en fantasifull og utradisjonell herre som Harald Sæverud. Den var preget av tysk grundighet, omstendelig og full av regler for alt som var «gut» og «schlecht».

Heller ikke Borghild Holmsen må ha vært særlig inspirert av Jadassohn skal man dømme etter den beskrivelsen Sæverud senere ga av harmonilæreundervisningen: «... hun syntes det var så anstrengende så hun la den fete kroppen sin fremover og lå på bordet ... Det var et stygt syn igrunnen, men det var en grei dame.»[26]

Redaktør i gymnassamfunnet

Selv om Harald Sæverud hadde forlatt Katedralskolen til fordel for Musikakademiet, var det likevel bånd som knyttet ham til miljøet på skolen. Gymnassamfunnet «Hugin» må han ha funnet stimulerende, for høsten 1915 står han oppført som medlem av styret i «Hugin». Han er «første bladstyrer» av gymnassamfunnets avis, og bidrar med et naturlyrisk og høystemt nasjonalromantisk dikt titulert «Huldren». De noe naive verselinjene er ledsaget av en tegning av den gåtefulle kvinnen:

Bak hauger og skur
står huldren på lur,
når solen bak fjeldet sig dukker;
om natten tusler
hun om og pusler
ved sæterdøren – og sukker.
Om dagen hun ler
bak tuer og trær –
så fjeldene svarer tilbake;
men når jeg så går
fra sætren – hun står
og gråter så sårt sin klage. –

– Ti huldren længter
ved dag og nat – –
Hun længter efter en sjæl.

Ved høstvindens sus
drar budeien hjem,
og huldren kommer
på sætren frem.

Her går hun ensom
hvor jeg har gåt,
her står hun længe
hvor jeg har ståt.

Hun ler i tårer
hvor jeg har ledd
hun græter tungt der
hvor jeg har græt. – – –

– Ti huldren længter
ved dag og nat – –
Hun længter efter en sjæl.

Og stundom føler
jeg længslen drage; –

da må jeg opad
på sætervei,
og høit fra fjeldet
jeg hører klage –
det er visst huldren
som kalder mig.
Men mørket kommer
og skjuler stien,
det blir så tæt
at jeg stanse må,
– – jeg blir så søvtung, –
og der i lien
jeg reder leie
av løv og strå. – – –
- - -

Jeg våkner tidlig,
ti en mig stryker
med bløte hænder
så vart på kind, –
jeg løfter hodet
og se – da fyker
så ræd en huldre
i krattet ind. – –
- - -
Jeg vilde fange
den bange
huldre,
ha hendes hode
mot mine skuldre
hun skulde stryke
mig vart på kind
og stryke tyng-
selen fra mit sind – – –

Jeg gik og søkte
i lien inde, –
– men huldren kunde jeg ikke finde.[27]

«Portrett av kunstneren som ung mann» – Harald Sæverud fotografert i 1915.

Men Harald Sæveruds ungdommelige lengsel etter den spennende kvinnen får ikke bare sin utforming i diktet og tegningen i «Hugin»s avis. Han tolker også huldren i toner. Han har planer om en suite for orkester han vil kalle *Jonsoknat,* og en av satsene får titlen *Huldredans*. Høsten 1915 har han ferdig deler av suiten, og nå kan verket prøves for orkester. Den som kommer ham til hjelp er en som skulle bety svært meget for Harald Sæveruds musikalske utvikling i disse årene, Johan Ludwig Mowinckel jr.

Johan Ludwig Mowinckel jr. og *Huldredans*

Johan Ludwig Mowinckel jr. var sønn av venstremannen som skulle bli en av Norges fremste politikere i dette århundret – ordfører i Bergen flere ganger, odelstings- og stortingspresident, og i tre perioder også landets statsminister. Johan Ludwig jr. hadde ikke arvet sin fars pasjon for politikk, dermot var musikken hans store lidenskap. Han hadde alle muligheter til å utvikle sine evner innenfor dette felt, takket være sitt velhavende opphav. Mowinckel senior var nemlig også leder for et av landets største skipsrederier. Sjelden har vel uttrykket «å være født med sølvskje i munnen» passet bedre enn på Mowinckel junior.

I likhet med sin to år yngre venn, var også Johan Ludwig jr. elev ved Musikakademiet. Han spilte fiolin og piano, men aspirasjonene gikk i stigende grad i retning av komponering og dirigering. 13 år gammel hadde unge Mowinckel startet sommerorkester på Stord, og han var stadig å se som leder for amatørorkestre i Bergen, deriblant Katedralskolens elevorkester.

12. desember 1915 står han oppført som dirigent for «Et ungdomsorkester» som presenterte «musikalsk aftenunderholdning til indtægt for *Fane arbeidsstuer*», i den kommunale festsalen på Nesttun, i Bergens nabokommune Fana. Programmet består av småstykker av kjente komponister som Tsjaikovskij, Gossec og Grieg, men også to komposisjoner av den 18 år gamle Harald Sæverud: *Huldredans* og *Nocturne* fra suiten *Jonsoknat*. Hva det trykte programmet ikke opplyste, var at det faktisk var uroppførelsen av Harald Sæveruds første alvorlige komposisjonsforsøk for orkester.

Men Mowinckel gir seg ikke med dette. Han kjører ufortrødent videre med Harald Sæverud på slep. Noen måneder senere finner vi ham som dirigent på en veldedighetskonsert til inntekt for Minde Forsamlingshus. Igjen er Sæveruds *Huldredans* programfestet, nå sammen med *Elegie* for fiolin og piano.

Men den viktigste oppførelsen av *Huldredans* går av stabelen den 6. april 1916. Ikke i periferien denne gang, nei, i Logen i Bergen, byens fineste lokale for kammerkonserter. Nok en gang musiseres det for et ideelt formål, inntekten skal gå til «Bergens Forsvar». Men egentlig er det en elevaften med konsertmester Victor Schusters elever. Nå har Mowinckel jr. til og med eget orkester, Mowinckels Orkester, som skal tolke Beethoven, Grieg og Sæverud. Den unge komponisten er selv å finne blant de 12 musikerne.

I Logen er det kritikere til stede og *Huldredans* settes under lupen. Den konservative Morgenavisen konstaterer lakonisk at «Kompositionen røbede utvilsomme musikalske Evner», mens landsmålsavisen Gula Tidend smører kraftigere på: «Toneskalden let oss fyr fyrste gong få smaka på tonedrykken hans, og i sanning, han gav meirsmak. Det var visst ikkje alle åskodarane som skyna at det var komponisten som steig fram frå pianoet, etter stykket var spela, utan hadde nok fagninga vorte rikare en ho vart.»[28] Ellers forbigår de musikalske dommere stort sett stykket.

I 1917 befinner Mowinckel jr. seg i Kristiania og har skaffet seg et nytt ensemble han kan lede. Ikke av de største, det er 18 musikere i Akademisk Orkester – «damer og herrer – allesammen omkring 20 år», uttaler dirigenten til Aftenposten. 11. desember holder orkestret konsert i Universitetets Aula, og igjen har Mowinckel jr. valgt å ta med det som nå bærer tittelen *Huldredans Jonsoknat.* Sæverud har i mellomtiden omarbeidet stykket og skrevet på spreng for å få notene ferdig. Oppførelsen gir ham også anledning til å reise inn til hovedstaden:

«Du kan skjønne jeg hadde lyst at høre *Jonsoknat* i sin nye skikkelse, men jeg visste ikke om jeg fik anledning til at ta turen ind til X.ania. Men nu vil jeg selvfølgelig komme. Jeg tror ikke jeg vilde ha holdt ut at sitte hjemme den 10. dec. (sic.) og vite at da blev «Jonsoknat» spillet for første gang i hovedstaden. Du forstår vel at jeg er dig meget taknemmelig for hjælpen.»[29]

Det å holde konsert i selveste Aulaen var ikke småtteri akkurat. En uke i forveien hadde Gøteborgerne, «55 mands berømt symfoniorkester», gjestet der. Så fulgte et av sesongens høydepunkter, konserten med mesterfiolinistene Leopold Auer og Toscha Seidel, bare noen dager før Mowinckel og hans akademikere inntok Aulapodiet. Men de unge entusiastene gjorde ikke skam på noe, og fikk en meget velvillig motta-

Programmet for komponistdebuten den 12.12.1915. Allerede her demonstrerte Harald Sæverud sin interesse for orkestret som uttrykksmiddel. Den unge dirigenten var sønn av shippingmannen og senere stortingspresident og statsminister Johan Ludwig Mowinckel, og han skulle bli en av Harald Sæveruds viktigste støttespillere.

Et ungdomsorkester

under ledelse av

Johan Ludwig Mowinckel jr.

gir en

musikalsk aftenunderholdning

til indtægt for

»Fane Arbeidsstuer«

i kommunens festsal paa Nesttun søndag den 12 desember kl. 6.

PROGRAM:

1. *Sousa:* Kadetmarsch.
(orkester).
2. *To barnetrioer*
(3 violiner m. piano).
3. *Tschaikowsky:* Morgenbøn
(orkester m. orgel).
— : Gammel fransk sang.
(violin solo m. orkester og orgel)
4. *To Nederlandske folkeviser*
a) Kriegslied
b) Dankgebet
(to violiner piano og orgel).
c) *Gounod:* Jul
(sang, violin, piano og orgel)
5. *H. Sæverud:* Huldredans og Nocturne av suiten „Jonsoknat“
(orkester)
6. *Birknes:* Berceuse
Grieg: Vals nr. 2 av op. 12.
Gossec: Gavotte
(violin og piano)
7. *Grieg:* Norsk dans II
(orkester)

gelse, ikke minst av publikum. Så entusiastisk at Tidens Tegns utsendte meldte at «… hvad publikums begeistring angår, kan det akademiske orkester se Gøteborgerne og andre konserterende orkestre over hodet, og det gode formål gjorde, at man hørte på deres præstationer med velvilje».'[30]

Johan L. Mowincel jr. ble berømmet for sin dirigering, og den unge bergenskomponisten måtte frem og motta folkets hyldest. Stykket slo meget godt an hos tilhørerne.

Kritikernes hyldest av komponisten var det imidlertid smått med. I Intelligensen ble Sæveruds stykke nevnt som «en morsom Huldredans Jonsoknat». Ellers var det heller formaninger å hente for opphavsmannen. Anmelderen i Tidens Tegn hadde ingen tro på stykkets fremtidsmuligheter, dette var et slikt verk som komponisten neppe ville la oppføre når han ble eldre. Komponisten Johannes Haarklou omtalte det som «særdeles velment, men altfor tidlig, meget må læres av dem som vil musisere offentlig». Hjalmar Borgstrøm, Aftenpostens myndige kritiker og selv komponist, skrev at han ikke hadde fått riktig tak i komposisjonen. «Meget klang godt, men andet nokså besynderlig. Den ganske unge komponist, som vel kan antages at sidde inde med talent, var tilstede og mottog publikums meget velvillige applaus.»[31]

Noen uker senere var orkestret i Bergen og presenterte det samme programmet på Den Nationale Scene. Også der ble det publikumssuksess, og særlig Sæveruds *Huldredans* vakte stor begeistring. Men heller ikke i Bergen var kritikerne stort mer enn høflig registrerende. Noen hadde hørt stykket før og nøyde seg med å skrive det. I Bergens Aftenblad delte imidlertid domorganist Karsten Solheim ut noen verbale blomster til komponisten: «*Jonsoknat* lød meget anslående, den havde Høisommerens Idyl, lyse og egne Stemning og var heldig tilrettelagt for den lille Besætning.»[32]

5 Capricci og Symfoni nr 1

Med *Huldredans* hadde Harald Sæverud får smaken på å skrive for orkester. Nå begynte han like godt på en symfoni. Sirlig er partituret påført datoen for startpunktet 26.2.1916. Den 18 år gamle konservatoriestudenten, som senere stadig bedyret at han ikke hadde studert komposisjon med Borghild Holmsen, begav seg inn på et område som også for hans lærer må ha vært relativt upløyet mark. Det er ingen orkesterverker i hennes opusliste, og det ser ikke ut til at hun har vært opptatt av å komponere i de symfoniske formater. Harald Sæverud har nok derfor arbeidet ganske selvstendig med sin symfoni.

Men det er tydelig at han har hatt kontakt med Mowinckel jr. når det har dukket opp spørsmål av orkestral art. I mai 1918 sender han således et brevkort til Mowinckel i Kristiania og takker for råd om transponering av instrumenter. Han skriver også at en viktig inspirasjonskilde i komponeringsarbeidet var møtet med Stockholm-orkestret som en tid i forveien hadde gjestet Bergen: «Det hjalp mig meget i arbeidet. Jeg kom et godt skridt frem de første uker efter. Du sa engang at det var vanvittig av mig at begynde med en symfoni, men nu er jeg alt kommet langt påvei. God sommer!»[33]

Samtidig med at symfonien skred fremover, komponerte han på en serie klaverstykker som skulle bli hans første offisielle opus: *5 Capricci* for klaver. En uvanlig tittel som avslørte at komponisten søkte etter noe som lå utenfor den slagne landevei. Hadde han en inspirasjonskilde for valget av den originale komposisjonstypen? Selv om ikke Borghild Holmsen var hans komposisjonslærer, så er det ikke usannsynlig at hun i dette tilfellet faktisk har påvirket sin elev. I hennes verkliste finner man Capriccio for piano. Det er sannsynlig at Harald Sæverud har kjent til dette stykket, og han tilegnet sin samling med capricci til Borghild Holmsen.

29.1.1919 setter Harald Sæverud sluttstrek for første sats av symfonien. Denne vinteren reiser han på «moen» for å avtjene militærtjenesten i et sanitetskompani i Kristiania, og han har med seg symfonisatsen til hovedstaden. For å få den vurdert av en virkelig fagmann oppsøker han ingen ringere enn Christian Sinding, Norges store internasjonale tonekunstner på denne tiden. Sinding ber ham komme tilbake en uke senere, i mellomtiden lover han å se på verket.

Det ble på mange måter et oppløftende møte, skal man dømme etter et brev han sendte sin venn Martin Hjertholm i Bergen:

Christian Sinding (1856–1941), Norges store tonekunstner i tiårene etter Edvard Grieg, gjorde store øyne da Harald Sæverud i 1919 viste ham partituret til sin første symfoni. «Det er ganske meningsløst at De må sitte borte i Bergen og arbeide. De må da ialfald prøve å få bo her i Kristiania i det minste,» utbrøt den aldrende mester.

«'Har De ikke studert med nogen anden end Borghild Holmsen?' begyndte han. Nei, det hadde jeg ikke. Han vilde ikke tro det og gjentok: 'Har De virkelig ikke studert med nogen anden?' Nei, – 'Da fatter jeg ikke hvordan De har fåt det til, – nei, det skjønner jeg f..... ikke.' Så setter vi os bort til bordet og gjennomgik arbeidet i detaljer. Jeg blev straks slåt av at han ikke hadde forståt hovedtankene i min utvikling, og når jeg viste ham viktige kombinationssteder var han meget forbauset over at jeg hadde fåt det til, men opfattet ikke at disse steder var mere følt end nogen andre. Han var Wagner blindt hengiven og forlangte svulmende, brede melodier – den ene over den anden og bygget op til et mægtig hele. Jeg var enig i at en slik opbygning kunde virke pragtfuld, men til gjengjæld kunde den ikke gi anledning til fin karakteristik og tolkning av de store og dype følelser. Sinding blev slet ikke fornærmet over dette, jeg måtte bare si imot hvis jeg ikke var enig, – sa han, – og det gjorde jeg tilgagns.

Jeg skal ta en liten prøve på diskutionen: Du husker jo at begyndelsen av symfonien, efter stevet – er et kaos hvorav hovedmotivet tilslut bryter frem. Sinding fandt ikke noget i det første motiv som kunde berettige til at være et hovedmotiv i en symfoni, – 'det er jo nesten ikke noget,' sa han. Jeg gav ham ret – 'det er nesten ikke noget' – men det skal heller ikke være mere, det var kun et lite glimt av det som tilslut brøt frem og blev det (efter min mening) værdifulle hovedmotiv. 'Men dette er jo ikke stort mere,' sa han, og pekte på neste motiv. Jeg var atter enig. 'Dette er næste trin i utviklingen,' sa jeg, og så viste jeg hvorledes hovedmotivet mere og mere brøt frem og tok makten. Da bandte Sinding ihærdig: 'Hvis jeg bare vidste hvem jeg kunde skaffe Dem til lærer,' utbrøt han. Noget lignende sa han hver gang jeg gjendrev ham. 'Det er meningsløst at De må sitte borte i Bergen og arbeide. De kan da ialfald prøve at få bo her i Kristiania i det mindste.'

Jeg fik indtryk av at han ikke hadde git sig tid til at fordype sig fuldstendig i symfonien. Han sa foresten selv at han ikke var kommet tilbunds i den, 'den kræver jo rene avhandlingen,' mente han. Engang bandte han længer end sedvanlig og sa for 10. gang at han ikke kunde skjønne hvordan jeg hadde greiet at skrive symfonien.

To ting han kritiserte symfonien min for, kunde jeg ikke gi svar på straks. Han mente at den manglet polyfoni og at den væsentlig derfor ikke vilde klinge for orkester. Mot det sidste kunde jeg jo ikke protestere, men jeg la mærke til at Sinding sa at han 'trodde' den ikke vilde klinge,– han 'vidste' det altså ikke.»[34]

Etter anbefaling fra Sinding tok Harald Sæverud med seg symfonien til Gerhard Schjelderup, også han en av våre fremste tonekunstnere, som i likhet med Sinding hadde gjort stor karriere i Tyskland. Schjelderup var først og fremst operakomponist, og flere av hans musikkdramatiske verker hadde hatt stor fremgang på kontinentet. I musikalsk henseende var han sterkt påvirket av Richard Wagners ideer, men han hadde en nokså vid musikalsk horisont, i sin ungdom hadde han bl.a. studert i Paris. Etter å ha bodd i Dresden i en årrekke, flyttet Schjelderup i 1917 tilbake til hjemlandet. Den tidligere komposisjonsprofessoren ved Dresden-konservatoriet fattet interesse for Harald Sæverud og hans symfoni. Til Martin Hjertholm skriver Sæverud:

«'Den vil klinge,' sa Schjelderup idet han bladet igjennem symfonien (efterat jeg hadde spillet den igjennem på pianoet). 'Den vil klinge godt,' var det næste, – 'og enkelte steder vil det klinge så mægtig at De selv vil bli forbauset når De hører det spillet,' var det sidste. Du kan tro jeg blev glad over at høre dette. 'Og polyfonien er i orden,' sa han engang uten at jeg hadde nevnt at Sinding ikke fandt nogen polyfoni (flerstemmighet) i den ... Schjelderup hadde symfonien hos sig i 14 dager. Han gik nøie igjennem instrumentasjonen og til min overraskelse sa han at jeg hadde benyttet hvert eneste instrument rigtig.»[35]

Gerhard Schjelderup, som på dette tidspunkt var formann i Norsk Komponistforening, var overbevist om at symfonisatsen absolutt burde fremføres. Anledningen bød seg på en av de unges konserter i Kristiania våren 1920. Komponistforeningen stod bak dem og de var muliggjort gjennom en ekstrabevilgning fra departementet. Den første skulle finne sted 4. mars.

Ikke minst takket være Gerhard Schjelderups innflytelse var Harald Sæveruds «!ste Del af Symfoni i G-moll» å finne blant de utvalgte verker, og den unge bergenskomponisten kom i godt selskap. På programmet stod komposisjoner av David Monrad Johansen, Pauline Hall og Arne Eggen, navn som senere skulle få en sentral plass i norsk musikkliv. Kristianias fremste orkester, Filharmonisk Selskaps Orkester, var engasjert for anledningen, med Centralteatrets kapellmester Torolf Voss som dirigent.

Kritikermessig ble det en brukbar suksess for Harald Sæverud. Hos flere ble han berømmet for sine ideer, men i formelt henseende var det ting å utsette. Hjalmar Borgstrøm i Aftenposten fant mange «indfald», men utviklingen av dem var det smått med:

«Det virker som en meget langt udspundet fantasi; men selv i en sådan er jo den symfoniske bygning til en viss grad fordelagtig for ikke at sige nødvendig. Komponisten vil vel med indvunden erfaring lære sig til at sigte indholdet og at belyse det ved kontrapunktiske midler. Da vil hans utvilsomme talent komme til fuld ret.»[36]

Reidar Mjøen i Dagbladet var adskillig mer uforbeholden i sin ros:

«Hans stykke … er i mange deler formløst og famlende, et umodent arbeid, men et verk med tydelige geniglimt, et verk med stemplet av en personlighet i sin vorden. Det er et ungt brushode som her første gang rider sin symfoniske Pegasus, og vi var vidne til, hvorledes bestet atter og atter kastet ham av sadelen, men vi følte også sterkt, hvordan han hver gang grep tøilene pány … Dets grunnstemning er en virkelig høi patos, som bæres oppe av en stor kraft og undertiden, især ved slutten av verket, kan nå ganske beta-

Harald Sæverud kom i godt selskap under konserten med unge norske komponisttalenter i Kristiania i 1920. Både Arne Eggen, Pauline Hall og David Monrad Johansen skulle raskt etablere seg i fremste rekke i musikklivet.

KONCERT-DIREKTION: P. VOGT FISCHER
SÆSON 1919—1920

Universitetets Aula

Torsdag den 4de Mars 1920 Kl. 8

Orkester-Koncert

Unge norske Komponisters Værker.

Medvirkende:

Kapelmester Torolf Voss

Komponisterne

Arne Eggen og Ole Hjellemo
Filharmoniske Selskaps Orkester

PROGRAM:

1. ***David Monrad Johansen:*** Suite for Orkester.
a) Marcia. Vivace. b) Andantino.
c) Molto allegro — Marcia.

2. ***Waldemar Sommerfelt:*** Sommeraften.

3. ***H. Sæverud:*** 1ste Del af Symfoni i G-Moll.
Samtlige Nummere dirigeres af
Kapelmester Torolf Voss.

4. ***Pauline Hall:*** Poème élégiaque.
— — — je me souviens des jours anciens et je pleure.
Et je m'en vais au vent mauvais qui m'emporte.
Verlaine: Paysages tristes.
Dirigent: *Arne Eggen.*

5. ***Arne Eggen:*** Symfoni i G-Moll.
a) Allegro. b) Andante.
Dirigent: *Komponisten.*

6. ***Ole Hjellemo:*** Suite for Orkester.
a) Ouverture. b) Gavotte.
c) Scherzando. d) Finale marciale.
Dirigent: *Komponisten.*

gende virkninger. Den dristige, ofte massive instrumentasjon vidner om en ekte polyfon følelse.»[37]

Gode kritikker til tross. Harald Sæverud var alt annet enn fornøyd. Han klaget sin nød til Johan Ludwig Mowinckel jr.:

«Konserten blev en stor skuffelse. Da jeg (på grund av bolignød) ankom til byen to dage før konserdagen viste dét sig at programkomitéen hadde fundet mit stykke at være for langt og derfor strøket flere av de vigtigste steder. Dette fik jeg efter meget stræv nogenlunde ordnet. Der var kun 2 prøver; derav var den første bare halv. Desværre blev mit stykke dirigeret av kapellmester Voss. Alle tempi var rivende gale ... På generalprøven gik det allikevel tålelig bra; men på konsertaftenen blev der benyttet en konsertmester som ikke hadde deltat på nogen prøve, og som derfor selvfølgelig lot det sidste snev av mening og sammenhæng forsvinde ...»[38]

Helt svart hadde det likevel ikke vært, det måtte han medgi. Den berømte tyske pianisten Arthur Schnabel hadde ropt «bravo!» etterpå, og han var blitt gratulert av komponistkollegaene Monrad Johansen, Alf Hurum, Christian Sinding og Johan Halvorsen. Den han likevel stolte mest på var Gerhard Schjelderup:

«... han kjender nemlig mit stykke og kan derfor uttale sig om det. Han er meget begeistret; han mener at min symfoni vil bli til ære for nordisk musiklitteratur; han synes den er storslagen , – 'skrevet med mit hjerteblod' o.s.v. Det som i det hele tat har glædet mig er at min instrumentationskunst har vakt opmerksomhet (Schjelderup, Halvorsen): du husker at det var den jeg ikke følte mig sikker i ...»

Schjelderup var i det hele tatt Harald Sæveruds gode fe i denne perioden. Hans kritikk i Norske Intelligenssedler var som balsam for Harald Sæveruds følsomme sinn: «Hans dype følelse og dristige sønderrevne form avspeiler Vestlandets strenge alvor og mægtige vilde natur. Det er ekte norsk musik og en ung kunstners tragiske bekjendelse.»[39]

Gerhard Schjelderup skal ha to komposisjonsaftener i Berlin, og de ville han gjerne at Sæverud skulle overvære. 17. april har Sæverud skaffet seg visum til Berlin på det tyske konsulat i Kristiania, og tre dager senere passerer han den tyske grensen i Sassnitz. Etter sitt opphold i den tyske hovedstaden drar han innom Dresden og München; han er også en liten tur i Innsbruck, og tidlig på høsten er han igjen tilbake i Berlin. Overalt går han på konserter og suger til seg inntrykk fra byer, mennesker og natur. I en periode farter han rundt med en kjenning fra Bergen, fiolinisten Jim Johannesen.

Komponisten Gerhard Schjelderup (1859–1933) sammen med operasangeren Gunnar Graarud i Bayreuth i slutten av 1920-årene. Schjelderups støtte til den unge Harald Sæverud var ganske enestående, og avgjørende for den retningen den unge bergenskomponisten skulle ta.

Mot slutten av september er det tydeligvis slutt på pengene, for da må han innom «Forsorgen for utlendinger» i den tyske hovedstaden og skaffe seg matkuponger. Men så står lykken ham bi igjen. Ved et tilfelle møter han sin gamle venn Johan Ludwig Mowinckel jr. på gaten. Mowinckel er kommet til Berlin for å søke opptak ved musikkhøgskolen. Han skal studere orkesterdirigering. Ville ikke Harald Sæverud også prøve å komme inn på høgskolen? Greier han det, lover Mowinckel å betale for ham. Et utrolig tilbud. Harald Sæverud er jo egentlig ute etter et studiested i Tyskland. Nå kan det gå i oppfyllelse.

Men penger er og blir det store problemet, Mowinckel til tross. Gerhard Schjelderup har oppfordret ham til å søke statens stipendium, og etter konserten med Filharmoniske i Kristiania burde sjansen være stor. I november 1920 skriver han en anbefaling som Harald Sæverud kan legge ved søknaden, hvor det blant annet står:

«Han fortjener i *høieste grad* at bli tat hensyn til. For det første har han *ualmindelig meget* talent, og hvad jeg sætter mindst ligeså megen pris på, han er *flittig* og *energisk* og *stræber mot høie kunstneriske mål.*

Han føler et indre kald og er beredt til at ofre livet for den høie, hellige kunst. Uten denne begeistring, denne glødende tro, som desværre er så sjelden, er selv en talentfuld kunstner fuldkommen uinteressant. Til *H. Sæverud* har jeg tiltro og håber han vil gjøre vort land ære.

Ærbødigst
Gerh. Schjelderup»[40]

1920–1925

Berlin

Det var et land i forvandlingens tegn Harald Sæverud var kommet til. Den første verdenskrig hadde smadret det gamle Tyskland, og på ruinene av keiserriket oppstod i 1919 den tyske Weimarrepublikken med Berlin som hovedstad. En enorm by sett med datidens øyne. I 1920 ble Berlin ytterligere utvidet og fikk et folketall rundt 4 millioner. Bare London av Europas byer hadde flere innbyggere. Berlin var metropolen som trakk til seg mennesker fra hele kontinentet, for her fantes det meste av det man kunne ønske seg av kultur. Musikkinstitusjonene var blant de beste som var å oppdrive, og det nye og det gamle eksisterte i et dynamisk samspill.

I 1920 var fremdeles den legendariske Arthur Nikisch dirigent for Berlin-filharmonien. En annen kjent orkesterleder, Bruno Walter, ledet sitt eget konservatorium. Flere fremragende operahus stod til disposisjon for den 23-årige nordmannen, i det åtte år gamle Deutsches Opernhaus spilte man alt fra Hoffmanns operetter til Puccini og Wagner.

Berlin var også en katalysator for den musikalske modernismen. Hit kom atonalismens store guru Arnold Schönberg når det ble for klamt for ham i Wien. Hans første ansettelse var som kapellmester og arrangør i et kabaretteater, senere ble han professor ved Stern-konservatoriet og tilslutt ved Akademie der Künste. Her fant han et adskillig åpnere klima for moderne ytringsformer enn i det konservative og antisemittiske Wien. Det var nok heller ingen tilfeldighet at det var nettopp i Berlin at det fantes et operahus som var villig til å sette opp Alban Bergs Wozzeck i 1925.

Etter Tysklands nederlag i krigen, var grobunnen gunstig for nye kunstretninger. Senromantikken med sitt svulstige og gigantomaniske uttrykk, ble av mange vendt ryggen fordi den var altfor knyttet opp mot det regimet som hadde brakt landet til randen av katastrofe. Nye retninger fikk vind i seilene, – på musikkens område i form av ekspresjonisme, atonalitet og neoklassisismen, og nye personer kom inn i ledende posisjoner. Ved Statsoperaen i Berlin ble komponisten Max von Schillings ansatt som intendant, med den konsekvens at repertoaret ble utvidet med et økende antall musikkdramatiske samtidsverker. Samme år startet også funksjonalismens Bauhaus-bevegelse med Walter Gropius i spissen, og det var også et tydelig signal da den radikale Käthe Kollwitz i 1919 ble professor i Berlin og innvalgt i det kunstneriske akademi.

På scenekunstens område hadde Berlin lenge vært langt fremme internasjonalt, ikke minst takket vært Max Reinhardts epokegjørende oppsetninger på Deutsches Theater. Kabaretkunst og filmindustri blomstret, og på den politiske arena var det i perioder til dels voldsomme skiftninger etter den ydmykende fredsavtalen Tyskland var blitt påført gjennom Versaillesfreden. Konservative og nasjonalister stod mot sosialister og kommunister. Det var i denne smeltedigelen at Harald Sæverud skulle finne seg til rette.

Han søkte opptak ved Staatliche akademische Hochschule für Musik, Berlins meget anerkjente musikkhøgskole hvor også Fartein Valen og Sverre Jordan et tiår i forveien hadde vært studenter. Høgskolen kunne føre sine aner tilbake til 1869, og blant de tidligere lærerne på komposisjonslinjen var størrelser som Max Bruch og Engelbert Humperdinck. Året før Harald Sæverud trådte over høgskolens dørterskel hadde institusjonen fått ny rektor, den østerrikske komponisten Franz Schreker. Han var en av dem som skulle vurdere den unge bergenseren, som med en god porsjon selvtillit la en hel symfonisats på bordet foran opptakskommisjonen. Slik det hele forløp, må det ha vært en merkelig forestilling, skal man dømme etter Sæveruds beskrivelse av situasjonen:

Berlins berømte musikkhøgskole hvor Harald Sæverud studerte komposisjon i årene 1920–22.

«De ville at jeg skulle spille fra den (symfonien) på pianoet. Så sa jeg: 'Jeg kan spille fra allegroen, men jeg kan ikke spille fra begynnelsen.' 'Spill fra begynnelsen!' 'Ja, men allegroen kan jeg spille, men jeg kan ikke ...' 'Spill fra begynnelsen!'Så tok jeg og slo boken sammen og gikk. 'Hei stopp!' Så satt Max Seiffert seg ved pianoet og spilte harpeakkompagnementet og den nye direktøren Franz Schreker hornmelodien, og på deres innsats ble jeg antatt som elev.»[41]

Til sin bror Bjarne skriver han gledesstrålende:

«I al hast. Jeg er optat på Hochschule für Musik i Berlin (uten en eneste attest.) Den er verdens bedste. Er sammen med Johan Ludw. Mowinckel som studerer til dirigent; han er netop gift. Mowinckel har skaffet mig et meget pent værelse like ved høiskolen. Mine studier er sikret for et år.»[42]

Harald Sæverud hadde med seg annen sats av sin symfoni til Berlin. Den var komponert ferdig før han begav seg på sin utenlandsreise. Det hadde skjedd i Fyllingsdalen utenfor Bergen dit familien hadde flyttet i 1918 etter seks år i Ladegårdsgaten. Også denne satsen, i likhet med forgjengeren, var ganske fritt utformet. Begge satsene betegnet han som symfoniske fantasier, og til sammen utgjorde de den første symfonien. Både i form og innhold var den nokså utradisjonell, fremdeles ble en symfoni i hovedsak konstruert i fire satser.

Harald Sæverud fikk Friedrich E. Koch som komposisjonslærer. 58-åringen hadde nettopp overtatt som leder for skolens komponistlinje etter Humperdinck, og kunne vise til en velfylt verkliste, men stilmessig var han nokså tradisjonell. Nå viet han seg hovedsakelig til undervisning, og det var litt av hvert han måtte ta opp med sin norske elev. Harald Sæveruds teoretiske bakgrunn var ikke den bredeste akkurat, det hadde nok d'herrer professorer oppdaget. Senere beklaget Sæverud seg over at han måtte «gå igjennom den tykkeste boken jeg har sett» i teorifag. En finpuss av basiskunnskapene var nødvendig før han fikk gå videre med andre fag ved skolen.

Familien Mowinckel var hans viktigste omgangsvenner i Berlin den første tiden, og hos dem tilbrakte han også den første julen i fremmed land: «De hadde juletre og et festlig arrangert julebord som fru Mowinckel hadde æren av. Foruten mindre ting fik jeg et meget pent halsskjerf og et slips; jeg trengte begge deler i høi grad. Jeg er stadig hos dem.»[43] At han tar sine studier alvorlig og innser betydningen av dem fremgår av et brev til hans beskytter i Kristiania, Gerhard Schjelderup:

«På høiskolen går det bra. 2 ganger har jeg besøkt Koch privat; han interesserer sig for mig og er meget hyggelig. Jeg tror at jeg netop trængte en så grundig lærer som han er. Jeg komponerer litet for øieblikket, men er desto flittigere på Hochschule.»[44]

Noe får han likevel skrevet. Høsten 1920 er han begynt på sin andre symfoni, og i løpet av noen måneder har han komponert det meste av første sats. Samtidig har han sett nærmere på *Symfonisk Fantasi* nr 2 – andre sats av den første symfonien – og er kommet til at den ikke holder mål i harmonisk henseende. Den blir undergitt en større revisjon som

Harald Sæverud (til høyre) og venner på utflukt til minnestøtten for Rikard Nordraak i Berlin. Nordraak var den norske tonekunstner som Harald Sæverud følte det sterkeste slektsskap med.

har sammenheng med at Johan Ludw. Mowinckel jr. har fått den ekstravagante ideen at han vil leie Berlin-filharmonien til en egen konsert. Det skal være med et rent norsk program, og uroppførelsen av Harald Sæveruds nye symfoniske fantasi er en av programpostene.

I Kristiania planlegges det våren 1921 en ny «De Unges Konsert». Harald Sæverud teller på knappene om han også skal gjøre ferdig første sats av Symfoni nr 2 for å kunne delta i Kristiania, men finner at arbeidet i Berlin er for viktig til at han kan reise til Norge. Han beklager dette overfor Schjelderup, men han har en god grunn: «Jeg føler at dette er den eneste gang jeg kan gi mig ikast med skolearbeide, og vilde gjerne benytte denne chanse til at lære noget.»[45]

Revisjonen av *Symfonisk Fantasi* blir prioritert, og i slutten av januar 1921 skriver han til Gerhard Schjelderup og innvier ham i Mowinckels planer om å leie selveste Berlin-filharmonien. Kanskje Schjelderup kunne tenke seg en tur til Berlin i anledning oppførelsen?

«Det vilde glæde mig ordentlig om De kunde være tilstede ved konserten. Jeg har nemlig tænkt at spørre Dem om jeg får lov at tilegne Dem min 1. symfoni; men De må jo først høre 2den del og avgjøre om De vil sætte pris på den eller ikke.»[46]

Han forteller også Schjelderup at han er en flittig teatergjenger og at han i høy grad inspireres av sine teateropplevelser: «Mowinckel frygter for at jeg går formeget; under en forestilling fik jeg nemlig en idé om et nyt orkesterverk, og han mener at en haydnsk overflod av symfonier skal bli resultatet av mine teaterbesøk.»[47]

Norsk konsert i Berlin

Mowinckels konsert er berammet til 9. april 1921. Månedene i forveien kommer det meldinger om begivenheten i flere norske aviser, 8. mars har Aftenposten en notis under overskriften «Norsk komponist- og dirigentdebut i Berlin». Her gjøres det også et poeng av hvor debutantene kommer fra: «De to kunstnere er begge bergensere, og savner følgelig ikke mod. Vi får håbe de får glæde af sit foretagende. At koncerten gives ved Berlins filharmoniske orkester, vil selvsagt give den betydelig øget interesse.»

Konserten finner sted i et av Berlins eldste konsertlokaler, Sing-Akademie, med byens fremste orkester på podiet. Det er til og med utvidet for å få den rette klangfylde. Mowinckel vil ikke bare fremstå som dirigent. Han har også satt opp sin egen Frühlings-Idyll på programmet som foruten Sæveruds symfonisats består av verker av Iver Holter, Ole Olsen, Gerhard Schjelderup og Christian Sinding. Hovedverket er Sindings symfoni i d-moll, og han blir i det trykte programmet omtalt som «den mest kjente nålevende norske komponist».

Å stikke hodet frem på denne måten, i Berlin, med byens fremste musikere på podiet, og noen av kontinentets mest erfarne kritikere i salen, må fortone seg som noe i nærheten av russisk rulett. Som elev ved høgskolen er det heller ikke uproblematisk for Harald Sæverud. Han skulle egentlig hatt tillatelse fra skolen, og hans lærer Friedrich E. Koch kommer da også til en av prøvene for å forsikre seg om at alt er i orden. Men han blir tydeligvis ikke skuffet:

«Han ble så fornøiet på prøven at han forlangte en hel del fribilletter til utdeling blandt sine bedste elever. Når han reklamerer for mig istedenfor at neddysse det hele, må han vel være tilfreds.»[48]

Konserten ble en fin suksess for de to vennene, og hyggelig for den norske kolonien i Berlin som var møtt tallrik frem. Blant publikummerne befant også den tidligere stortingspresident Mowinckel seg, likeledes Harald Sæveruds far Herman, bergenspianistinnen Dagny Solheim som da studerte i Leipzig, og flere representanter fra ambassaden. Det ble stormende applaus konserten igjennom, og Harald Sæverud måtte flere ganger frem for å ta imot hyllest for sitt verk.

Men han var ikke tilfreds etterpå. Årsaken, skriver han til Martin Hjertholm, skyldtes mangel på prøvetid. Mowinckel hadde ikke spilt igjennom hans stykke på generalprøven, og

«... da denne var holdt allerede fem dager før konserten, hadde musikerne glemt en hel del av det. Følgen var at både orkester og dirigent følte sig usikker, og mit stykke, – du vet hvilke voldsomme motsetninger min musikk inneholder – virket usammenhengende. Fremførelsen var dog betydelig bedre en i Kr.ania, men kunde absolut være helt god. Men det er selvfølgelig ikke meningen at gi J. L. skylden når kritikken nu kommer at hakke mig. Når man i en storby av 16 kritikker får 4 utmerkede, 4 gode, 4 dårlige og 4 pøbelaktige regner man det som suckses ...»[49]

Men det viktigste var likevel ikke konserten, det var «at jeg igår hørte at jeg er en ægte komponist».[50]

Kritikerne sprikte altså i alle retninger, og den unge tonekunstneren regnet nok denne blant de fire «pøbelaktige»:

Friedrich E. Koch var Harald Sæveruds lærer i komposisjon ved musikkhøgskolen i Berlin. Kochs egne verker er nærmest gått i glemmeboken, men han var en skattet pedagog og han tok seg godt av sin norske elev.

Johan Ludwig Mowinckel jr., Harald Sæveruds mesén og medstudent ved høgskolen, leide Berlin-filharmonien til en egen norsk konsert i den tyske hovedstaden. Harald Sæverud fikk en fremskutt plass på programmet, og uroppførelsen av *Symfonisk Fantasi* – del 2 av den første symfonien – resulterte i 16 kritikker: «4 utmerkede, 4 gode, 4 dårlige og 4 pøbelaktige».

KONZERT-DIREKTION HERMANN WOLFF UND JULES SACHS
BERLIN W9, LINKSTRASSE 42

SING-AKADEMIE

Sonnabend den 9. April 1921 — abends 7½ Uhr

NORWEGISCHES
SYMPHONIE-KONZERT

mit dem Philharmonischen Orchester

Dirigent: J. L. Mowinckel

PROGRAMM:

1. *Iver Holter:* *(geb. 1850)*	Festlicher Aufzug a. der Suite op. 10 zu Goethes Schauspiel „Götz von Berlichingen"
2. *Harald Saeverud:* *(geb. 1897)*	Symphonische Fantasie, op. 2b (Ur-Aufführung)
3. *J. L. Mowinckel:* *(geb. 1895)*	Frühlings-Idyll (Erst-Aufführung) — f. Streichorchester
Ole Olsen: *(geb. 1850)*	„Zwerge u. Elfen" aus der „Svein Uræd"-Suite, op. 60 — f. Streichorchester
4. *Gerh. Schjelderup:* *(geb. 1859)*	„Sommernacht auf dem Fjord" (Engl. Horn-Solo: Herr Heinrich Hanisch)

— PAUSE —

5. *Chr. Sinding:* *(geb. 1856)*	Erste Symphonie d-moll, op. 21 *Allegro moderato* *Andante* *Vivace* *Maestoso*

Während der Vorträge bleiben die Saaltüren geschlossen

«En *Symfonisk Fantasi* av Harald Sæverud vil jeg for resten av mitt liv erindre som den mest hårdnakkede og meningsløse trommehinnepinsel jeg har hørt etter Arnold Schönbergs antimusikk. Men Schönberg har en fordel, hans umuligste saker er hans korteste. Hr. Sæverud finner imidlertid ikke frem til slutten.»[51]

De fleste var imidlertid enige om at man her stod overfor et åpenbart talent. Berlins fremste kritiker, Dr. Leopold Schmidt, en av de sterkeste tilhengerne av Richard Strauss og hans musikk, fant hos Sæverud «en byggende kraft, et talent som besluttsomt slår inn på sin egen vei».[52]

Det er tydelig at Harald Sæveruds orkesterfantasi må ha fremstått som noe helt spesielt på programmet. Professor Max Chop i Signale für die Musikalische Welt farer nærmest med harelabb over de øvrige verkene, og vier det meste av sin omtale til Sæveruds stykke. Det avslører en kime av skapende begavelse som peker fremover, sier han, men særlig nådig i sin beskrivelse er han likevel ikke:

«Tematikken er middelmådig, den er et resultat av hodearbeide. Uttrykket virker kortpustet, overalt mangler sammenbindende utvikling. I det kontrapunktiske går opphavsmannen uforferdet til verks, men de sammenførte melodiene stemmer ikke overens med hverandre. Eksaltasjon og oppbygging mangler ikke, det virker imidlertid ikke overbevisende. Også i det orkestrale savnes det rutinerte og smidige grep, mye klinger hult og intetsigende. Patosen mangler et overbevisende uttrykk. En dikterisk tanke som måtte ligge til grunn er ikke fattbar. Likevel bør man ikke stryke den unge nordmannen fra ens øyne. Dersom en indre avklaring fullbyrdes hos ham, vil vi kunne forvente noe av enda større verdi.»[53]

Da var det nok adskillig hyggeligere å dukke ned i Karl Krebs fabuleringer i Der Tag: «Av alle de stykker vi fikk høre syntes Harald Sæveruds *Symfonisk Fantasi* å være det mest talentfulle og opprinnelige. Her er en dyptfølt oppfinnelsesevne ... komponisten har tanker som han også forstår å utvikle».[54]

Aviser i Bergen og Kristiania brakte utdrag av berlinkritikkene, mens Dagbladet trykket en artikkel av maleren Georg Schjelderup, komponistens sønn som også var en god bekjent av Harald Sæverud. Han kom dermed til å formulere den første norske kritikken av Harald Sæveruds nye verk. Over to spalter fikk Dagbladets lesere et innblikk i det han kalte en «betydelig seier i Berlin», både for de to vennene fra Bergen, og for norsk samtidsmusikk som sådan.

Hans begeistring for symfonisatsen var ganske utilslørt:

«Denne symfoni taler et sterkt og tydelig sprog om at vi her står overfor et usedvanlig symfonisk talent, en eiendommelig personlighet med en jernsterk vilje til å nå det høieste. Dette viser sig tydelig i de kraftfulle, trossige temaer som bærer symfonien. Jeg skal! Jeg vil! Hvad det så gjelder!

Symfonien er mektig opbygget og gjennemføringen er meget original. For den som er vant til å høre moderne orkestermusikk er den betagende.»[55]

Harald Sæverud kunne sole seg i glansen av suksessen en stakket stund. Selv om det var litt malurt i begeret, så fremgår det av et brev til broren Bjarne en måned senere at han kunne ta selv de sterkeste utfallene med tilsynelatende overbærenhet:

«Du har kanske ærgret dig over et par av kritikkene. Det har du liten grund til; jeg hører nemlig fra alle hold at det er sjelden en debutant har fåt så god kritik i Berlin.

Jeg har endnu ikke fåt flere kritikker, men frk. Solheim viste mig en da jeg var i Leipzig, hvor mit stykke ret og slet blev betegnet som hæslig. Meget fornøielig; jeg skal sende den når jeg får den fra byrået. Jeg har fåt en mundtlig kritik, som er bedre. Einar Bjørnson (søn av Bjørnstjerne) har uttalt om mig (til Mowinckel o. fl.) at jeg er Norges største komponist. 'End Sinding da!' hadde en ytret. 'De kan da ikke sammenligne Sinding med Sæverud,' hadde Bjørnson svaret. Han er meget musikinteressert og kjender en mængde kunstnere. Jeg skal besøke ham en av dagene. Han har en stor indflydelse i kunstnerkredse …»[56]

Harald Sæverud ble i Berlin til begynnelsen av august. Da reiste han tilbake til Norge og Bergen. Den nye symfonisatsen var antatt til oppførelse i Musikselskabet Harmonien, men i Berlin hadde han oppdaget at stykket ikke var helt perfekt likevel. Han måtte justerte flere av avsnittene før han skulle debutere med et skikkelig orkesterverk i hjembyen. Et verk som til og med hadde gjort lykke i utlandet.

Harmonien blir reorganisert. En ny klangverden for Harald Sæverud

Da Harald Sæverud startet arbeidet med sin første symfoni i 1916, var det i en by som stadig manglet et permanent symfoniorkester. Det han hadde hørt av symfonisk musikk kan ikke ha vært meget. I årene 1902–17 fant det gjennomsnittlig sted ikke mer enn fire symfonikonserter årlig, og det med et orkester som i utgangspunktet bare var på 18 musikere, teaterorkestret som ga offentlige konserter som ledd i Musikselskabet Harmoniens virksomhet.

Denne symfoniske lavkonjunktur ble naturlig nok sterkt beklaget av liebhaberne i Harmonien, derfor var det nå selskapets hovedmål å skaffe byen et fast orkester og egen konsertsal. Da Harmonien feiret sitt 150-års jubileum i 1915, syntes man tiden var inne etter år med ørkenvandring i orkestersaken. I selskapets styre befant noen av byens finansielle tungvektere seg. Disse gikk foran i en innsamling som skulle bygge opp tilstrekkelig startkapital. Skipsrederne Johan Ludwig Mowinckel og Haakon Wallem ga hver kr 100 000. Deretter fulgte en rekke av Bergens borgere opp, og Bergen kommune la også betydelige midler på bordet. Edvard og Nina Grieg hadde skjenket sin formue til «Edvard Griegs Fond», og rentene derfra skulle bl.a. anvendes til et byorkester.

Den musikalske drivkraften bak det hele var kapellmester Harald Heide som siden 1907 hadde vært dirigent for orkestret ved Den Nationale Scene. Han var også ansvarlig for Harmoniens offentlige konserter. Heides energiske virksomhet medvirket i stor grad til at interessen for symfonisk musikk etter hvert tok seg opp i byen, og på slutten av første verdenskrig var det en merkbar stigning i antall konserter i Harmoniens regi. Da Stockholms Koncertförenings orkester kom på gjestespill våren 1918, samlet det hele fire fulle hus, noe som ville vært utenkelig et tiår tidligere. Konsertene med svenskene må ha vært de første hvor Harald Sæverud fikk oppleve symfonisk musikk i sin fulle bredde, og det hadde jo også spilt en avgjørende rolle for ham når han arbeidet på sin første symfoni.

Det reorganiserte orkestret i Musikselskabet Harmonien anno 1919. Mens den symfoniske musikken hadde fristet en heller kummerlig tilværelse i Bergen i nesten 20 år, ble det fra nå av en helt annen profesjonalitet over virksomheten. Det kunne en orkesterkomponist som Harald Sæverud trekke store fordeler av. Midt på bildet sitter kapellmester Harald Heide.

I 1919 kom det endelige gjennombrudd i den bergenske orkestersak. Da hadde Harmonien nådd målet med sin innsamling. Harald Heide kunne gå til engasjement av musikere, i første omgang til et orkester på 40. Han hadde allerede 18 fra sitt ensemble ved Den Nationale Scene, flere fra det bergenske miljø ble også ansatt, men de resterende var det verre med. Så mange ledige orkestermusikere av ønsket nivå var det vanskelig å oppdrive i Norge dengang. Heide reiste til Berlin. Ett år etter krigsslutt var det et stort antall førsteklasses, tyske musikere som gikk arbeidsledig, og en del av disse lot seg overtale til å komme til Bergen.

Den 2. oktober 1919 kunne så Harald Heide heve taktstokken over Bergens nye symfoniorkester. Debutprogrammet bestod av verker av Edvard Grieg, Johan Svendsen og Ludwig van Beethoven. Solist i Beethovens pianokonsert i C-dur var Sverre Jordan, et av byens meget begavede, unge talenter. Et stort øyeblikk i Bergens musikkliv, og starten på et ganske unikt samarbeid mellom et orkester og en dirigent. Harald Heide skulle nemlig forbli Harmoniens sjefdirigent like til 1948. Konserten var også Harmoniens debut i Koncert-Palæet, orkestrets hjem i de kommende 59 år.

Harald Sæverud fulgte godt med i det nye byorkestrets virksomhet. Noen uker etter debutkonserten skriver han til Johan Ludwig Mowinckel jr. som da studerte i London: «Byorkesteret er i fuld gang og arbeider godt. Man behøver ikke som før sitte og skjælve for at det skal gå galt med messingen f.eks... Riktignok er der få strykere, men da disse til gjengjæld er dygtige greier det sig allikevel ...»[57]

Om det var inntrykkene fra byens nye orkester som bevirket at han dengang også hadde revidert deler av sin symfonisats – den første – er vanskelig å vite. Han skriver nemlig i det samme brevet at «... om en uke sender jeg min nye symfoni til Kristiania. Jeg har forbedret instrumentationen betydelig, så jeg begynder så småt at vite at jeg står igjennem».[58]

Sæverud og Mowinckel debuterer i Harmonien

Da Harald Sæverud kom tilbake fra Berlin i august 1921, hadde han ikke hørt Bergen Symfoniorkester – Harmonien – på godt over et år. Nå hadde orkestret bak seg to hele sesonger, og virksomheten hadde vært intens med ca. 75 konserter pr. sesong. Symfonisatsen som hadde vakt slik oppsikt i Berlin var antatt til oppførelse i Bergen, og Johan L. Mowinckel jr. skulle dirigere den også i hjembyen. Konserten var fastsatt til 6. oktober, og det var debut for begge kunstnerne i Harmonien.

Begivenheten gikk ikke upåaktet hen i avisene. Mowinckel selv offentliggjorde en lang analyse av *Symfonisk Fantasi* i Bergens Tidende hvor han understreket sin store beundring for verket:

«Efterhvert som jeg satte mig ind i denne steile, egenartede og sterkt inspirerte komposition steg min beundring, begeistring og kjærlighet til hans toner, – Og Berliner-opførelsen gav mersmak. Jeg følte det som en av mine nærmeste opgaver at indføre denne kjerne-norske musik for vore egne landsmænd.»[59]

I avisen Dagen hadde Harald Sæveruds gamle klassekamerat Martin Hjertholm en lignende artikkel, også denne forsynt med et vakkert portrett av komponisten i Mons Breidviks følsomme blyantstrek. Begge artiklene var godt utstyrt med noteeksempler fra *Symfonisk Fantasi*.

Dette var noe annet enn *Huldredans* i Logen fem år tidligere. Nå var det et tallrikt kritikerkorps som lyttet med ørene på stilker. Var det kanskje fremtidens dirigent og fremtidens komponist man bivånte? Etter Mozarts Eine kleine Nachtmusik som preludium og Beethovens 4. klaverkonsert med Else Gibser som solist, kom kveldens hovedattraksjon: Harald Sæveruds symfonisats. Det begynte bra, men så gikk lyset, midt under komponistens debut i Harmonien. Det tok en halv time før lyset kom på igjen, og for å fylle tiden foredro konsertmesteren Schuberts Ave Maria, – midt i Harald Sæveruds stykke!

At salen ble mørklagt var forsåvidt ingen uvanlig affære under konsertene i Koncert-Palæet, og publikum lot seg øyensynlig ikke affisere av det. Da man endelig kom i mål med Sæverud, så brøt imidlertid en voldsom applaus løs og ville nesten ingen ende ta. Det ble en publikumssuksess av de sjeldne med blomsterdryss og fremkallelser; til og med touche fra orkestret. De fleste kritikere var også velvillige.

Johan Bechholm i Bergens Tidende ble så overveldet av stykket at han siterte fra poesien:

«Jeg kom uvilkårlig til at tænke på Vinjes ord i digtet Ved Rundarne: 'Det strøimer på mig så eg knapt kan anda', mens jeg lyttet til Sæveruds fantasi … De musikalske tanker er ofte løsrevne og vidner mere om et sterkt pulserende sjæleliv end reflektion … Totalindtrykket blir allikevel, at man føler sig

Forsiden av programmet da *Symfonisk Fantasi* fikk sin norske førsteoppførelse i Bergen 6. oktober 1921.

forvisset om, at bak denne mangel på form gjærer det en rik, eiendommelig begavelse.»[60]

Også i den konservative Morgenavisen var det godord å hente, men signaturen Oscar Morcmann hadde innvendinger til formforløpet:

«Da imidlertid mit Syn på den symfoniske Opbygning er ikke så lidet afvigende fra Komponistens, falder det mig lidt

Helga og Martin Hjertholm hørte til Harald og senere Marie Sæveruds nærmeste vennekrets. Martin Hjertholm (1897–1988) var Harald Sæveruds klassekamerat og barndomsvenn. Han ble en voldsom beundrer og støtte for den særpregede komponisten, bl.a. som kritiker i avisen Dagen i Bergen.

vanskelig at bedømme denne Side af hans Talent. Efter at jeg nøie har studeret Partituret tror jeg dog, at det på et Par Punkter kunde være av Værdi for Komponisten at høre en anden musikers Opfatning ...»[61]

Den som nærmest gikk ut av sitt gode skinn var Martin Hjertholm i Dagen. Hans beundring for Harald Sæverud var nærmest grenseløs, og han benyttet anledningen til noe som nærmet seg en geniforklaring:

«Det er rent underlig dette. Her kommer Harald Sæverud med et verk som utløser alle de følelser og længsler vor urolige, hatefulde tid har tråkket på, og opreiser det gode og ædle i menneskesindet. Hvad han skriver er følt og lidt. Det kommer indenfra, fra et sårt og oprevet sind, som dog bærer så uendelig meget av lyse håp i sig. Så egte, så umiddelbar og oprindelig kjender jeg ingen anden kunstner. Han er rørende barnslig og naiv, og på samme tid så mandig. Der er en reisning og en stigning i hans musik som virker mægtig, betagende. Når man tror at nu er høiden nådd fører han oss endnu høiere, stadig opad i en alltid stigende stemning. Jo det er løftende musik dette, det er stor og egte kunst ... Det er helt selvstændig og original musik, skrevet av en som er sig sin kunst bevisst. Harald Sæverud står i første række blandt vore komponister. Han går sine egne veier, gjennom uryddig ur og krat, og det skal nok snart vise sig at det er i egenskap av føreren ...»

Han signerer også sin kritikk for en gangs skyld med fullt navn, ikke bare det litt kryptiske -n-m:

«Det er ikke min mening at krype i skjul bak mine ord. Jeg åpner i dag mit visir (merket -n-m), for hvad jeg har sagt er min fulde overbevisning . Kunde nu bare det norske folk ha lært av tidligere dyrekjøpte erfaringer, og istedetfor at motarbeide ham, eller lægge ham hindringer i veien – som i sin tid Johan Svendsen måtte lide for – verne om ham og gi ham den opmuntring og støtte han fortjener. Vi har ikke råd at miste det dyreste vi eier.

Martin Hjertholm».[62]

Selv for bergensere var dette sterk kost: geniforklaring av en av byens 24-åringer; «åpner i dag mit visir.» Røster fra publikum forlangte imidlertid at verket også måtte spilles den påfølgende søndag, uten avbrudd! Orkesterfantasien stod ikke i det opprinnelige program, men ønsket ble oppfylt. I kritikken etter gjentagelsen merker man imidlertid at Morgenavisen begynner å bli ganske syrlig i sin kommentar:

«Den fuldstændige Mangel på symfonisk Udvikling bringer mig til at tænke på et Legeme hvis organiske Dele er iorden, men som mangler Benbygning.

Dersom imidlertid den sympathiske og begavede Kunstner arbeider videre fra den Basis han nu står på, uden at lade sig anfægte av de sværmeriske Røster som tuder ham i Ørene og som gjør meget mere Skade end Gavn, kan vi sikkert vente os store Ting fra hans Haand.»[63]

Martin Hjertholm maler igjen med bred pensel, og deler ut en praktfull verbalbukett til Mowinckel:

«Stor fortjeneste har han av at ha fremført Harald Sæveruds symfoniske fantasi – en dirigentydelse av rang. Der må ligge kjærlighet til verket bak en slik storslåt tolkning. Hans ledsagelse i Beethovens og Rachmaninovs konserter var også meget dygtig. En så alsidig dirigent som mestrer såvel klassikerne som de moderne bør rette vedkommende søke at få knyttet til vort symfoniorkester.»[64]

Aner man mistillit overfor Harmoniens faste kapellmester? Antydes det at Harald Heide bør skiftes ut? Nå finner Hjertholms panegyrikk veien til morosiden i Annonce Tidende, den såkalte Lilleviks-Posten, i lett omskrevet form:

«De unge Kunstnere gjorde absolut mere eller mindre furiore i enhver Henseende, og vi betænker os ikke et Øieblik på at sætte dem op med de Største Symfonikomponister, således at Navnet Dingsrud nu for Fremtiden vil lyse ved siden av Johan Grieg og Edvard Swensen i norsk Musikliv … Så storartet var Konserten i alle Dele, at der for Alvor har været Tale om at Paladsteatrets almindelige Dirigent efter dette bør gå hjem og lægge sig, og vige Pladsen for yngre og mere habile Kræfter, derved at han bare opfører Verker av Mosart og Betoven og sådanne som virkelig begavede og musikalske Mennesker har hørt såmange Gange før … Jeg åpner i dag mit Visir (Merket T.L.), for hvad jeg har sagt er min fulde Overbevisning.»[65]

Det avtegner seg etter hvert konturen av to musikalske fronter: «de unge», og nå også geniforklarte entusiastene, mot det etablerte kulturlivet. Og i denne sammenhengen er ikke Morgenavisen helt uvesentlig. Der hadde komponisten Sverre Jordan i flere år vært musikkritiker, og var også ansvarlig for avisens øvrige musikkstoff. Som medlem av Harmoniens styre og programråd hadde Jordan en meget sentral posisjon i det bergenske musikkliv, og han forfektet helt andre musikalske idealer enn de Harald Sæverud og «de unge» stod for. Jordan var en viderefører av Griegtradisjonen, fjernt fra senromantikkens mer ekspressive og svulstige uttrykk. I en artikkel han offentliggjør i det danske musikktidsskriftet Musik måneden etter, avslører han sin posisjon i forhold til Harald Sæveruds uttrykksform. Han roser riktignok talentene til både Mowinckel og Sæverud, men gir dem det råd å holde seg unna

Sverre Jordan (1889–1972), komponist, pianist, musikkskribent, dirigent og musikkpolitiker, og en av Bergens mest toneangivende musikkpersonligheter i dette århundret. Den Grieg-beundrende romantiker var på mange måter Harald Sæveruds strake motsetning.

«... den skadelige indflydelse fra velvillige sjæle, som både offentlig og privat allerhelst hævet de to unge herrer op på høide med henholdsvis Weingartner eller Nikisch og Beethoven-Wagner o.lign. musikkens stormestre. Sæveruds stort anlagte værk må betegnes som ganske ualmindelig lovende, mindre hvad det tematiske arbejde angår end hvad angår hans interessante instrumentation. Men når der tales om, at et geni endelig er opstât i Norge, hos hvem der ikke kan opdages påvirkning, så reagerer man som musiker mot slige ytringer, thi den unge Sæverud er ikke alene en åbenlys Richard Strauss-Gerhard Schjelderup tilbeder, men bærer i sin tematik tydelig reminicenser bl.a. fra Strauss Till Eulenspiegel og Sibelius' II symfoni; og hvad hans såkalte 'egne form' angår, så virker denne på os almindelige dødelige musikere nærmest som nybegynderens ubehjelpsomhed i formel henseende; – men Herregud! med lidt god vilje kan man jo få indbildt et for suggetion modtagelig publikum at en gul kat er en kongetiger.»[66]

Symfonien gjør lykke i Göteborg og Kristiania

Imens er Mowinckel i Göteborg, engasjert av Göteborg Orkesterforening for å dirigere en konsert med et rent norsk program, deriblant Sæveruds fantasi. Göteborgs mest fryktede og ansette kritiker er Julius Rabe, og hans ord veier tungt. Han er begeistret for symfonisatsen:

«Säkert är att dette verk nu verkar med en väldig friskhet. Det er uproportionerligt, det är kaotiskt, okritiskt och ställvis rått. Men hvilken ursprunglig uttrycksvilja bär det ej vittne om! Och trots all ofärdighet finns det en personlig kraft i denne musik, en storvulenhet, som inte bare imponerar utan också värmer og renar. Den diagnosen är nog inte falsk, att Sæverud är ett av de stora löfterna i nordisk tonkonst. Det är en man som har något att säga.»[67]

Også av de øvrige kritikere får orkesterstykket god mottagelse. Større betydning har det likevel at den store danske symfonikeren Carl Nielsen tilfeldigvis er i Göteborg. Han skal dirigere den påfølgende konsert, og er kommet tidlig nok til at han får med seg Mowinckels. Han er ikke mindre imponert enn Rabe, og skriver et begeistret brevkort til Harald Sæverud som da befinner seg i Berlin:

«Deres Komposition var istand til at holde min interesse fast fra første til sidste takt, noget der hænder mig ret sjeldent. Det er muligt at jeg ved et nærmere studium av Partituret vilde gjøre enkelte Indvendinger i rent formel Henseende, men det har jo lidet at sige, når Verket rummer så meget Talent. Jeg venter meget af Dem, og om Deres menneskelige Karakter og Skæbne ikke lider Afbræk skal det nok vise sig at mine Forventninger er berettiget. Derfor: Vær kun trøstig, selv om De skulde få Modgang og Modstand!!

Deres hengivne Carl Nielsen»[68]

Heller ikke oppførelsen med Mowinckel i Kristiania noen uker senere får Sæverud oppleve. Men også her skal det bli suksess for både ham og dirigenten. Komponisten Hjalmar Borgstrøm som året i forveien hadde hatt litt av hvert å utsette på symfoniens førstesats, fastslår i Aftenposten at Harald Sæverud nå går i riktig retning:

«Selv om der nok kan konstateres et påtagelig fremskridt fra første til den nu fuldførte anden sats, må Sæverud endnu gjennemgå endel studieår, inden han når frem til modenhed. Hans verk er uryddig og rapsodisk. Men det giver løfter – store løfter endogså. Dem vil vi håbe, at Sæverud indfrier, og da vil det først være berettiget af hans beundrende venner at udpege ham som en enestående betydelig komponist.»[69]

Dagbladets Reidar Mjøen, som dengang fant et «tydelig geni-glimt» hos Sæverud, mener at komponisten holder hva debuten lovet:

«At vi her står overfor en begavelse av sjelden kraft og oprinnelighet er hevet over tvil, og fra formens side et sterkt og ekte polyfont talent. Man gjenkjennner i verket de trekk, som gjennem all famlen og uklarhet fengslet tilhøreren ved hans arbeid fra ifjor, men Sæverud har vunnet fremover i klarhet og stoffbehandling siden dengang.»[70]

Göteborg og Kristiania, to fine seire i løpet av bare noen uker. Sæverud befinner seg på høgskolen i Berlin og blir informert via brev fra Mowinckel.

«Mange tak for brevet!» skriver han tilbake til Mowinckel, – «det var sandelig en hyggelig skrivelse! Det var så utmerket at du hadde beskrevet konserten så detaljert; jeg kunde være med fra først til sidst, – ja jeg svedet fuldstændig da jeg læste igjennom brevet. Tak skal du ha for fremførelsen av min symfoni! … Morsomt at få litt svensk ind i kritikboken, – fine kritiker,– ikke sandt?»[71]

Nå offentliggjøres også en ny norsk musikkhistorie. Redaktører er Gerhard Schjelderup og Ole Mørk Sandvik. På dette tidspunkt har Harald Sæverud kun et fåtall verker bak seg, samlingen med *5 Capricci* for klaver og de to symfonisatsene. Men Schjelderup som har fulgt nøye med i sin protegés meritter, er ikke i tvil om at Harald Sæverud representerer noe helt særegent. I boken ofrer han stor plass på en som må kunne kalles et nesten ubeskrevet blad, og gir ham følgende attest:

«Et ganske ualmindelig talent er Harald Sæverud som 20 år gammel påbegyndte sin store symfoni, et verk i veldige dimensioner, rikt på følelse og fantasi, svulmende av ungdommelig kraft. Den har været spilt både i Kristiania, Berlin og Gøteborg, overalt vakt opsigt og vundet bifald hos publikum og kritik … Det er også min opfatning, at den nye høitstræbende idealist Harald Sæverud er den nye komponist som vi kan vente os mest av, hvis hans utvikling holder hvad begyndelsen lover. Det er dybden i hans væsen, hans naive, indadvendte verdensfremmede kunstnernatur uten plet og lyde, som i likeså høi grad styrker min tro på ham som hans rike musikalske begavelse.»[72]

Annet opphold i Berlin. Klaversonaten og Symfoni nr 2

Harald Sæverud er altså igjen dratt til Berlin. Han vil fortsette studiene hos professor Koch på musikkhøgskolen, og den økonomiske siden av saken ser litt lysere ut enn før. Hans stipendsøknad til departementet var kronet med hell, og han blir tildelt det ene av to statsstipend à kr 1 500 for året 1921–22. Før studieåret riktig kommer i gang, drar han på en liten ferietur til Sør-Tyskland med Erling Mathisen, en av hans venner fra Bergen.

I Berlin tar han inn på samme sted som før, hos fru Keins i Goethestrasse 87 i Charlottenburg. Han bruker det meste av tiden på å arbeide på en klaversonate. Her har han den norske pianisten Inge Rolf Ringnes i tankene. Men den som egentlig inspirerer ham i komponeringen er en ung pike hjemme i Bergen, Rannveig Torstensen. Hun er 15 år på denne tiden, og brevene fra den unge piken er høydepunkter i hans ensomme tilværelse i Berlin.

I januar 1922 er han også i gang igjen med sin andre symfoni. Egentlig har han arbeidet på den i over et år, men nå har den ligget brakk lenge. Han vil tilegne symfonien til Johan Ludwig Mowinckel jr. og hans kone Vivi:

«Jeg håper du vil sætte min 2den symfoni like så høit som 1ste, for den er jo din. Jeg er netop begyndt at arbeide på den igjen. Finalen ser ut til at bli meget mægtig. Hvis jeg får arbeide ifra, har jeg håp om at få den færdig til høsten. (Koch er vel fornøiet.)»[73]

Samtidig er Harald Sæverud blitt medlem av den tyske komponistforening, «Genossenschaft Deutscher Tonsetzer». Heri ligger det en fin anerkjennelse, for å bli akseptert måtte han nemlig gjennom en såkalt «Schätzung». Dessuten vil medlemskapet bety inntekter når verkene oppføres.

Situasjonen i Tyskland blir vanskeligere og vanskeligere. At det er inflasjonstider begynner å merkes for alvor. Verdien av Harald Sæveruds mark synker raskt og prisene stiger. Plutselig er husleien gått opp fra 250 til 600 mark pr. måned. Han må også ut med 1 000 mark i skolepenger for neste semester, og ser ikke hvordan han skal få endene til å møtes. Hans bror Bjarne hjelper ham et stykke på vei, og han har tydeligvis Mowinckel i bakhånd også dette året. I februar 1922 har han ingen annen utvei enn å skrive til Mowinckel og forklare den problematiske posisjonen han nå befinner seg i:

«Da jeg er kommet så godt igang med studiene nu (Koch alltid fornøiet) – og mere og mere indser nytten derav, blev jeg meget glad over dit tilbud om atter at hjælpe mig. Det er dog med tungt hjerte jeg tyr til dig igjen, – jeg har følelsen av at utvikle mig til tigger fuldstændig. Men hvad skal jeg gjøre? Hus og mat er desværre også en nødvendighet for komponister.»[74]

To uker senere foreligger pengene fra Mowinckel. Klaversonaten er også ferdig og Ringnes er begeistret. Sonaten er i tre satser og inneholder mye dramatikk i yttersatsene. Hovedtemaet i den første har også et visst norsk folketonepreg. Midtsatsen er en vakker klangstudie direkte inspirert av unge Rannveig hjemme i Bergen. Fortsatt er det den ungdommelige «Sturm und Drang» som behersker mye av musikken.

Kapellmester Johan Ludwig Mowinckel jr. (1895–1940) ved Den Nationale Scene var et fargerikt innslag i det bergenske musikkliv og levende opptatt av musikalsk folkeopplysning. Han viet Harald Sæveruds komposisjoner stor oppmerksomhet, og var den som først dirigerte hans orkesterverker i utlandet. Sæverud tilegnet ekteparet Mowinckel Symfoni nr 2.

Ringnes hadde håpet å få sonaten fremført ganske raskt, men han klarer det ikke før til høsten. Han har vært syk og har måttet utsette innstuderingen av verket. Men i Leipzig er Dagny Solheim, Sæveruds venninne fra Bergen, og hun har spilt sonaten for sin lærer professor Teichmüller ved konservatoriet. Professoren skal ha sagt at «nå begynner Norge å våkne!»[75] Hun vil også fremføre sonaten på en offentlig konsert til vinteren.

Så godt som all Harald Sæveruds tid går nå med til komponeringen av symfoni nr 2. Arbeidet går raskt fremover fordi han skulker de fleste timene på høgskolen og kan konsentrere seg på sitt værelse hos Frau Keins. Men det er også en annen grunn til at han må holde seg i ro, han mangler kort og godt klær: «Jeg må føre et så stillesittende liv som mulig nu for at spare på klærne. Når jeg skal ha litt motion, kler jeg av mig og beholder bare uldtrøien på. Jeg har forholdsvis mange uldtrøier», skriver han hjem til faren.[76]

Situasjonen var med andre ord den samme som hjemme, hvor det slettes ikke hadde vært noe budsjett for siste skrik på motemarkedet. Der hadde han måttet ta til takke med det som var igjen etter andre. I april 1922 kan imidlertid den klesløse tonekunstneren sette dobbeltstrek for den nye symfoniens første sats, noe han må fortelle Mowinckel:

«Du synes kanske det ikke er så meget, da jeg hadde den næsten færdig allerede for et år siden, – men den er jo omarbeidet, knapt en takt er den samme. Stilen er også ændret litt; til 'det bedre' tænker du kanske (efter de hugg jeg har fåt for 2. del) nei, – til 'det værre'. Jeg kan endnu ikke vite om – eller rettere *hvor* god den er; må først få den litt på avstand. Jeg håper du blir begeistret for min symfoni! *3dje* sats skal ialfald bli *'vældig'* – hvis jeg lever længe nok altså … *2den* sats vil jeg skrive sidst, – den må føie sig efter de myndige yttersatser.»[77]

Prisene fortsetter å stige og i mai er husleien kommet opp i 800 mark. Men alt er ikke bare sorgen. Nå har han fått seg flygel på rommet, innkjøpt for vennen Erling Mathisen i Bergen. Han kan bruke det selv inntil videre. «Det hjelper mig at komponere», forteller han Mowinckel. Han forsøker også å holde seg orientert i den aktuelle musikken i storbyen. Han går til innkjøp av fire bind Mahler-verker, men «interessen varer ikke dagen ut.» Derimot finner han østerrikeren Ernst Krenek mer interessant. Han er tre år yngre enn Sæverud, og er kommet til Berlin sammen med sin lærer Franz Schreker, musikkhøgskolens rektor. Krenek komponerer i en tilnærmet ekspresjonistisk stil.

Det går mot slutten av semestret. Hans komposisjonslærer Friedrich E. Koch har fått se de fem capricci for klaver og er begeistret for dem. De bør absolutt utgis, mener han. Koch setter opp tre av dem på høgskolens avslutningskonsert. Den 8. juli 1922 blir de presentert av Fräulein Maria Dombrowski i høgskolens konsertsal. Noen uker i forveien har Dagny Solheim oppført hans rykende ferske klaversonate ved en konsert på musikkonservatoriet i Leipzig med komponisten tilstede. En fin avslutning på Harald Sæveruds to-årige studieopphold i Berlin. Han skal aldri mer studere komposisjon, for fremtiden har han kun seg selv å stole på som skapende kunstner.

Maleren Bozidar Jakac og mellomspill hos Edvard Munch

I juni 1922, noen uker før hjemreisen til Norge, dumper han borti en kunstner som skulle bli hans venn for livet: jugoslaven Bozidar Jakac. Jakac studerer på denne tiden malerkunst i Praha, men er kommet til Berlin for å besøke en av sine kolleger, dyremaleren Josip Gorup-Slovenski, som også er en bekjent av Sæverud. Da Jakac dukker opp, havner han midt i en diskusjon mellom nordmannen og maleren om motivet på tittelbladet på Harald Sæveruds pianosonate som Gorup-Slovenski skal utforme. Den syltynne, lyse mannen fra Norge må ha gjort et ualminnelig inntrykk på Jakac, for mange år senere beskrev Jakac det første møte i meget fargerike vendinger:

«Den fremmedes fremtoning fascinerte meg. Den mystiske, lysende hvitheten i ansiktet som steg frem fra den mørke bakgrunnen gjorde et voldsomt inntrykk på meg. Jeg så for meg de visjonære bildene til Edvard Munch. Førsteinntrykket ble ytterligere forsterket da det i den gjensidige presentasjon kom for en dag at den fremmede var nordmann og komponist. For en fryd det var for meg å stå for første gang like overfor en nordmann; vi slovenere føler oss jo i særlig grad tiltrukket av Norges litteratur, musikk og malerkunst. Selv ble jeg dobbelt berørt, for det å komme nær personligheten til en komponist stod for meg som noe vidunderlig mystisk noe. Musikk var nemlig allerede dengang noe helt uunnværlig for meg. Den representerte min sjels mest intime og berikende erfaringer, og utløste gjennom sine dulgte dyb uante skapende ideer hos meg.»[78]

Jakac var stadig sammen med Harald Sæverud, og han ble også med til Leipzig for å høre Dagny Solheim fremføre klaversonaten på konservatoriets elevaften. Noen dager før Sæveruds hjemreise får Jakac den ideen at han skal male nordmannens portrett. Det blir et kappløp med tiden, de har kun tre dager på seg. På lånt lerret, han får det av dyre-

«Den hvite mann», portrett av Harald Sæverud malt i Berlin av sloveneren Bozidar Jakac i juni 1922. Bildet henger nå i museet for moderne kunst i Slovenias hovedstad Ljubljana.

maleren som egentlig har reservert det til et bilde av en isbjørn, stiger etter hvert Den hvite mann frem. Mellom øktene styrker maleren og hans modell seg på biff med løk! Men Jakac kommer i mål i tide. Bildet får en sjelden friskhet og intensitet, og dette maleriske sprintløpet skal representere et gjennombrudd for sloveneren. Etter å ha vært utstilt en rekke steder på kontinentet, havner Den hvite mann til slutt i det faste galleri i Ljubljanas moderne kunstmuseum, hvor det fortsatt henger.

For å se ham vel hjem fra Berlin følger de to slovenerne Harald Sæverud til Rügen, Tysklands utpost mot nord. Jakac gir Harald Sæverud noen av sine tresnitt, og et ønske på veien som i utgangspunktet virket ganske uoppnåelig: å få byttet til seg et trykk av Edvard Munch mot noen av sine. Ville det være mulig?

I Kristiania tok Harald Sæverud mot til seg og troppet like godt opp hos den verdensberømte maleren, medbringende et utvalg Jakac-trykk og for sikkerhets skyld sin venn Sigmund Torsteinson. Sæverud slipper inn hos mesteren og får også fremført sitt ærend. Munch er ikke uvillig til en byttehandel, og velger fire av bildene til Jakac, og lover å sende et av sine.

Harald Sæverud må ha ant at dette var en ganske hasardiøs avtale. Den sensible Munch måtte behandles med den største forsiktighet, han måtte ikke få følelsen av press av noen art. I begynnelsen av desember 1922 kommer han derfor med en advarsel til sin bror Bjarne som er i Kristiania: «Håper virkelig at du ikke har været hos Munch og ikke går, da dette høist sandsynlig vil ødelægge tuskhandelen. Den avtale jeg traf med Munch bør opretholdes, han kan lett bli irritert om nogen kommer trakkende igjen.»[79]

Da intet skjedde sendte Harald Sæverud noen uker senere et brevkort til Kristiania for å friske opp Edvard Munchs hukommelse:

«Kjære Edvard Munch!
Mange tak for sidst! Dette er altså det første av de avtalte brevkort som skulde minde Dem om det grafiske arbeide De vilde lægge ind hos Blomqvist i bytte med træsnittene av Bozidar Jakac. Jeg håper inderlig at det kan la sig ordne på den måte vi talte om, og at de selv også liker den! Jeg venter spændt på Deres arbeide.
Med ærbødig hilsen

Deres Harald Sæverud»[80]

Det kommer stadig ingen ting fra Munch, og et nytt kort med understreking av *Annet varsel* avgår til hovedstaden.

Heller ikke det resulterer i noe. Men så blir det fart i sakene. Bjarne Sæverud, fortsatt i Kristiania, har nå fått i oppdrag å ringe maleren for å spørre seg for, men da Munch hører navnet Sæverud skal han ha skreket inn i røret:

«– Få fatt i en bil, kom ut med en gang!»

Bjarne Sæverud kom ikke tomhendt tilbake, men noe Munch-bilde hadde han ikke med seg. Det overfølsomme malergeniet skal ha vært tydelig lettet da han kunne levere tilbake de fire Jakac-trykkene. Nå var han endelig kvitt disse masete bergenserne, og kunne slippe truende kort og telefoner. På toppen av det hele inviterte han likevel Harald Sæverud innom en gang det måtte passe, et tilbud komponisten aldri kom til å benytte seg av.

Klaversonaten oppføres i Norge

Hjemme i Bergen må Harald Sæverud ha noe å livnære seg med, og begynner å skrive musikkritikk for Bergens Tidende. Nå er det tid for norsk førsteoppførelse av klaversonaten, og både Inge Rolf Ringnes og Dagny Solheim har innstudert verket. Dagny Solheim er først ute på sin konsert i Logen i Bergen i slutten av oktober. Der har hun satt opp et krevende program som også omfatter en av Beethovens sonater fra op. 31 og Schumanns «Davidsbündlertänze». Sæveruds sonate blir godt mottatt både hos publikum og kritikere, og Dagny Solheim roses særlig for sin tolkning av nettopp dette verket.

Måneden etter presenterer Inge Rolf Ringnes klaversonaten i Kristiania. Han berømmes for sin kraftfulle tolkning av verket, og komponisten mottar godord for sonatens idérikdom. Men flere av kritikerne hekter seg opp i Sæveruds frie form. Det er stadig et tilbakevendende tema. Fra Socialdemokratens utsendte får han det råd at han må studere grundig formlære. Dagbladets Reidar Mjøen derimot følger opp sine positive kritikker og slår fast at det «er et mektig, høit strebende arbeid, som i høi grad må øke interessen for Sæverud».[81]

Hjalmar Borgstrøm i Aftenposten er blitt mer og mer velvillig for hvert Sæverud-verk han har hørt. I sammenligning med de to satsene fra Symfoni nr 1, finner han at «sonaten viser i formel henseende et bemerkelsesværdig fremskridt; den er bedre og fastere støpt».[82]

Borgstrøm forsøker også å plassere Sæverud på den musikkstilistiske skala. I en tid hvor ekspresjonisme, atonal musikk, nyklassisisme, senromantikk og impresjonisme er blant de aktuelle uttrykk, så er ihvertfall ikke Sæverud påvirket av den franske stil, mener han: «Måske har han modtaget nogen indskydelse fra det unge Tyskland; men det har ikke skadet hans individualitet.»[83]

Noen måneder senere bringer Inge Rolf Ringnes med seg sonaten på en konsertturné til Tyskland og Østerrike. Så kommer han til Bergen med den, og tar flere av kritikerne med storm. Konserten holdes i en tynt besatt sal på Museet, men de som er der får tydeligvis adskillig å tygge på. Johan Bechholm i Bergens Tidende opplever klaversonaten som konsertens «pièce de résistance», og Ringnes' tolkning av den kraftfulle sistesatsen karakteriserer han som «en vild, norsk bjergpreken, som brakte tanken hen på Ibsens Brand, og hvor en 'deilig sommerfugl' sang sine skjønne melodier indimellem».[84]

Bergen på 1920-tallet

Miljøet for en ung, litt verdensvant og søkende tonekunstner var ikke akkurat stort i Bergen på 1920-tallet. Harald Sæverud bodde hos sine foreldre, og stemningen hjemme var ikke påfallende lystelig. Det religiøse alvoret var aldri langt borte, særlig ikke hos Harald Sæveruds mor. Faren kunne være adskillig mer utadvendt. Harald var heller ingen utpreget omgjengelig person, han kunne mure seg inne og komponere natt og dag. Han var også en fremtoning som vakte oppsikt, lang, tynn og blek, ofte i underlige kledeboner.

Etter at han var kommet tilbake fra Berlin for godt,

Sigmund Torsteinson (1905–1987), intendant på Troldhaugen i en menneskealder og en av Harald Sæveruds nærmeste venner. I Sigmund Torsteinsons barndomshjem opplevde den unge Harald Sæverud et humør og en vitalitet som var et savn i hans egen familie, hvor et religiøst tungsinn i stor grad stod i høysetet.

ble hans muligheter til å konsentrere seg om komposisjonsarbeidet lettere enn før, noe som ikke minst skyldtes at Sæverudfamilien hadde fått et nytt sted å bo. Etter fire år i Fyllingsdalen, kunne de i 1922 flytte inn i nytt hus i Biskopshavn, ytterst i Sandviken. Nå hadde de en stor og flott villa et stykke ute på landet i forhold til byens sentrum. De fleste søsknene bodde hjemme, og Harald hadde broren Bjarnes flygel til rådighet. Lykken hadde snudd seg for Herman P. Sæverud. Nå var han kontorsjef på margarinfabrikken Norge.

Venneflokken skulle få stor betydning for Harald Sæverud. En av hans største beundrere var den gamle skolekameraten Martin Hjertholm. Han drev nå som kunsthandler, men det fortelles at Martin Hjertholm ofte fikk et så nært forhold til bildene i butikken at han hadde store problemer med selge dem. Det var kunsten og musikken som opptok ham, og sine entusiastiske opplevelser utpenslet han som anmelder i den kristelige avisen Dagen. I det hjertholmske hjem på Nesttun, ca. en mil sør fra Bergen, ble det musisert. Der samlet man seg til huskonserter og selskapelighet, og der fremførte Harald Sæverud sine komposisjoner etter hvert som de ble til.

Sigmund Torstensen var yngre, en ordets mann som ønsket å bli skuespiller, men som senere skulle få sitt livskall som Troldhaugens første intendant. Han fornorsket senere sitt navn til Torsteinson. I Skottegaten 9 på Nøstet lå Torstensens lille bergenshus. Her stod døren alltid åpen for besøkende, om det var aldri så sent. Hos Torstensens opplevde Harald Sæverud kanskje noe han ikke fant på samme måten hjemme: vitalitet og et sprudlende humør. Faren i huset drev nok som kjøpmann, men han trivdes aller best med lerret, pensel og palett.

På Sigmunds loftsværelse holdt Rembrandtklubben til, og der ble Shakespeare og den store kunsten drøftet, – og selvfølgelig det bergenske musikkliv. Når Harald Sæverud hadde vært på konserter og måtte levere sine kritikker i Bergens Tidende i løpet av kvelden, hendte det ofte at han like godt ble natten over hos Torstensens. Her var han nærmest som en sønn i huset. Ofte hadde han med seg Rannveig

Pianistinnen Dagny Solheim som urfremførte Harald Sæveruds klaversonate og flere av hans capricci.

Torstensen som ledsager på Harmoniens konsertene. Selv om han hadde et godt øye til henne, så var forholdet deres ganske uskyldig og kun på et vennskapelig plan.

Flere av de unge musikerne han omgikkes i Bergen var venner og kjente fra år tilbake. Dagny Solheim hadde via sine studier i Leipzig utviklet seg til å bli en glimrende pianist som gjerne satte Harald Sæverud på programmet. Første gang var på en konsert i Bergen i slutten av september 1921 da hun uroppførte to av hans capricci fra op.1. Det het seg at hennes far, domorganist Karsten Solheim, ikke var helt med på den avgjørelsen. Han kunne nok heller ha tenkt seg et verk av en av musikkens tungvektere enn av et relativt ubeskrevet blad fra Fyllingsdalen.

Høsten 1922 var også Johan Ludwig Mowinckel jr. tilbake i Bergen, ansatt som kapellmester ved Den Nationale Scene. Han var en musikklivets fargeklatt, på mange måter den strake motsetning til Harald Sæverud: – utadvendt og spirituell, og engasjert i det meste han kunne gape over. Foruten å dirigere skrev Mowinckel om musikk i Bergens Tidende. Her hadde han en egen spalte, Bergens Musik Tidende, hvor han ga grundige innføringer i det som skjedde på den musikalske arena, særlig i Harmonien. Og Mowinckel slo gjerne et slag for sin venn Harald Sæverud og hans musikk. Da Inge Rolf Ringnes kom til byen for å fremføre Sæveruds klaversonate, hadde Mowinckel en entusiastisk introduksjon i avisen:

«Efter Dagny Solheims opsigtsvækkende uropførelse av dette interessante verk her i Bergen i høst, har vår unge landsmand, den fremragende pianist Inge Rolf Ringnes tat sig hjertelig av det, og hans stålfingre og samvittighetsfulde utarbeidelse har bragt sonaten frem til meget virkningsfulde opførelser i Kristiania, Berlin, Dresden og Wien. Og som det sig hør og bør et karakteristisk verk av en ung, egenartet stor-begavelse har det vakt strid og skarpe ytringer både for og mot sig. Sikkert vil gjenopførelsen her vække stor interesse.»[85]

Nå befant Harald Sæverud seg på den «andre» siden, han skulle ikke bare ta imot kritikk og råd fra anmelderne. Nå var han selv i posisjon til å utdele ros, ris og vurderinger. Han er allerede på plass når Mowinckel 5. oktober 1922 dirigerer sin første konsert i Harmonien etter debuten året før.

Kveldens hovedverk er Schuberts store C-dur symfoni, og Harald Sæverud er overbevist om at hans venns tolkning er glimrende. Mowinckel klarer til og med å få skikk på et verk som ellers har en tendens til å bli noe langtrukkent:

«... der var satt opp et så ildnende tempo i yttersatsene at kompositionen end yderligere blev sveiset sammen til et strålende hele. Mowinckels sterkeste side er hans glødende temperament, hvormed han formår at tænde begeistring både hos orkester og publikum.»[86]

Engasjement og temperament, typiske egenskaper for Mowinckel. Han er brennende opptatt av at kunsten må ut til folket. Derfor kan man den ene dagen finne ham som foredragsholder over emnet «Hvad er musik?» i Bergens Kommunistiske Ungdomslag, en annen dag som dirigent for en barnekonsert, eller han gir en matiné med populærprogram hvor han både dirigerer og forteller. Han sparer seg aldri i musikkens tjeneste.

Den nyslåtte kritikeren Harald Sæverud var ingen rabulist som på død og liv skulle markere seg med store bokstaver i spaltene. Han skriver imøtekommende og sympatisk, og leter stort sett fram det positive. Men han får snart erfare at kritikerne også voktes. Da han våren 1923 anmelder teatrets premiere av Offenbachs Orfeus i underverdenen, kan han slett ikke forstå at man har sløyfet ouverturen. Straks reageres det fra Den Nationale Scene, det er nemlig ingen ouverture til stykket. Hva mener kritikeren med slikt? Harald Sæverud må krype til korset og skrive en beriktigelse:

«Angående anmeldelsen av Orfeus i underverdenen skylder jeg teatret at ta tilbake min påstand om at ouverturen blev sløifet. Offenbach indleder operetten med kun et kort forspil; men en ouverture bygget over dennes melodier er arrangeret av Binder, og da jeg i Berlin overvar Reinhardts opførelse av verket, blev det åpnet med denne ouverture, uten at det fremgik av programmet at det ikke var Offenbachs egen. – Teatrets opførelse er altså fuldstændig og jeg beklager misforståelsen.»[87]

Symfoni nr 2. Debut som dirigent

Noen dager før jul i 1922 var Symfoni nr 2 ferdig. Straks ble den antatt til oppførelse i Harmonien, og konsertdatoen fastsatt til den 22. november neste sesong. Uroppførelsen ville bli spennende på to måter, for Harmonien hadde også gått med på å la Sæverud dirigere verket selv. Resten av programmet var Harald Heides ansvar.

Også i sin andre symfoni beveger Harald Sæverud seg utenfor det tradisjonelle mønster. Den er komponert i tre satser, og stadig holder han seg i moll, som i de to foregående verkene. Men nå har han skiftet fra g-moll til c-moll.

Interessen for verket var det ikke noe å si på. Flere av bergensavisene presenterte grundige og meget sympatiske forhåndsomtaler av både symfonien og komponisten. Uroppførelsen var en «musik-begivenhet» stod det i Arbeidet, som ellers var spent på Sæveruds nye rolle:

«... er dirigenten bare halvt så intenst begavet som komponisten, så har vi ivente en musik-stund vi sent vil glemme. Det er nå over 2 år siden Sæveruds første symfonis anden del blev opført her, og han vakte da en opsigt som skaffet Harmonien overfyldt hus, de to ganger verket blev opført.»[88]

Publikum mottok Harald Sæveruds andre symfoni meget hjertelig, men Bergens Tidendes anmelder var betenkt. Han berømmet riktignok komponisten for verkets finurlige kontrapunktiske teknikk, men det var på ingen måte tilstrekkelig for det store publikum:

«De forlanger noget, som tiltaler øret og ikke volder bryderi med hensyn til forståelse ... Sæverud er først og fremst personlig og særpræget i sin digtning. Man kan ikke peke på nogen bestemt 'fadder' eller 'skole'. Han låner hverken troll eller nisser til at agere for sig, – nei, tung og mørk, egensindig og steil hamrer han sine personlige sandheter ind i tilhørerne ... Han synes mig næsten en Ibsens Brand-skikkelse i sin musikalske form.»[89]

Flertallet av avisene var likevel på den positive siden, selv Morgenavisen som kunne være troende til det motsatte. Men der var det Torgrim Castberg, Harald Sæveruds gamle rektor fra Musikakademiet, som skrev, og han kalte symfonien «et nyt stort toneverk», og Sæverud «en høit begavet kunstner som med dypt alvor og pågående energi lægger al sin evne i at nå opover mot målet: det ypperste!»[90]

Komponisten Sæverud kom også rimelig velberget gjennom ilddåpen som orkesterleder. Det ble riktignok antydet at en øvet dirigent kanskje kunne ha nyansert fremførelsen en del: «Til sine tider førte således messinggruppen et yderst voldsomt sprog.»[91]

Også Filharmonisk Selskaps Orkester viste interesse for symfonien, men Harald Sæverud stilte betingelser: han ville selv dirigere verket av hensyn til dets «personlige karakter». Han gjorde oppmerksom på at han «med held» hadde dirigert sitt verk i Bergen, men anmodningen ble høfligst avslått. I Kristiania ønsket man at orkestrets kunstneriske leder, José Eibenschütz, skulle ta seg av oppførelsen.

Komponist-konkurranse med komplikasjoner

Oppførelsen i Kristiania ble bestemt til oktober 1924. I mellomtiden deltok Harald Sæverud i en komponistkonkurranse i Bergen. Den var opprettet av Musikselskabet Harmonien og finansiert av selskapets såkalte «Premiefond». Våren 1924 skulle første utdeling skje på basis av innsendte verker, og Sæverud var en av fem deltakere. Men da dommen falt i juni, var han ikke blant vinnerne. To stykker gikk til topps, Sverre Jordan med Smeden for kor og orkester, og Kristiania-dirigenten Torolf Voss med et orkesterstykke kalt Fridtjof. Premien var kr 3 000 til hver.

Sverre Jordan hadde altså vunnet en konkurranse i det selskapet hvor han både var styremedlem og medlem av programutvalget. Reaksjonen lot ikke vente på seg. En uke etter offentliggjorde Bjarne Sæverud, Haralds eldste bror, et åpent brev i Bergens Tidende. Han la ikke fingrene imellom og listet opp flere forhold som var av tvilsom art ved tildelingen. Juryens sammensetning var ett av dem. Den var så ensidig konservativ at bare «komponister av den gamle skole» kunne komme i betraktning (Juryen bestod av de tre kapellmestrene Leif Halvorsen, Johan Halvorsen og Harald Heide.)

Han nevnte ikke Sverre Jordan med navn, men fant at «det er litet smakelig at en av Harmoniens styre deltar i konkurransen. De andre er dermed denne gang uvilkårlig blit handicapped.» Dessuten var en av prisene gått til en «Kristiania-mand med virke i Kristiania», til tross for at flere bergensmanuskripter var blitt refusert. Midlene til «Premiefondet» var i sin tid donert av bergenseren Fridtjof Sundt, og Bjarne Sæverud henviste til statuttene, hvor det stod at avkastningen i første rekke skulle gå til musikere «som enten er hjemmehørende i Bergens stift eller har sitt virke i Bergen».[92]

Harmoniens styreformann Schak Bull rykket ut til forsvar for avgjørelsen og sendte hansken tilbake til Bjarne Sæverud:

«Hvad kan ha bevæget Dem til dette inserat? Neppe ideelle grunde. Nei, det ligger nær op i dagen at anta at det er private interesser som har inspireret Dem til overrækkelsen av denne vakre buket som også indeholder misundelsens gule blomster.»[93]

Den stakkars Sverre Jordan fant at han måtte supplere sin

styreformann og svare på det han oppfattet som «insinuasjoner overfor mig». Han understreket sterkt at det dreide seg om en konkurranse hvor verkene var innlevert uten at komponistens navn skulle være kjent: «At jeg, fordi jeg sitter i Harmoniens styre, skulde være utelukket fra at delta i en anonym præmiekonkurranse vil neppe andre end hr. Sæverud og hans klikke finde 'litet smakelig'».[94]

Det ble enda en runde mellom Bjarne Sæverud og Sverre Jordan, men også utenforstående blandet seg inn. I avisen Arbeidet tar en skribent Bjarne Sæveruds parti:

«Jeg skal ikke blande mig op i disse stridigheters enkeltheter, men bare i forbigående nævne, at Harmoniens styre og Sverre Jordan ganske vist tar feil, når de tror, at hr. Bj. Sæverud står alene om sit standpunkt. Man kan tvertimot daglig blandt musikinteresserte mennesker i Bergen høre litet smigrende uttryk om vore musikautotiteter ... For os som er utenforstående vil det ikke veie noget, om et saklig angrep kommer fra en konkurrents bror eller fra hans kone.»[95]

Striden la seg foreløpig, men flere frø i konflikten mellom «de unge» og de konservative kreftene i det bergenske musikkliv var sådd.

Kristianiaoppførelse og Wilhelm Hansens legat

Den 20. oktober 1924 skulle Harald Sæveruds andre symfoni presenteres i Kristiania, og verket var omfattet med stor interesse. Aftenposten hadde en bred presentasjonsartikkel om komponisten og verket, og her ble også Mowinckel jr. sitert:

«Aldri er vel en mer knaldende norsk-radikal bombe sprunget ind blandt vort pyntelige moderate musikpublikum. Og den obligatoriske kakling i hønsegården uteblev selvfølgelig heller ikke. Meningens bølger gik høit, så oppsiktsvekkende var ialfald uropførelsen. Men vi, som kjender Sæverud personlig, kan garantere at det han gav, var ærlig og ekte ham selv, helt fri for den sensationsjakt som synes at ha besat endel av de utenlandske ultra-modernister.»[96]

Noen unison suksess ble ikke oppførelsen i Kristiania, men heller ingen fiasko. Stadig berømmes han for sine mange ideer, men man har fortsatt innvendinger til verkets formelle oppbygging. Han blir oppfattet som en som ikke vil gå i takt med de andre, som søker sine egne løsninger, forsåvidt i pakt med den omprøving av verdier som ligger i tiden. Men det er tydelig at man også fascineres av denne uryddige bergenseren. Ulrik Mørk i Ørebladet målbærer noe av denne spaltethet mellom beundring og kritikk:

«Sæverud er en Gigant, en Himmelstormer. Han går igang med de største Problemer, arbeider på deres Løsning efter sit eget Hode, ikke efter de tradisjonelle Regler for Temaers Behandling og Symfoniers Bygning. Symfonien er fuld av Sturm og Drang, det koker og damper som i en Heksekjel og det larmer som av en Trommeild under Verdenskrigen. Ve de Trommehinder som ikke er iorden! Men man hører på disse tornende Tonemasser med den største Interesse fordi det er en Mand og et Talent som kjæmper sig fremover. Når det engang går op for Sæverud at den som når længst med sine Ord ikke altid er den som roper høiest, men tit og ofte den som taler klarest … da vil han kanske avsløre sig som Norges største Symfoniker.»

Det som også undret den samme Ulrik Mørk var å se «den spæde og bleke lyshårede Yngling træde frem for at motta Publikums uforbeholdne Anerkjendelse. Hvem skulde tiltro denne stilfærdige Ungdom så uregjerlige Tanker?»[97]

I Bergens-pressen, deriblant Morgenavisen, siterte man villig fra Kristiania-kritikkene. Stort sett var det de positive vurderingene som ble trukket fram. Nesten en uke senere brakte imidlertid Morgenavisen, Sverre Jordans avis, nesten in extenso, den katastrofemelding som hadde stått i

Arbeiderbladet. Per Reidarson var mester for den, og Morgenavisen presenterte sitatet som egen artikkel under overskriften «Per Reidarson om Harald Sæverud». Kritikken var drepende og ga ytterligere ammunisjon til de som betraktet Harald Sæverud som en av eksponentene for den nedbrytende modernismen:

«Jeg har tidligere hørt et par verker av ham, og tænkte mig at komponisten efter hvert vilde nå frem til mere klarhet, blandt andet klarhet over at musikken også har sine lover, som ikke bare er fordom og konvension, men naturlover, som ikke kan trodses mer end en båtbygger kan trodse lovene for sjø og vind. Men hr. Sæverud gir i dette verk bare mer end før en glad dag i alle mulige lover. Hvis han seilet på slik vis, vilde han rende på i et væk, kuvende og kuldseile uavladelig. Nå, i musikken går jo denslags, folk sitter jo der, og når ingen protesterer, så går det jo. Men for mig var det en pine at høre på dette tre kvarter lange sammensurium av falske toner, alt fuldstændig formløst og dertil stygt instrumentert ... At denslags upåtalt kan passere i en koncertsal er beklagelig; men det er ikke komponistens skyld, men publikums og de som holder den forkvaklede unge mand frem. – Dirigenten begik den feil straks ved det første trevne høflighetsbifald at vinke på komponisten; han fik derved et par fremkaldelser.»[98]

Man skulle tro Harald Sæverud ville bli knust og knekt av mindre, men lykken var på hans side. Han hadde nettopp mottatt et brev fra København hvor Carl Nielsen var en av undertegnerne. Her var skrivet som skulle ta brodden av det Morgenavisen hadde brakt til torgs. Harald Sæverud ble nemlig meddelt at «det årlige beløp, der utdeles til en ung komponist av Legatet til minde om Jonas og Alfred Wilhelm Hansen i år er blevet tildelt Dem.»[99]

Beløpets størrelse var omkring 1 500 norske kroner, og brevet var også undertegnet Georg Høeberg, kapellmester ved Det Kongelige Theater, og Alfred Tofft, formann i den danske komponistforening. Sæverud fikk brevet offentliggjort

Celebert musikalsk toppmøte i Bergen i 1923: Fra v. komponisten Sverre Jordan, fiolinisten Johannes Wolff, komponisten Carl Nielsen og kapellmesteren Harald Heide.

i Bergens Tidende, dagen etter at den famøse Reidarson-kritikken hadde stått i Morgenavisen. Hva var vel Reidarson mot tungvekterne i dansk musikkliv? På et avgjørende punkt hadde han fått en hjelpende hånd fra Carl Nielsen, Harald Sæveruds danske «deus ex machina». Komponisten gikk seirende ut av kampen. Foreløpig.

Kritikk av Smeden

Det var også et merkelig sammentreff at Morgenavisen skulle slå opp Reidarsons artikkel akkurat to dager før uroppførelsen av Sverre Jordans Smeden, det ene av vinnerverkene i Harmoniens komponistkonkurranse. Var det gjort for å berede grunnen for denne oppførelsen som til og med ble dirigert av Sverre Jordan, Morgenavisens egen medarbeider? Noen stor suksess ble imidlertid ikke Smeden. Kritikerreaksjonene var blandede. Håndverket var i orden, men man savnet dybde og originalitet.

En av omtalene er særlig betegnende, den var skrevet av Martin Hjertholm i Dagen, og Harald Sæveruds venn sender her nærmest en hilsen på vegne av «de unge». Han starter med noen positive ord om «et melodiøst og iørefaldende opus»:

«Men bortset fra det, så er der – trods korrekt skrevet for korstemmer og formelt omhyggelig utført – så litet av kunstnerisk værdi i dette verk at man forundret må spørre om dette virkelig repræsenterer hvad Bergen rikest og bedst kan by av skaperkraft og skaperfantasi. Det er *for* letkjøpt dette Jordans arbeide til at man ikke skulde ha grund til at reflektere her.»[100]

På sine eldre dager kom Sæverud stadig tilbake til hendelsen med Morgenavisens artikkel. Han oppfattet den som ledd i en strategi iscenesatt av motstandere i hjembyen. Nå skulle denne innbilske ungdommen en gang for alle settes på plass. Med stor skadefryd kunne han derfor fortelle om sammenfallet med Nielsen-legatet som så til de grader hadde tatt luven av den negative effekten som måtte være skapt av Morgenavisens oppslag.[101]

Året før disse hendelsene hadde Harald Sæverud truffet Carl Nielsen for første gang. Det skjedde i Bergen i forbindelse med at den danske tonekunstner gjestet Harmonien som dirigent av egne verker. Konserten ble omtalt som en av de sjeldne, og hos Mowinckels var det mottagelse etterpå. Her fikk Harald Sæverud anledning til å snakke nærmere med sitt store forbilde, og returnere den takk han følte i forbindelse med Carl Nielsens oppmuntrende hilsen i 1921.

Da den kortvokste og energiske dansken forlot Bergen, skal han overfor Sæverud ha kommet inn på hans klaver-capricci. Han var blitt så fascinert av dem at han på flere uker ikke hadde spilt noe annet, sa han, og så hadde han mumlet noe om «som Bach i vår tid». Carl Nielsen kom også med et løfte om å forsøke å få oppført noe av Sæverud i Danmark, og i de etterfølgende årene var det en viss korrespondanse mellom de to kollegene om akkurat dette. Nå lyktes ikke det prosjektet, men Harald Sæverud forble en trofast beundrer av den store, lille dansken som mer enn noen andre hadde øynet det symfoniske format hos nordmannen.

Da Carl Nielsen døde i 1931, skrev Sæverud en nekrolog som også forteller noe om ham selv. Han så en nær åndsfrende i en kollega som hadde våget å gå sine egne veier, og som heller ikke hadde hatt noen rosenrød oppvekst:

«Carl Nielsen er den første nordiske komponist som har maktet å nå de store høider på et helt selvstendig grunnlag. Han har ikke gitt efter for den almindelige svakhet å ville gjøre sig arbeidet lettere ved å støtte sig til folkemusikken, all vanemessig gjentagelse av det offisielt nasjonale har han undgått, derfor er han blitt dansk på en ny og personlig måte … Fra han higet ut over den hjemlige fynske idyll med morens trøsterord syngende inne i sig: 'H. C. Andersen var jo også en gang en fattig dreng', til hans liv efterhvert blev det store eventyr som nu er endt, må dette ha vært hans løsen: 'Opover, alltid freidig opover, selv om det skal bli på tross av alt og alle'.

Og nu står Carl Nielsen som Nordens største mester – den fattige lille danske dreng.»[102]

1925–1930

Studieopphold i Paris

Våren 1925 dro Harald Sæverud til Frankrike. Han trengte nye impulser og nå stod Paris for tur. Etter Berlin et naturlig valg, for Paris var Europas andre store kunstmetropol. Ikke bare var det her at de fleste eksperimenter innen den moderne malerkunsten hadde funnet sted, på musikkens område hadde Paris vært sentrum for Debussy og hans særegne form for musikalsk impresjonisme, og her var det at en av dette århundrets store musikalske giganter, Igor Stravinskij, hadde fått sitt gjennombrudd. Sjokkbølgene etter skandalen rundt balletten Vårofferet i 1913 hadde nok lagt seg, men den samme Stravinskij var nå en spydspiss for nyklassisismen hvor idealene var å hente i den klassiske fortiden. Farvel senromantisk svulstighet, farvel rytmisk «barbarisme» og impresjonisme. Her var alternativene til ekspresjonismen og den atonale musikk.

Innenfor malerkunsten var surrealismen nå det store nye i den franske hovedstaden. Byen var i det hele tatt et konglomerat av den nye tids -ismer, og et senter for det moderne underholdnings- og uteliv. Fart, bevegelse, spenning; alt sammen en del av tidsånden, og jazzen som moteretning innenfor fornøyelseskulturen. Hvordan fant så en alvorlig symfoniker fra det kalde nord seg til rette i denne heksegryten?

Han syntes byen var skitten. Det var noe av det første han meldte hjem i begynnelsen av mars. Og med det minibudsjett han rådde over var det heller ikke lett å finne et tilfredsstillende sted å bo. De hospitsene som passet for hans lommebok var som regel så oversådd med lus og lopper, at han de første ukene synes å ha brukt det meste av tiden på å lete frem et sted uten for mange ubehagelige kryp. Førstereaksjonen på den franske hovedstaden var enkel og grei: «Foreløpig er mit indtryk det at Paris er altfor opskrytt!»[103]

At reisen lot seg gjennomføre økonomisk skyldtes nærmest tilfeldigheter, slik han fremstiller det for sin malervenn Gerik (Georg) Schjelderup i Oslo: «… en el. anden tilbød mig gjennem min bror 100 kr. mnd. i 6 måneder, hvad jo var ganske utilstrekkelig, men nogen tid efter fik jeg en ganske uventet gave på 1 000 kr. (av ukjendt, atter gjennem min bror) og så vovet jeg reisen.»[104]

Også Schjelderup får vite at Paris ikke er særlig imponerende. Det som likevel gjør oppholdet trivelig for ham, er at hans jugoslaviske venn Bozidar Jakac er i Paris i forbindelse med en utstilling. Her hadde Sæverud en person som han kunne diskutere både musikk og malerkunst med. Det er tydelig at Jakac' nærvær må ha virket befordrende på hans egen interesse for malerkunst, for det ser ut til at han er like opptatt av bilder som av musikk under oppholdet. Allerede etter noen dager i byen har han vært på kurs i akttegning, og skriver til sin venn Sigmund Torsteinson:

«Bli ikke forskrekket!: Fredag hadde jeg min første arbeidsdag som maler (i et atelier i Montparnasse). Tegnet akt i 5 timer (2–7). Det gikk over al forventning godt og det tiltrods for at mange måtte leveres på 5 min. Skal fortsætte en av dagene, – det var meget anstrengende så jeg må ha et par dagers pause indimellem. Min bedste tegning fandt Jakac var 'meget god', jeg kunde ganske rolig la den gjælde og signere den. Foruten denne har jeg 4 –5 'gode' og etpar 'bra'. Jeg tror det virker utviklende for mit syn på malerkunst når jeg selv prøver litt.

Her er ingen ovn på værelset mit, så jeg må utsætte komponeringen til der kommer litt varme i luften.»[105]

I sitt neste brev til Torsteinson har han fått smakt litt nærmere på Paris, men det er i grunnen ikke noe særlig nytt å se

Noe av det første Harald Sæverud gjorde da han kom til Paris, var å melde seg på et kurs i akttegning.

for en som har bodd i Berlin. Boulogneskogen finner han flat og kjedelig, men på grunn av trærne og markene er det likevel verd å ta en tur dit av og til. Notre Dame-katedralen tar seg godt ut på avstand, men er mindre enn forventet, og tårnene finner han nærmest støtende på grunn av steinarten som er benyttet. Heller ikke Louvre er noe særlig for den unge bergenseren, fløyene minner mer om jernbanestasjoner enn om et kirkebygg. Men malerisamlingen i Louvre har format, uten at han heller imponeres av den:

«Der findes en hel del mesterverker (da Vinci, Rembrandt – ikke de beste) Tizian, Ribera (gravleggelsen er storartet), Goya (portretter), 1 av Daumier og nogen av Millet. Men den overveiende del er mindre god. Franskmændene har en flau smag. Sine egne mestere har de måttet anerkjende efter påtryk fra utlandet; men de forstår ikke at vurdere dem efterpå heller. De liker bare det som virker parfumeret.»[106]

Han er stadig på ulike utstillinger, og den kritiske sansen er skarp. De to vennene besøker Rodin-museet, og selv ikke Frankrikes fremste billedhugger gjennom det siste hundreåret finner nåde for hans blikk:

«Jeg var både imponeret og skuffet. Noget av det bedste er Balzac, som virker vældig; Borgerne fra Calais og Tænkeren er jeg også meget begeistret for, men så har han en mængde mindre bra ting, som vistnok alle er godt gjort, men for blødagtige.Det ser næsten ut som dette sidste er Rodins egentlige felt, og som *undtagelser* har han skapt enkelte fremragende mesterverker.»[107]

Gerik Schjelderup etterlyser verker av Picasso, Gauguin og Cézanne, men Harald Sæverud beklager at det er smått med nyere bilder å skue: «Av moderne fransk malerkunst ser man absolutt intet; det moderne galeri er nærmest en skandale efter min mening. I Louvre er der en ypperlig Daumier og en Monet, men til gjengjæld er de gamle spanske malere og Tizian godt representeret.»[108]

Etter å ha tilbrakt noen uker hos en eksentrisk doktor, finner han endelig et akseptabelt bosted, det er i 34, Rue des Lyonnais på Montmartre. Økonomien er skral, og han gir Gerik Schjelderup et detaljert innblikk i det daglige forbruk:

«Jeg bor ganske bra i et litt billig kvarter (225 fr.pr. mnd.). Spiser ute til middag (el. frokost) – prix fixe, fast pris 3.50 fr. + 0.50 i drikkepenger. Ellers vilde det ha blit dyrt med mat hernede. Spiser litt brød til aftens eller atter på prix fixe. (Suppe, fisk el. kjød (litet og seigt), litt grøntsaker og desert).»[109]

Noen fart på tegnevirksomheten er det ikke lenger. Til Sigmund Torsteinson klager han over at han ikke får til landskapstegning, men han har fått skryt av Jakac for et selvportrett. Med komponeringen går det etter hvert heller ikke så verst, han får arbeidet en del på den tredje symfonien, og så går han på konserter. Han søker både klassikerne og den moderne musikken, og blir kjent med de viktige verkene til sentrale tonekunstnere som Debussy, Ravel og Stravinskij. Av sistnevnte får han til og med med seg Vårofferet, uten at det gjør noe stort inntrykk. Til Mowinckel skriver han at «enkelte avsnitt (var) meget gode, men stort set gik samme opskrift igjen i næsten alle de mange små partier som kompositionen var sammensat av. Vil forresten gjerne høre den endnu en gang».[110]

Nyere komponister som Albert Roussel, Darius Milhaud, Florent Schmitt og Roger Ducasse står også på programmene, men mye av den franske musikken forekommer ham for smakløs og parfymert. Likevel synes han at det har vært interessant å stifte nærmere bekjentskap med den. Det som imidlertid ser ut til å ha gjort størst inntrykk på ham er paradoksalt nok Mozarts Cosi fan tutte. Oppsetningen han opplever på Opéra Comique karakteriserer han som «virkelig førsteklasses».[111]

Han spinker og sparer for å få råd til å gå på konserter og i operaen, så selskapelighet på restauranter og utesteder forbyr seg selv. Han holder seg stort sett sammen med Jakac, og de to vennene farter omkring i byen og omegnen. En smule ekstravaganse unner han seg og strekker lommeboken til litt uskyldig moro i fornøyelsesparken. Her klarer de to vennene å skyte ned hver sin flaske champagne som så fortæres.

Men en dag bestemmer han seg for å prøve noe virkelig mondent. Han besøker et russisk kunstnerball. Men det må ha vært en selsom opplevelse for en uskyldig kunstner fra Sandviken i Bergen:

«En av damene var splitternaken undtat en bitte liten badebukse, og ellers var der mange halvnakne. Det virket forfærdelig simpelt. Hele salen stod i svetteos tilslut og den sjofle dansemusikken var også en sjittos. Presidenten for negerrepublikken Liberia var tilstede, han hadde et interessant

Selvportrett av en utslitt og utsultet Harald Sæverud på tampen av reisen til Paris og Tunis.

hode, virkelig flott. Ellers var Fujita (vet ikke om rigtig skrevet) – den største japanske maler nu for tiden, tilstede. Han var klædt som Eva, – trikot og lang, gul paryk. Det virket pudsig at han desuten hadde store hornbriller. En negerkvinde var blandt dem som 'erobret' mest, – et karneval er jo altid en hidsig kamp mellom damene. Gik hjem ved daggry gjennem helt øde gater. Det begyndte at lysne, månen bleknet og solen nærmet sig … Gik litt omkring og forfrisket øine og lunger efter 'forlystelsen' i det kunstige lys og mellom de kunstige, anstrengte mennesker, – som anstrengte sig for at indbilde sig at dette var moro og så var det rett og slett dritt.»[112]

Nei, det superurbane og trendy storbylivet ligger nok ikke for Harald Sæveruds temperament. Etter hvert blir han også så full av inntrykk at han synes det går ut over arbeidsevnen: «Kanskje tar jeg feil, – kanskje går det nu også godt, men som ellers altid synes jeg det slett ikke selv ialfald. Jeg er temmelig nedtrykt over at det ikke går bedre; vet ofte ikke min arme råd. Tror ofte at alle evner har forlatt mig. Men hver må ha sit at rote med.»[113]

Etter alle inntrykkene dukker ettertanken og spørsmålene opp om hva som egentlig er av betydning i kunstens verden. Det er særlig billedkunsten hans tanker kretser om. Han synes det han kaller europeisk perspektiv-kunst og greske speilbilleder kommer til kort overfor Orientens uttrykk eller egyptisk skulptur. Han og Sigmund Torsteinson må absolutt reise utenlands en gang, skriver han, men da skal det være til India og Kina. Også i Russland er det ting av verdi:

«Jeg lengter ordentlig efter Dostojevski igjen. Der har Europa noget. Eller skulde han også ha hentet kraft østenfra? Russerne føler sig ikke helt som europeere. Når de reiser hjemmefra til Tyskland eller Frankrik f.ex. sier de at de reiser til Europa. De har kanske mere forbindelse med østen end man tror.»[114]

I juni er konsertsesongen stort sett ebbet ut, og Harald Sæverud og Bozidar Jakac finner ut at de skal dra til Afrika. Målet er Tunis. Reisen går via Marseille, og Middelhavet krysses på 4. klasse. Det er dekksplass. For at de skal ha noen bekvemmeligheter under den 36 timer lange overfarten har de leiet seg hver sin liggestol. Maten er også av enkleste slag, brød, pølse og bananer som er medbrakt som niste. Men den primitive reisemåten til tross, de suger inntrykk som svamper både av medpassasjerene og omgivelsene:

«Vi er i et ganske merkelig selskap: tyrkere, jøder og arabere, så første kl. passagerer blir ofte stående og se forundret ned i menageriet. Arabere er nogen rigtig festlige mennesker later det til, altid oplagt til spøk og latter. – Har nylig passeret Sardinien. Litt nøken kyst med klipper hist og her av smuldrende kalksten, forresten som kysten ved Marseille. Likte mig udmerket i den byen … Er spendt på Tunis som vi kommer frem til imorgen tidlig i 5–6 tiden. Glæder mig til at få Afrika under føtterne og lugte litt ørken. En merkelig studiereise, ikke sandt?»[115]

Så er de kommet frem til det afrikanske kontinent. Klokken er 6 om morgenen, og dampskipet møtes av fiskeflåten på vei ut. I de gråsorte fjellene virker de hvitkalkede husklyngene som snøklatter før han oppdager hva det egentlig er. En av toppene har et hjemlig preg: «Det ... lignet påfaldende Lyderhorn; et fjeld længer bak var derimot vildt og forrevet, men ellers er det mest jevnt avrundede høider man ser.»[116]

Inntrykkene er overveldende. Araberbyen er «herlig», og de fascineres av alle håndverkerne som snart er i aktivitet. Arkitekturen er et kapittel for seg, for hvert annet skritt må de stanse og beundre de forskjellige husgrupper. Sæverud er meget imponert, og han skriver til Sigmund Torsteinson at han ikke må misunne ham: «Vi kommer sikkert til å ta en flott tur sammen engang og det glær jeg mig til allerede idag. Når man besøker slike steder med en god ven, nyter man det mange gange mere.»[117]

Oppholdet i Tunis varte noen uker. Det var tydeligvis høydepunktet under hele Frankrike-reisen. Men det hadde også kostet noe. Da han kommer tilbake til Paris i begynnelsen av juli er han pengelens. Selv om det kommer midler hjemmefra, så må han igjen ty til Johan Ludwig Mowinckel jr. Han spør om han denne gang kan låne ham 200 kroner:

«Er pågrund av det forbistrede pengespørsmål svært lei over at jeg er reist ut i det hele tat. Med stipendier kommer man altid tilkort, hvordan man end regner, – de er som lokkemat som får en til at begi sig på vei, og man ender altid med det kjedelige at måtte hjælpes hjem igjen. ... Vilde gjerne at dette skulde bli mellom os foreløbig til jeg kommer hjem og kan forklare litt.»[118]

Noen dager senere ankommer pengene telegrafisk og hjemreisen er berget. Tilbake i Bergen skriver Sæverud til Mowinckel for å takke for støtten, og for å gi den forklaring han ikke kunne skrive i sitt forrige brev. Nå først får Mowinckel høre om Tunis-reisen:

«Paris skuffet mig, men man lærer jo også av skuffelser. For at få noget ut av reisen stak Jakac og jeg ned til Tunis. Dette kan jo høres luksuriøst ut, men vi kom os meget billig over (2 døgn på åpne dækket) og strammet såpas ind på kosten at jeg for min del tok av 7 kg.; så jeg mener jeg har tjent ind igjen ekstrautgiftene med reisen. Det var vidunderlig at komme ned i nærheten av ørkenen, så trods en dags 47 grader celsius, har jeg som kunstner fåt frisket mig bra dernede. I Gabès (helt syd) var der herlig badestrand, så de 6 dage vi bodde der blev den bedste ferie jeg har hat.

Det er vanskelig at få komponert noget på reisefot, men jeg er i fuld gang nu med at ta tiden ind igjen. Synes jeg har utviklet mig meget siden sidst og håper jeg ikke tar feil heri.»[119]

Symfoni nr 3. Kunstnerisk krise

Tilbake i Bergen er høstens prosjekt å fullføre den tredje symfonien, men Harald Sæverud er sliten etter Frankrike-oppholdet. De sju kiloene han tok av har redusert ham mer enn han trodde. Dessuten er ikke miljøet i Bergen det samme som før. Mowinckel har fått nok av Harmonien og teatret for en stund, og skal reise utenlands. Det blir en liten avisfeide av hans fratreden, ikke så ulik den som fant sted året før rundt komponistkonkurransen med Sverre Jordan og Harald Sæverud i sentrum. Frontene mellom «de unge» og de konservative er med andre ord de samme som før. I et intervju beklager Mowinckel seg over at han ikke har fått den støtte av Harmonien til musikalsk folkeopplysningsarbeid som han hadde håpet på. I orkesteret derimot har man oppfattet det som at Mowinckel hadde ønsket seg et friår for å studere videre.

Mowinckel får støtteerklæringer fra flere hold, men i

Morgenavisen, som nå ganske uttalt er talerør for den konservative siden, har melodien flere dissonanser enn milde klanger:

«Teatrets unge kapelmester har fundet det på sin plads at skrive en nekrolog over sin virksomhet her i Bergen. Han er skuffet over den manglende forståelse fra Harmoniens side. ... Vi er bange for at den fremadstrævende musiker må gjøre sig fortrolig med at livet endnu kan berede ham skuffelser. Det er nok ikke mange som ser sit livs mål realisert i en så forholdsvis ung alder ...»[120]

Nok en gang blir Sverre Jordan oppfattet som den som trekker i trådene på den konservative siden. Det er nesten ikke til å unngå at nettopp han, på bakgrunn av sine verv i Harmonien og den rollen han spiller i Morgenavisen, blir dratt inn i en slik debatt, enten han vil det eller ei. Avisen Arbeidet går da også rett på sak:

«Har Hr. Jordan da ikke evne til eller myndighet til eller interesse av at hindre, at en ung mand med hr. Mowinckels evner og energi behandles en canaille i Morgenavisen? Hr. Jordan er sikkert en så klok mand, at han skjønner man vil ha let for at lægge ansvaret på ham ... i bladets torsdagsnummer ofres der en spalte på at godtgjøre, hvilken uduelighet hr. Mowinckel er. Hvad der jo også må kompromittere Harmonien, som har anvendt ham som leder for flere av sine konserter. Artiklen er undertegnet 'anonym', – det sjofleste av alle angrep.»[121]

Harald Sæveruds venn drar til Holland og skriver begeistrede artikler i Bergens Tidende om det nederlandske musikklivet. En er om Concertgebouw-orkestret i Amsterdam, det samme orkester som Edvard Grieg inviterte til musikkfesten i Bergen i 1898, og som nå rangeres som et av Europas aller fremste. I sjefdirigent Willem Mengelbergs fravær ledes orkestret av Pierre Monteux, som nylig hadde vært i Bergen og gjort furore med Harmonien.

Mowinckels plan er å få Monteux interessert i Sæveruds verker med henblikk på oppførelse med Concert-

Den franske maestro Pierre Monteux var lenge gjenstand for intens oppmerksomhet for at han skulle programfeste en av Harald Sæveruds symfonier med Concertgebouw-orkestret i Amsterdam.

gebouw-orkestret. Han har med seg siste del av Sæveruds første symfoni, samt Symfoni nr 2. Selv skal Mowinckel den 4. januar 1926 dirigere byorkestret i Utrecht i det ene av dem, det som nå kalles for *Finale av symfoni nr 1.* Han har overtalt Monteux til å overvære konserten, men stjernedirigenten er ikke ubetinget begeistret for Sæveruds stykke: «Monteux og frue var også tilstede. De skulde desverre ile til et tog og fik ikke høre din tilende. Muligens det indfluerte på hans dom. Han synes nemlig at den var noget avlægs og gammeldags.»[122]

Nå satte Mowinckel sin lit til at Monteux ville fatte større interesse for Symfoni nr 2, men den hadde han ikke hatt særlig tid å se på enda. Monteux lovet imidlertid å vise partituret til Mengelberg når han kom tilbake fra New York. Men sjefdirigenten var kjent som en meget streng herre, så sjansene var nok ikke de aller største.

I mens sitter Harald Sæverud hjemme i Bergen og komponerer på nok en symfoni, samtidig som han livnærer seg som pianolærer. I et brev til Gerik Schjelderup oppsummerer han sin situasjon punktvis:

«Med meg er det slik at:1) jeg er ferdig med en helt ny indledningssats til 3dje symfoni (isteden for den kanskesentimentale), – holder den for noget av mit bedste –2) jeg har 6 elever nu som hverken er for kjedelige eller for morsomme, ganske bra –3) jeg skal antagelig pantes for skat de nærmeste dage – 4) jeg har hat dit ubesvarede brev hvilende tungt på min ømfindtlige samvittighet –5) jeg er i besiddelse av min vanlige frækhet, så jeg kalder dette for et i alle dele tilfredsstillende svar ...»[123]

Selv om stemningen og humøret tilsynelatende er bra, så går arbeidet med symfonien tregt. Sæverud må streve med stoffet enda et år. I september 1926 tar han ny kontakt med familien Schjelderup. Foranledningen er at Gerhard Schjelderups nye opera Stormfuglen har hatt suksess i Tyskland, og Harald Sæverud gleder seg på hans vegne:

«Min hjerteligste gratulation med den store seir De har vundet med Deres opera!! Jeg var så glad da jeg gjennem kort fra Georg fik visshet for at alt var gåt så storartet! Det må smake godt at opleve nogen lykkelige dage nu efter alt det De har måttet kjæmpe Dem igennem og jeg vil ønske der må følge mange seire for den nu slag i slag. Sjelden har vel nogen i den grad, både som kunstner og menneske fortjent at høste ære og lykke som De har det, som trods alle vanskeligheter altid har været Deres idealer tro.»[124]

Han kan også fortelle at hans egen tredje symfoni nå er ferdig, men at det har kostet ham meget: «Det har været et tungt arbeide, for jeg har samtidig hat en stormende kunstnerisk krise at gjennemgå, og dette har ofte forstyrret og hemmet mig i mit arbeide med symfonien. Men jeg tror jeg har vundet meget på den.»[125]

Det har vært en kamp for «en mere bestemt kunstnerisk opfatning. Arbeidet har derfor været det doble denne gang, så det er godt at være kommet igjennem det nu.»[126]

Overfor Gerik Schjelderup gir han uttrykk for at han er meget imponert over Gerhard Schjelderups konsekvente holdning i kunstneriske spørsmål. Den må ha virket tiltrekkende på en individualist som Harald Sæverud. At Schjelderup nå kunne høste suksessens frukter, kan ha fortonet seg som en indirekte støtte til hans egen kunstneriske tro og tvil, han var jo også oppe i en indre kamp i denne periode. Når alt kom til alt, så var han kanskje på rett vei likevel?

«Så 'lønner' det sig altså allikevel at være idealist livet igjennem, kjæmpe for sin overbevisning uten baktanker og derfor tilslut opnå den reneste og største glæde over seieren. Efter kritiken later det til at det også var en ypperlig fremførelse verket fik, så det ser ut som intet har manglet denne gang. Ja, nu er du vel lykkelig og det unner jeg dig av ganske hjerte!»[127]

Musikkfesten i Stockholm. Stipendiesaken

Året er 1927 og Harald Sæverud kan vise til 5 opus, men så langt har det vært sparsomt med oppførelser. Symfoni nr 2 fra 1923 er bare blitt spilt to ganger, – en gang i Bergen og en i daværende Kristiania. *Finale av symfoni nr 1* har hatt en blidere skjebne, den er oppført fem ganger, hvorav 3 i utlandet. Alle de utenlandske fremførelser har vært dirigert av Johan L. Mowinckel jr., som stadig er Harald Sæveruds fremste foregangsmann.

I sesongen 1926–27 var Mowinckel igjen tilbake i Bergen, men ikke som kapellmester ved teatret. Han satt som menig medlem i Harmoniens bratsjgruppe, men hadde likevel muligheter til å ta dirigentoppdrag både i Bergen og i utlandet. Vinteren 1927 ledet han oppførelser av to Sæverud-verker i løpet av 3 måneder. I januar var han ansvarlig for den svenske førsteoppførelsen av Symfoni nr 2 i Gøteborg, i mars ledet han *Finale av symfoni nr 1* med Harmonien. En uke senere var det Harald Sæveruds tur til å svinge taktstokken over sin andre symfoni med det samme orkester. Første kvartal 1927 var derfor meget fremgangsrikt med hensyn til oppførelser. Han befant seg på den grønne gren for en periode. Sigmund Torsteinson får også høre at et foredrag han holdt i Harmonien like etter sin egen konsert, var vellykket:

«Da jeg trikket avsted til mit foredrag viste det sig at jeg ikke kunde huske mere end et par linjer, – hjemme var det heller ikke gåt bedre, så jeg hadde virkelig bange anelser … Tænk, det gikk virkelig udmerket. Jeg talte med største lethet og sindsro så jeg ialfald imponerte mig selv. Der blev litt diskussion mellem Heide og mig, men jeg skræmte ham på forhånd lidt med at jeg var vel forberedt om han hadde noget at indvende.»[128]

I mai 1927 skal det være nordisk musikkfest i Stockholm, og Sæverud har sendt inn sin ferske symfoni til vurdering.

Jury er Norsk Tonekunstnersamfund, men symfonien blir veiet og funnet for lett. Nå gikk det imidlertid ikke så storartet for de norske verkene i Stockholm, en av kritikerne skal ha betegnet det han hørte som «kompositorisk norsk lågtid», og Dr. Rabe fra Göteborg etterlyste Sæverud på programmet. Dette kunne komponisten i lett triumferende ordelag melde videre til Sigmund Torsteinson, og det må ha pirret litt ekstra når Dr. Rabe også hadde vært negativ til det ene vinnerverket fra Harmoniens komposisjonskonkurranse noen år tidligere: «... på grunn av mit fravær fra musikfesten i Stockholm har (jeg) fåt en udmerket kritik av Rabe på bekostning av de som var der; specielt går det ut over Voss' Fridtjov som Rabe kalder '3dje klasses kapelmesterarbeid'.»[129]

Samtidig har han sendt inn sin tredje symfoni til vurdering med henblikk på statens komponiststipendium. Her var det departementet som bevilget pengene på grunnlag av Norsk Komponistforenings innstilling. I slutten av april 1927 forelå foreningens vedtak. Harald Sæverud var satt på førsteplass med kritikeren og komponisten Per Reidarson som nr. 2. Vedtaket hadde et lite forbehold, dersom Harald Sæverud fikk støtte fra et annet stort legat, skulle Reidarson innstilles som nr. 1. Vedtaket var ikke enstemmig, formannen Trygve Torjussen gikk inn for Reidarson.

Per Reidarson påklaget innstillingen, og i begynnelsen av juni gjorde Komponistforeningens styre om på vedtaket. I klagen hadde Reidarson påstått at han var kommet dårlig ut fordi han var medlem av Komponistforeningens styre. Dette ble tatt til følge, men å hoppe bukk over sitt gamle vedtak skulle straffe seg for Komponistforeningens ledelse.

Journalist Reidar Mjøen i Aftenposten begynte å grave i saken. Den eneste muligheten til å endre innstillingen måtte være at Harald Sæverud hadde fått et annet stipendium. Hadde han det? I juli skrev Mjøen til Sæverud for å få vite mer. Sæverud kunne bare bekrefte at han ikke hadde mottatt noen legatpenger i mellomtiden, han hadde faktisk ikke søkt noe annet stipendium enn statens.

Komponisten Per Reidarson (1879–1969) stod i en særstilling blant hovedstadens konservative kritikere. Hans negative holdning til alt som smakte av modernisme ga seg utslag i en nærmest total avvisning av Harald Sæveruds verker. For sin rolle i «Stipendiesaken» kom Reidarson i et lite flatterende lys.

Det var med andre ord ingen formelle grunner til å omgjøre Komponistforeningens opprinnelige innstilling. Reidar Mjøen slo saken opp i Aftenposten 19. august under tittelen «En merkelig stipendieutdeling i sommer». Han skrev at det var

«... enestående i våre legaters annaler, at en indstilling til stipendium, besluttet i et lovlig sat komitémøte, få dage efterpå uten saklig grund blir underkjendt og omgjort av en ny komité med ændret sammensetning. Uten nogensomhelst saklig grund! ... Ved nævnte første komitémøte har man fra et musikstandpunkt al mulig grund til at tro, at indstillingen er fattet efter kunstneriske hensyn i ærligste forstand og efter ingensomhelst andre.»[130]

Forandringer i Komponistforeningens styre hadde muliggjort omgjøringen av den opprinnelige rekkefølgen. Nå var en av Reidarsons gode bekjente, Marius Moaritz Ulfrstad, kommet inn istedenfor den «Sæverudvennlige» Nils Larsen. Da saken kom opp på nytt den 3. juni, var bare 3 av styrets medlemmer tilstede. Formann Torjussen og Ulfrstad kunne dermed med 2 mot 1 stemme omgjøre vedtaket og skyve Harald Sæverud ned på andre plass.

Nå begynner virkelig snøballen å rulle i avisspaltene. Var det vennskap og kjennskap som var årsaken til denne plutselige omgjøringen av det tidligere vedtaket? Var det en vennetjeneste fra Torjussens side, en takk for sist for at han selv hadde fått statens stipendium to år tidligere da Reidarson var styreformann i Komponistforeningen? Mjøen kverner videre i Aftenposten med Trygve Torjussen som skyteskive:

«Han rydder den første komitéinnstilling av veien uten – som forutsætningen var – at avvente nogen besked om Bergenslegatets avgjørelse ... Han indkalder (med en halv dags varsel) Monrad Johansen på Hvalstad til styremøte den 3dje juni, uten – som skik og bruk er ved viktige anledninger – at nævne i indkaldelsen, at møtet angik noget så uhørt som en ny behandling av den forlængst lovmæssig avgjorte stipendiesak. Og i sine henvendelser til departementet angående den nye behandling og dens resultat nævner han ikke med et ord, at komiteen nu hadde en anden sammensætning end oprindelig.»[131]

Torjussen prøver å imøtegå angrepene så godt han kan. Da Reidarson protesterte, hadde han ikke noe annet valg enn å ta saken opp igjen, sier han. Han forsøker seg også med argumentet om at det er komponistenes alder som er avgjørende. Statens stipendium er ment som et arbeidsstipendium for modne tonekunstnere, ikke som et utdannelsesstipendium, påstår han. Sæverud var jo bare 29 år mot Reidarsons 48. Aftenposten innhenter Kirkedepartementets syn på saken. Der kan man bekrefte at det ikke finnes regler om alder eller modenhet i forbindelse med stipendet. Det var kun snakk om kunstneriske krav, og om mottageren har behov for støtte.

Så griper Dagbladets Paul Gjesdahl – kjent som signaturen Pueblo – til pennen. Han oppsummerer saken på sin særegne måte i Ukens portrett 3. september. Artikkelen er viet den «fanatiske antisemit» Per Reidarson:

«Det er ikke ofte en med god samvittighet kan si de farisæiske ord: 'Jeg takker dig, gud, at jeg ikke er som dette menneske!' En rettsreferent fristes sjelden til hovmod. ... Men overfor Per Reidarsons og hans Leporello Trygve Torjussens siste bedrift hører all forståelse, all tilgivelse op. Det blir bare tilbake en skrekkblandet forundring over at folk kan orke å opføre sig så usigelig gement. ... Det er sagt at årsaken til at det var så om å gjøre for ham å få tak i Sæveruds penger var den at han arbeider på et større verk: en operette – kanskje det endog blir en opera. Sannsynligheten taler vel for at det blir et vandig syngespill i slekt med hans forrige, en norsk vaudeville – tynn i tråden og slapp i smaken.»[132]

Per Reidarson var allerede dengang et begrep i norsk musikkliv. Han tilhørte en meget konservativ og nasjonalistisk farget gruppe blant hovedstadens kritikere, for hvem alt som smakte av modernisme var en torn i øyet. Harald Sæverud hadde forlengst fått føle hans svøpe etter den andre symfonien, han var jo ingen nasjonalromantiker etter denne kritikers smak. Men Reidarsons standpunkter var så ytterliggående at han også tidligere hadde vært skyteskive for ironiens piler, og gjerne med Paul Gjesdahl som avsender.

Med avisenes behov for den forenklede polarisering kom saken til å dreie seg om Harald Sæverud kontra Per Reidarson. Kunstnerisk originalitet mot epigoneri og talentløshet. Slik fortonet det seg. Uten at Sæverud løfter en finger fra Bergen, så er hans navn nesten daglig i hovedstadsavisene. Han er det unge talentet som blir satt til side av en manipulerende klikk. I opinionens øyne fremstår disse i økende grad som noe annet enn musikkens og kunstens representanter. Og dette er bare begynnelsen.

To dager etter portrettartikkelen holder pianisten Tore Sinding konsert i Universitetets Aula. Både Gjesdahl og Reidarson er til stede og i garderoben etter konserten smeller det. Reidarson kvitterer for den lite smigrende Dagblad-omtalen og slår ned Gjesdahl bakfra. Men Paul Gjesdahl er rask, og før Reidarson vet ordet av det, har Gjesdahl lagt ham i bakken, tatt strupetak på ham og delt ut noen kraftige lusinger. Politiet kommer til, og kamphanene må til Møllergata 19 for forklaring. Blant vitnene er komponisten David Monrad Johansen og dirigenten Odd Grüner-Hegge.

Avisene gasser seg: «Skandalescene i Universitetets Aula igåraftes». «Boksekamp i Aulaen», «Slaget i Aulaen», «Reidarsons siste bakholdsangrep», «Pryl efter noter». Man utber seg kommentarer fra kamphanene og spør Gjesdahl om det blir rettssak:

«– Ja, av to grunde. Fordi jeg håber at få Sæverudsaken retslig belyst og fordi han slog mig bakfra. Hadde han ikke gjort det, hadde alt været all right. Det kan ofte være noget sympatisk ved folk som slår, og jeg vilde ikke ha fundet noget at si på det, om flere av de jeg i årenes løp har angrepet, hadde slåt ...»[133]

Musikkliv av det mer håndgripelige slag i Oslo i 1927. Debatten som fulgte etter at Harald Sæverud var blitt fratatt sitt komponiststipendium, avdekket store skillelinjer i hovedstadens musikkliv og resulterte i hoderulling i komponistforeningen. Tegning fra Arbeiderbladet.

Et opgjør i Aulaen med knyttede never.

Per Reidarson gikk igåraftes til direkte aksjon mot Paul Gjesdahl.

Politiet ilegger Reidarson en bot på kr 25 for forstyrrelse av den offentlige orden, noe komponisten vedtar. Men rettssaken mellom de to kamphanene blir det ikke noe av, derimot anlegger Trygve Torjussen injuriesak mot Paul Gjesdahl i egenskap av formann i Norsk Komponistforening. Han vil ha mortifisert noen formuleringer i Gjesdahls artikkel. I mellomtiden er Reidarson og Torjussen blitt ekskludert fra Norsk Tonekunstnersamfund for sin rolle i «Stipendiesaken».

Nå begynner også medlemmene i Norsk Komponistforening å røre på seg. De forlanger ny generalforsamling. To av styremedlemmene, Pauline Hall og Leif Halvorsen, trekker seg til og med fra styret da de mener at resten av medlemmene med Torjussen i spissen trenerer fastsettelsen av ny generalforsamling. Men den 10. november er det duket for internt oppgjør i foreningen. 20 av til sammen 30 medlemmer møter frem, og det er stor indignasjon over den behandling Harald Sæverud er blitt utsatt for. Møtet ender med at resten av styret stiller sine plasser til disposisjon, og med 13 mot 6 stemmer blir det berammet ny generalforsamling med valg av nytt styre noen uker senere.

I mellomtiden kommer injuriesaken mellom Paul Gjesdal og Trygve Torjussen opp for den daværende meddomsretten i Oslo. Avisene har nesten stenografiske referater fra vitneførelsen. Styremedlemmene som hadde innstilt Harald Sæverud, fastholder at det var en ren kunstnerisk avgjørelse når Sæverud kom på førsteplass. I vitneboksen foretar Nils Larsen en sammenligning mellom de to konkurrentene:

«Når jeg ser på Reidarson, sa vidnet, så er han meget litet imponerende som komponist. Sæverud derimot har skrevet ting som er meget sjelden forekommende her i landet. Han behersker orkestret – det er hans naturlige uttrykksmiddel hvor andre må studere og klare seg frem til et resultat. Han har alt fra naturens hånd, er så særpreget at man bør ta hensyn til ham. Reidarson burde derfor ikke stå iveien for en kraftigere begavelse som Sæverud.»[134]

Musikklivets nestor, Christian Sinding, er også innkalt som vitne. Han hører ikke så godt lenger, derfor har han fått tilsendt fire spørsmål, men stiller opp i retten for å gi sine svar. Det ene spørsmålet lyder «Hva mener De om Sæverud?»

«Sæverud er en mand med et merkelig talent. Men han er nu i den stilling at han må ha hjælp for at kunne utvikle sig derhen, hvor hans talent bør føre ham. Det er ikke bare til beste for ham, det er i alles interesse at han skal få denne uvikling. Det er derfor synd at man har fratat ham dette stipendium iår.»[135]

Dommen falt raskt, og det ble ingen seiersdag for Torjussen akkurat. På vegne av sin egen penneknekt kunne Dagbladet slå seg triumferende på brystet: «Gjesdal enstemmig frifunnet. Ingen av uttrykkene i 'Ukens portrett' mortificeres. Retten finner beskyldningen for løgnaktighet fullstendig bevist. Torjussen skal betale Gjesdahl sakens omkostninger.»[136]

Dommen var enstemmig, og Torjussen ble dømt til å punge ut med kr 400 i saksomkostninger til Gjesdahl og Dagbladet. På Komponistforeningens ekstraordinære generalforsamling noen dager senere fikk han heller ikke fornyet tillit som formann, og måtte nøye seg med varamannsplass, mens Reidarson og Ulfrstad forsvant ut av foreningens styre. De radikale i fagforeningen hadde styrket sin stilling.

Et plaster på såret fikk imidlertid Torjussen et halvår senere da Høyesterett opphevet dommen i injuriesaken. Men det ble nok snarere en pyrrhosseier. Den som stod igjen som den moralske seierherren var Harald Sæverud. Sammen med Reidarson er han nok en av de få norske komponister som har fått sin kunstneriske attest utstedt i en rettssal, og for Sæveruds vedkommende var den meget favorabel.

Nasjonalisme kontra modernisme på 20-tallet

«Stipendiesaken» rørte ved et kompleks av spenninger som lå i hovedstadens musikkliv på 1920-tallet. Det gikk linjer på kryss og tvers av stilistisk, politisk, organisatorisk, og nasjonalistisk art. Det hadde dannet seg grupperinger – «klikker» – som stod på hver sin kant. Reidarson, Torjussen og Ulfrstad utgjorde en slik «klikk», og de ble skjøvet ut av Komponistforeningens styre og stell som et resultat av sakens utfall.

Men den egentlige kulturkampen stod mellom en såkalt norsk musikk kontra en utenlandsk importkultur. Det var kun et fåtall enslige svaler som befant seg på den

Komponisten Fartein Valen (1887–1952). Harald Sæverud var en stor beundrer av Valen, som ble oppfattet som Norges fremste modernist i mellomkrigsårene.

moderne siden, med Fartein Valen som den mest kjente. Det store gross av tonekunstnere var stort sett gode arvtagere av den romantiske stil, gjerne iblandet litt folkemusikk, – en slags videreføring av Griegs idealer. Noen få eksperimenterte med impresjonismen, og representerte ufarlige fargeklatter i totalbildet.

Nei, det var ekspresjonismen og den atonale musikken som fremstod som skremmebildene. Slikt var ikke norsk musikkliv modent for. Komponisten og kritikeren David Monrad Johansen var den ledende ideolog for det norske. På retorisk vis spurte han hva Grieg ville ha sagt om dagens tilstand i tysk musikk anno 1924: «...da opløsningen vel er en kjendsgjerning, nu da mænd som Franz Schrecker [sic.] og Arnold Schöneberg [sic.] (som forøvrig begge er østerrikere) er tidens guder.»[137]

Folkemusikken var den kilden man måtte øse av, mente Monrad Johansen, og han så hovedfienden helt klart som «den musikalske kommunisme som ... vil utslette begrepet norsk musikk.» Selv gav han i 1926 det beste eksempel på en nasjonal stil i sitt voluminøse oratorium Voluspå for soli, kor og orkester. Norrønt emne og et lett arkaiserende uttrykk, ikke helt uten påvirkning fra fransk impresjonisme som han tidligere hadde vært borti, men kjemisk fritt for atonale trekk. Voluspå avstedkom ovasjoner av begeistring hos såvel publikum som kritikere.

På den andre bredden befant det seg noen få individualister som ikke dannet noen «klikk» akkurat. Pauline Hall var orientert mot Frankrike, og ble tidlig musikalsk farget av impresjonismen, uten at det fikk noen voldsomme kritikermessige konsekvenser for henne. Fartein Valen gikk det adskillig verre med. Han hadde utviklet et dissonerende uttrykk som definitivt ikke leflet verken med folketoner eller svulstig romantikk, så han fikk virkelig gjennomgå. Da hans dypt religiøse orkestersang Ave Maria ble fremført i 1923, den var til og med tonal og melodisk, fikk han følgende vurdering av Per Reidarson:

«(Valen) er efterhvert blit helt opslukt av noterne og synes at ha mistet føling med musikken som kunstnerisk liv. Hans Ave Maria som igår opførtes ved abonnementskonsertene var et sørgelig bevis herpå. Et orkesterparti som i dårlig Max Reger-stil bestod av toner som uten mål og med lå og luret og lumret op og ned lik maneter i grumset vand. Et sangparti hvis toner aldrig visste om de skulde gå op eller ned, og derfor som oftest blev liggende på skjæve og ule, himlen må vide på hvad ... det hele virket pinligt, flaut, latterligt.»[138]

Men verst medfart fikk Arvid Kleven, en tonekunstner som opprinnelig hadde startet som impresjonist. Han ble stadig dristigere i sin klangbehandling, og da Klevens Symfonisk fantasi ble uroppført i 1926, haglet det med skjellsord. Per Reidarson fornektet seg ikke: «Om ... Symfonisk fantasi er der lite å si annet enn at det er en kilometer sammensurium av heslige lyder ... kattemusikk.» Trygve Torjussen mente at dirigenten måtte ha hentet opp en «sterkt degenereret bløddyrart». Når han klemte på det «ga det en lyd som gjorde ondt i trommehinderne og fik hårene til at reise sig på ens hode».[139]

Harald Sæverud befant seg midt imellom disse to grupperingene. Han var symfoniker som nyttet seg av kompositoriske teknikker som var velkjente, men i innhold gikk han videre. Også i formelt henseende eksperimenterte han: to symfoniske fantasier satt sammen til et hele, det utgjorde den første symfonien. Tre satser i hver av symfoniene nr 2 og nr 3. Når Per Reidarson gjøv løs på nr 2 med storslegge, så var det nesten ikke annet å vente fra det hold, sett på bakgrunn av hva andre komponistkolleger hadde måttet utstå fra ham. Fra andre anmeldere kunne Sæverud innkassere lovord, og de fleste var enige om at han var et ganske usedvanlig talent. I «Stipendiesaken» var dette også blitt understreket til overmål. Han tilhørte heller ingen av «klikkene», og det kunne ha sine fordeler.

I Bergen var det annerledes. Der var han forlengst plassert på den radikale siden, noe han jo ofte hadde fått merke. Sverre Jordan var den toneangivende for tradisjonalistene. Men Harald Sæverud kunne glede seg over omfattende støtte fra venner som Mowinckel jr. og kritikeren Martin Hjertholm, og publikum mottok ofte hans musikk med begeistring. Men for mange i det musikalske etablissement var han nok en torn i øyet.

Mens «Stipendiesaken» utviklet seg i hovedstaden, fikk han nok en gang erfare at det ikke var enkelt å bli profet i egen by. Det var i forbindelse med hans debut som dirigent i et klassisk repertoar med Harmoniens orkester. Det var ikke småtterier han skulle gi seg i kast med heller, 4. symfoni av Brahms, virkelig en av orkesterlitteraturens tungvektere var hovedverket.

I forkant av konserten var det hengt opp et større antall plakater i Bergen som viste en karikatur av Brahms samt teksten: «Brahms på vei for å høre Harald Sæverud dirigere sin fjerde symfoni». Det var Mowinckel jr. som var ansvarlig for dette, og han trykket den også i sin spalte i Bergens Tidende. Det hele var gjort i den beste hensikt, men det skulle ikke meget til, slik klimaet nå engang var, og plakaten vakte reaksjoner og avstedkom adskillig bergensk ironi rettet mot den arme debutanten. I et avisinnlegg ble det også reagert indignert på denslags «gjøglermanerer»:

«Det sier seg selv at det nevnte monstrum av en plakat fikk latteren over seg, og dessverre rammet jo denne latter også både Harmonien og ikke minst den på denne måte 'oppreklamerte' dirigent, der jo helt uforskylt blir stillet i gapestokken på en så lumpen måte.»[140]

Harald Sæverud kom brukbart fra sin Brahms-debut. Selv om det skortet adskillig på de manuelle ferdigheter, så mente likevel Oscar Morcman i Morgenavisen at han hadde et uomtvistelig talent som dirigent. Bergens Tidende slo fast

Den famøse plakaten som brakte adskillig latter over Harald Sæveruds debut som dirigent i det klassiske repertoar i 1927.

at Sæveruds plastikk falt fullstendig igjennom i forhold til Harald Heides, og at debutanten virket metronommessig og litt keitet. Etter hvert måtte imidlertid anmelderen medgi at det hadde gått bedre og bedre, og på grunnlag av de to siste satsene kunne han konkludere med at «Harald Sæverud eier betingelser for at bli en særpreget og dygtig dirigent, når den nødvendige erfaring er vundet».[141] Ingen overveldende seier for den unge dirigenten akkurat, men heller intet stort nederlag.

Kritiker i hovedstaden

Nå følte Harald Sæverud at han igjen måtte trekke annen luft enn den bergenske. Muligheten kom i form av et engasjement som kritiker i Aftenposten i Oslo. Betingelsen var to anmeldelser i uken, fortrinnsvis av orkesterkonserter. Lønn: kr 400 pr. måned. Engasjementet fortonet seg som litt av en reise inn i løvens hule, men kanskje tidspunktet var gunstig likevel, sett på bakgrunn av rabalderet rundt stipendet månedene i forveien. Aftenposten hadde jo stått på hans side i den saken.

Allerede i begynnelsen av desember befinner han seg i byen, og det første møtet med hovedstaden er absolutt sympatisk. Hans venn Inge Rolf Ringnes har skaffet ham et fint rom på Abbediengen, og den utflyttede bergenser melder begeistret til Sigmund Torsteinson i Bergen:

«Du kan ikke tro hvor heldig jeg har været med værelse. ... Huset ligger ved Skøien, en trævilla, og der har jeg fåt et koselig hjørneværelse; jeg tror jeg kommer til at trives udmerket her, – kan øve hele formiddagen for da er begge på kontor. – Endnu har jeg ikke skrevet min første anmeldelse og jeg er litt spændt på hvordan jeg skal klare at bli færdig før 1/2 1 hver gang, for det fordres desværre. Heldigvis er der off. generalprøve til den første så jeg kan få skrevet det meste efter den.»[142]

Den første anmeldelsen gjelder en orkesterkonsert med Filharmonisk Selskaps Orkester dirigert av Hugo Kramm. Her står Haydn, Max Reger og Camille Saint-Saëns på programmet. Stilmessig spennvidde med andre ord, og en fremragende solist i pianisten Mischa Levitzki som fremfører Saint-Saëns klaverkonsert nr 2: «At spille med glimrende færdighet er han ikke alene om i vore dage, men pianistens usedvanlige rike anslagskunst virket imponerende. Desuten eier han en rytme av stål og den modne musikers smag og kunstneriske beherskelse.»[143]

Han er ikke like begeistret for dirigentens innsats, men i den påfølgende konserten får Hugo Kramm et utmerket skussmål, ikke minst for programvalget som omfatter en nyhet som Paul Hindemiths Konsert for orkester: «Hugo Kramm har megen ære av at ha fremført den interessante konsert for første gang hos os, og den gik også med liv og humør.»[144]

Harald Sæverud tar sin kritikergjerning svært alvorlig, og stiller seg ydmykt åpen for råd fra andre. Hjemme i Bergen følger Johan Ludwig Mowinckel jr. godt med i hans meritter, og sender ham oppmuntrende kommentarer. Det betyr mye for skribentens selvfølelse:

«Tak for brevet! Det glædet mig meget hvad du skrev om min kritikervirksomhet og jeg håper din gode mening ikke må forandre sig. Jeg er forresten blit meget opmuntret av lignende uttalelser av folk her i Oslo (Sinding, Valen, Mjøen, min onkel redaktøren o.fl.) og hvis du visste hvor samvittighetsfuldt jeg arbeider med mine anmeldelser, og hvor ængstelig jeg er for at gjøre det dårlig, vilde du medgå at jeg trænger støtte og opmuntring. Men selvfølgelig er jeg meget taknemmelig for kritik og jeg håper du ikke må spare på den når du finder grund til indsigelse.»[145]

Men han får også erfare at det ikke var helt enkelt når han tråkker sine ofre for nær. I slutten av januar beklager han seg til Sigmund Torsteinson over et uventet besøk fra en av hovedstadens komponist-nestorer:

«Catharinus Elling hadde nemlig igår umaket sig den meget lange vei ut til mig for å skjelle mig ut, og da jeg har skrevet værre om andre kan jeg nok være forberedt på en del visitter. For å kunne ta gjestfritt imot, har jeg kjøpt en pose appelsiner. Skjønt jeg synes Elling var en søt gammel mann, vil jeg håpe at dine gjester må være blidere, og hylde sin vert i smukkere ordlag enn tilfellet blev hos mig igår.»[146]

Foranledningen var nok flere artikler om noteutgivelser hvor Catharinus Elling var blitt omtalt. I den første benyttet Sæverud anledningen til et spark til mannskor-repertoaret:

«Der er i det hele tat i vore mandskorsanger en ulykkelig tendens til at la stemmene klumpe sig, – bundet av samme rytme hopper de 4 stemmer om i et slags musikalsk hækkeløp. Et typisk eksempel er Oscar Borgs Blåveis ... men selv i Bantar av Elling er stemmene for lite selvstændige. Denne er ellers et taknemlig nummer og helt efter vore sangerbrødres nuværende smag – desværre.»[147]

Dette falt nok i dårlig jord hos en av våre mest erfarne korkomponister, og bedre ble det ikke da Sæverud en måned senere omtalte en samling bearbeidede folketoner fra Ellings hånd: «Litt langsiktigere harmonier vilde ha stått bedre til den ophøiede storhet i flere av melodiene, mens de tonalt rikeste krever en tilsvarende mere fantasifull harmonisk behandling.»[148]

Det var nok dråpen som fikk begeret til å renne over for den 39 år eldre komponistkollegaen som ovenikjøpet hadde vært lærer i musikkteori ved musikkonservatoriet i Kristiania. To dager etter kritikken stod den aldrende Elling på trappen i Abbediengen, og ga novisen fra Bergen det glatte lag.

Ved siden av avistjenesten fikk Harald Sæverud også tid til å komponere. Han var såvidt begynt på den fjerde symfonien, samtidig som han arbeidet med en klaversuite og en orkestersuite. Han forteller Mowinckel at han en dag skal besøke Fartein Valen for å få råd om han er på rett vei med symfonien. Han vil ha hans uttalelse om et tema han har stanset opp ved: «vet ikke om det er meget godt, bra, eller dårlig.»[149] Han besøkte også en annen av hovedstadens modernister, Arvid Kleven, for å «se på hans og vise mitt.»[150]

Harald Sæverud omgås med andre ord musikklivets radikalere, de «klikk-løse» og utskjelte. Det er nok dem han føler seg mest i slekt med når det kommer til stykket. Kraftnasjonalismen som skal dominere musikklivet i stadig sterkere grad, ligger ikke for ham. Når han komponerer, er han opptatt av form og struktur, tematisk utvikling og bearbeiding, mer enn av et konkret innhold og følelsesbeskrivende uttrykk.

Også i sine kritikker avslører han preferanser for komponister og verker. Om Arvid Klevens orkesterstykke Skogen sier han at det «... utmerker sig gjennem en fremragende orkesterbehandling og har et rikere innhold og en sikrere stil enn hans debut-arbeid Lotusland ... Kleven arbeider mot stadig dypere musikalsk innhold, og man har derfor all grunn til å følge den begavede komponists videre utvikling med stor interesse.»[151]

Fartein Valen interesserer ham også, og etterlyser denne komponisten i Filharmonisk Selskaps serie «Kammermusikken fra Haydn til våre dager». Ved en annen anledning omtaler han to av samtidsmusikkens giganter på en måte som nok ikke var dagligdags kost blant flertallet av kritikerkollegene:

«Bartok er jo ikke nogen førende personlighet som f.eks. Schönberg, snarere en av de mange spesialister; men han er høit begavet og kan ofte streife sterkt de centrale spørsmål. I denne kvartett er det særlig i de to siste satser han opnår den vitale kraft, som er egen for god moderne musikk.»[152]

Når det gjelder standardverkene, demonstrerer han sine meget bestemte oppfatninger. Mendelsohns fiolinkonsert har han tydeligvis hørt tilstrekkelig mange ganger: «Denne fiolinkonsert er jo i den grad forterpet nu at det virkelig var misbruk å benytte en så fremragende kunstner som Efrem Zimbalist til å konstatere dette.»[153]

Saint-Saëns Havanaise er «likegyldig musikk, ja, bent frem kjedelig»,[154] mens Tsjaikovskijs femte symfoni får betegnelsen «skrekkelig forterpet».[155]

Brahms' c-moll symfoni er derimot «storladen». På den musikalske rangstigen passerer Brahms Tsjaikovskij som ideal for symfonikeren fra Bergen. Han blir sluttføreren av den wienerske symfonitradisjonen som begynner med en annen av Harald Sæveruds store forbilder:

«Haydn, symfoniens far, har båret sin alder godt. Endnu idag virker hans musik frisk og oprindelig, og grunden til denne sjeldne levedyktighet er at Haydn i utpræget grad er balansens mester. Tematik, harmonik og instrumentation er så fint avstemt til hinanden, at enheten gjør verket uangripelig, mens man ellers selv hos epokegjørende komponister kan støte på misforhold mellom disse 3 faktorer.»[156]

Dirigenten og komponisten Odd Grüner-Hegge. Harald Sæverud anmeldte hans debutkonsert i 1928 og fant at han hadde «glimrende betingelser som dirigent». Senere skulle Grüner-Hegge bli en viktig fortolker av Harald Sæveruds orkestermusikk.

Også Bach får den vakreste attest: «Bach er den moderne musikers åndelige forbillede, – i kraft av sitt strenge kunstneriske alvor og sin intense fordypelse i det rent musikalske.»[157]

Han fører en meget sympatisk penn i sammenligning med mange av byens øvrige kritikere. Men tendensen er klar. Han har et våkent øre for nye tendenser og etterlyser spennvidden når programmene blir for tradisjonelle. Og med sitt utgangspunkt som komponist lytter han særlig etter verkenes strukturside. Utøvernes innsats ofrer han ikke alltid like stor oppmerksomhet. Iblant kan han falle i staver over detaljer i en sats, eller han begir seg ut på nesten uendelige beskrivelser av et verks kvaliteter, som f.eks. etter å ha hørt Beethovens niende symfoni:

«Det er ikke lett efter en så overveldende symfoni som Beethovens Niende, å gå tilbake til å bli anmelder igjen, for der blir ikke stort igjen av ens kolde hode efter dette møte med det største i kunsten … ser man bort fra alle ydre momenter og søker å trenge inn i selve ånden, får man den fulle forståelse av hvilken gigantisk symfoni det er og i hvor høi grad den fortjener å stilles øverst. Som en liten prøve på hvor enestående den er utarbeidet kan det være interessant å sammenligne de forskjellige motiver i 1. sats med hinanden; det viser sig da at disse på den mest fullkomne måte representerer alle arter av melodisk opfinnelse; det av den opløste akkord dannede hovedmotiv, det diatoniske motiv, kromatisk bassmotiv, signalmotiv, ja selv et dobbelttema mangler ikke, og det utvikler sig senere til et synkopemotiv.»[158]

Overfor Filharmonisk Selskaps Orkester har han stort sett bare godord, og det samme gjelder sjefsdirigenten Dobrowen som da er inne i sin første sesong i Oslo. Også Odd Grüner-Hegges debutkonserter med Filharmonisk Selskap får Harald Sæverud med seg, og nøler ikke med å utrope et stort dirigenttalent gjennom hans tolkning av Beethovens Eroica-symfoni: «I denne gav Grüner-Hegge de mest slående beviser for sine glimrende betingelser som dirigent … Alt i alt var aftenen en stor seier for ham.»[159]

Kinomusiker. Symfoni nr 2 i Oslo

Det er sesongslutt i Oslo, og når Harald Sæverud kommer tilbake til hjembyen, får han litt startkapital i form av statens komponiststipendium på kr. 500,-. Han nyter også godt av sitt medlemskap i den tyske komponistforening, og kan innkassere 46 Mark og 96 Pfennig i oppførelseshonorar. Men endene strekker ikke til, og han tar engasjement som organist og pianist i Bergen kommunale kinematografer. Det er Jim Johannesen, hans gamle reisekamerat i Tyskland og nå en av Harmoniens meget habile fiolinister, som er leder av kinoorkestret. Flere av de øvrige musikerne kommer også fra Harmonien. Da ansettelses-kontrakten ankommer, vil imidlertid ikke Sæverud undertegne et punkt om at han skal kunne pålegges solistoppgaver og medvirke som musikkarrangør. Skal han skrive noter, skal det tydeligvis bare være til egne verker.

Noe særlig inspirerende arbeide for en skapende musiker har det neppe vært å sitte i en kinograv for å akkompagnere levende bilder på et lerret, selv om stemningen i Jim Johannesens kapell nok har vært både lystig og ikke så lite galgenhumoristisk. Sommeren 1929 var det slutt på Harald Sæveruds pianist-engasjement, og han lengtet igjen bort fra Bergen. Det blir i trangeste laget for ham mellom de syv fjell. Han er tydeligvis ikke så lite misunnelig på sin venn Sigmund Torsteinson som nå oppholder seg i hovedstaden, og beklagelsene kommer fram i et brev til vennen:

«Det er igrunnen skrekkelig å tenke på hvor hul Bergen er, hvor litet her er å ta av, så hadde jeg ikke bodd så godt herute i Biskopshavn vilde jeg gjerne ha sagt den farvel og drad til Oslo jeg og. Nu er jeg ferdig med kinoen og kan gå løs på mitt eget arbeide et års tid, tenker jeg, hvis jeg da ikke finner på å reise penger op. Jeg skal iallfall ta turen inn til Oslo hvis du får noget å gjøre der ivinter, og jeg tror det må ordne sig iår. Med mig kommer det sikkert å gå jevnt nedover en tid, men skitt, det gjør ikke noget.»[160]

Komponisten David Monrad Johansen (1888–1974) var den fremste ideologen for den nasjonale retning i mellomkrigsårene. Som kritiker i Aftenposten hadde han stor gjennomslagskraft, og han kom til å stå Harald Sæverud nær i mange estetiske spørsmål. De to komponistene utviklet med årene et dypt vennskap.

Det har vært sparsomt med oppførelser det siste året. Et lyspunkt er det imidlertid at Filharmonisk selskap i Oslo i februar 1929 har spilt den andre symfonien med selveste Issay Dobrowen som dirigent. Sæverud hadde selv tatt initiativet til oppførelsen mens «Stipendiedebatten» sydet som verst. Tidspunktet var med andre ord perfekt, og Dobrowen som da ikke var blitt varm i stolen i «Filharmonien», hadde fattet interesse for verket av dette unge talentet som alle avisene skrev så positivt om.

Dobrowen ga også symfonien en helhjertet oppførelse etter anmeldelsene å dømme. Fullt så godt gikk det ikke med komponisten. Det var nesten fem år siden sist symfonien hadde vært å høre i Oslo, og Sæverud var nå kommet over det stadiet hvor han var ung og lovende. Han var snart 31 år gammel, og forlengst etablert i Oslo-kritikernes bevissthet. Han hadde jo til og med vært en av dem. Nye kritikere var også kommet til, en av disse var David Monrad Johansen som skrev for Aftenposten. Lederen for den stadig voksende nasjonale musikkbevegelsen falt imidlertid ikke pladask for Sæveruds andre symfoni, og la heller ikke fingrene imellom:

«Sæveruds musik er væsentlig viljebestemt. Meget sjelden gir denne komponist efter for hjertets indskydelse, ja det virker ofte som han rent ut er ræd for at der skal komme om bare et anstrøk av følsomhet over hans musik ... De tekniske dygtighetsprøver som hans symfoni nok gir en del beviser på, formår desværre ikke at interessere mig videre ... Forøvrig er Sæveruds symfoni præget av en art kontrapunktik som jeg ikke er istand til at forsone mig med. Det virker anstrengt og utvortes. Det samme er tilfældet med instrumentationen. Orkestret formelig stønner og jamrer sig under den ublide behandling, det får. Det man i bedste fald har igjen av denne symfoni, det er indtrykket av en næsten forbitret viljeutfoldelse. Gid den bare engang vilde sætte virkelige frugter».[161]

Andre peker på det samme: at det er viljen mer enn hjertet som preger uttrykket. Noen total slakt av verket er det likevel ikke, selv om Per Reidarson heller ikke denne gangen kan dy seg: «Det er et ganske umodent arbeide av en famlende dilettant. Sæverud prøvet at følge den europæiske recept så godt han kan, men han eier hverken motivteknik, formsikkerhet eller instrumentationskyndighet nok til at gjøre det 'galt på den rigtige måten'.»[162]

Reidarsons venn, Marius Moaritz Ulfrstad, er imidlertid av en helt annen oppfatning og gir Sæverud lovord for «dygtighet i motivopbygning og [jeg] går ut fra at han senere vil komme tilbake til linjeutviklingen og med den gi sin musik solidere stof.»[163]

Symfoni nr 3. Concertgebouw-orkestret

Det store spørsmålet nå dreier seg imidlertid om Symfoni nr 3 som fremdeles venter på sin uroppførelse. Partituret har en stund befunnet seg i Concertgebouw i Amsterdam hos sjef-dirigenten Willem Mengelberg. Han har også et eksemplar av partituret til Symfoni nr 2. Men «prosjekt Concertge-bouw» var eldre enn som så. Allerede i 1924 hadde Harald Sæveruds bror vært i kontakt med New York-filharmonien med forespørsler om oppførelser der. Han fikk imidlertid det råd at han skulle sende verkene til Willem Mengelberg i Amsterdam, der kunne de bli oppført først, før Mengelberg eventuelt tok dem med til New York.

Men i Amsterdam var det ikke bare Mowinckel som hadde arbeidet med saken. Også venner av Sæverud-familien som var bosatt i Nederland, forsøkte å påvirke ledelsen av Concertgebouw-orkestret. I en periode viste man virkelig interesse for saken og det ble til og med skrevet ut stemmer til symfonien. Harald Sæverud mottok så sterke signaler fra Amsterdam at han i april 1928 dristet seg ut i Aftenposten med en melding om at nå var det like før Concert-gebouw ville uroppføre Symfoni nr 3. Det var Mengelberg selv som selv som skulle dirigere den, kunne avisen opplyse: «Det blir såvidt vites første gang den store dirigent svinger taktstokken over et musikkverk av yngre norske komponister.»[164]

Det varte og rakk med Concertgebouw-orkestret, og de optimistiske meldinger sluttet ikke å komme. Men igjen ble det utsettelse. Komponisten måtte stadig smøre seg med tålmodighet før en eventuell ilddåp i Amsterdam.

Kritisk kritiker i Bergen

Høsten 1929 kunne Harmonien feire 10-års jubileum for det reorganiserte symfoniorkester. Det hadde gått opp og ned med virksomheten, i perioder var økonomien så skral at musikerne bare hadde kontrakt fra sesong til sesong. Men hver gang hadde man klart å ri stormen av, og Bergens befolkning var nå begunstiget med rundt 50 konserter årlig. I oktober var det duket for jubileumsfeiring, og Harald Sæverud var igjen på plass som kritiker i Bergens Tidende. Han flommet nærmest over i begeistring for Harald Heides tolkning av Johan Svendsens andre symfoni på jubileumskonserten.

I november samme år skulle Harmonien også markere Gerhard Schjelderups 70-års dag, og det ble tatt initiativ til en «æresgave» til komponisten. Harald Sæverud avsluttet gjerne sine kritikker den høsten med et lite P. S.: «Husk indsamlingen til Gerhard Schjelderups æresgave!» Han oppfordret bergenserne til å gi så det monnet: «Hvis ikke må avsluttningen av indsamlingen utsættes, for Bergen kan ikke være kjendt av at være passiv i en sak som denne.»[165]

En stor artikkel i Bergens Tidende var nærmest formet som en sammenhengende hyllest til komponisten som hadde vært til så avgjørende hjelp for ham selv, men som hadde møtt så mye likegyldighet her hjemme:

«Det har været bittert for Schjelderup at føle sig så ensom og forlatt av sine landsmænd, og når han begynder sin Griegbiografi med: 'Langt sydpå i de fremmede land, hvor den norske kunstner må søke mere varme, dypere forståelse, ja endog sit daglige brød – ', har han sikkert også tænkt på sin egen landflygtighet. Og han har hat grund til at være bitter, for om vi ikke kan by ham en opera, skulde ialfald vore orkestre ha vist en langt større interesse for hans storladne og egte kunst.»[166]

Til sammen kom det inn kr 3071,50 til æresgaven. Summen var anstendig nok og tilstrekkelig til at ikke Harald Sæverud følte seg beskjemmet på sine bysbarns vegne. Verre var det med Harmoniens programmer, de stod langt tilbake for kritikerens forventninger. Med Rachmaninov og Rimskij-Korsakov på samme konsert var begeret fullt for Sæverud:

«Der er ikke stort å si om Harmoniens konsert igår. Programmet bød på det samme gamle op igjen, Rachmaninows ubetydelige klaverkonsert enda til for annen gang i denne sesong! Scheherazade av Rimsky-Korsakoff er heller ikke noget som høres med utbytte når den kommer for femte, sjette gang. Med all sin orkesterprakt og sine iørefallende og glansfulle melodier er den et temmelig overfladisk verk med en altfor manéret komposisjonsteknikk.»[167]

Dette falt Harmonien og Harald Heide tungt for brystet. Kapellmesteren måtte minne om at Scheherazade kun hadde vært oppført 4 ganger i løpet av 10 år, mens Harald Sæverud i samme tidsrom var oppført ikke mindre enn 10 ganger, riktignok med 3 verker! Men Sæverud ga seg ikke, og lot seg heller ikke overbevise av programkomiteens beklagelser om at vår tids musikk trakk så dårlig hus. Det ville neppe bli bedre økonomi når den virkelig interesserte del av publikum begynte å gå trett av repertoaret, mente han.

Grunnene for denne plutselige kritikk av Harmoniens programoppsett, er vanskelig å vite. Det kan ha hatt sammenheng med at han var blitt valgt til formann i Kunstnersamfunnet i Bergen som omfattet mange av de yngre kunstnerne i byen. Kanskje følte han som nyslått leder et behov for en sterkere kulturpolitisk markering på vegne av disse.

Harald Heide (1876–1956) ledet med myndig hånd Harmoniens orkester gjennom 43 år. Generøst stilte han orkestret til Harald Sæveruds disposisjon, både som komponist og dirigent.

Men det stoppet ikke med dette. Etter Harmonien var det norsk musikklivs tur. I september 1930 utpenslet han sitt syn på den hjemløse norske musikken i en stor artikkel i Bergens Tidende. Hovedproblemet var at Norge manglet et musikalsk sentrum, mente han. Rammen rundt, den norske naturen, var den prektigste man kunne tenke seg, men Oslo representerte ikke det sentrum som var nødvendig for å utvikle de ulike talentene. Dessuten manglet byen også den musikalske dannelse som måtte til om man skulle tilegne seg verdiene i folkekunsten:

«Musikalsk sett ligger Oslo utenfor Norges grenser. Den er i så henseende en ganske almindelig mellem-europeisk by. Naturligvis må den på grunn av – la oss si – sin nære beliggenhet, ha en viss forbindelse med landets musikalske rørelser, men den er uten enhver dypere forståelse av vår nasjonale tonefølelse.»[168]

Var Harald Sæverud plutselig blitt nasjonalist? Han som i sine verker hadde pleiet en videreføring av et europeisk, symfonisk uttrykk, ganske fjernt fra den norske folkloren? Det kunne nesten se slik ut på måten han her fremhevet slåttemusikken og folkevisene som grunnlaget for vårt lands nasjonalmusikk. Men han tok likevel avstand fra en direkte overføring av folkemusikken til en kunstmusikalsk ramme:

«Der har nok vært gjort og gjøres fremdeles forsøk på å anvende slåttene i kunstmusikken, men selvfølgelig på den bakvendte måte at komposisjoner som så nøie er tillempet ett karakteristisk instrument skrives om til instrumenter hvor de slett ikke passer og umulig kan komme til sin rett. Hvorfor da ikke heller forsøke gjennem de andre formidlere som klaver og orkester å skape noget like betydelig og norsk for disse, som slåttene er det for hardangerfelen?

Men der er ingen holdning i norsk musikk for tiden. Det rastløse liv har forlengst vekket selv de ensomste avkroker av landet op av sin lyttende drøm, og spillemannen er havnet i fabrikken.»[169]

Det nærmeste han kommer et musikalsk sentrum er Hardanger. Tidligere hadde man hatt et i Seljord (Sillejord) i Telemark, men den derværende «kunstneriske stamme», som han kaller den, hadde utvandret til Hardanger: «og først her, ved Norges hjerte, fant den endelig den sum av skjønnhet den hadde lengtet efter.»[170]

En dristig påstand vil nok mange si, men Sæverud argumenterer videre. Han bruker Grieg som eksempel. Han skapte sin norskeste av alle sine komposisjoner, Den bergtekne, nettopp fordi han ble blendet av Hardangers «naturvidunder». Men akk, må forfatteren fastslå, bygdene er ikke de samme som før. Nå må det være en hovedoppgave for en av vestlandsbyene å føre tradisjonen videre, ikke for å kopiere den, men gjennom innsikt i folkemusikkens «sunde grunnlag» å finne et fundament å bygge videre på.

Men det blir ingen optimistisk utgang på Harald Sæveruds funderinger om den norske musikken, når han tar i betraktning folks interesse for musikk der og da. Det står dårlig til, og hans formuleringer munner ut i en dystermunter konklusjon som ihvertfall kler en forfatter i en by hvor fiskeriene gjennom århundrene har utgjort selve fundamentet for næringsdriften:

«Innbyggerne og interessen? Den går nok i en annen retning, for her er det silden som er den bestemmende. Kommer silden rikelig et år, dreier alt sig om at silden kom, og kommer silden ikke, ja, så dreier det sig alt sammen om at silden ikke kom. Her vest hvor man skulde stå det centrale i norsk musikk nærmere enn den utenforstående hovedstad, som er blitt musikkby nærmest ved å ringle med alle stipendiene, her gir man heller ikke en sur sild for hele greien. – S'il vous plaît!»[171]

Det er en lang og til dels spekulativ artikkel, og den er interessant fordi den griper inn i debatten som hadde pågått i en del år om den norske stil i musikken. Og 1930 er det året som av mange blir oppfattet som selve kulminasjonspunktet av norskdomsrørsla, for ikke å si norrønrørsla i musikklivet.

Portrett av Harald Sæverud på 1920-tallet.

I 1930 var det 1000 år siden Olav den hellige var falt på Stiklestad, og dette skulle markeres med en komponistkonkurranse for å få frem verker som kunne inngå i jubileumsfeiringen i Trondheim. Seierherrer ble Ludvig Irgens Jensen og Arne Eggen med henholdsvis Heimferd og Kong Olav, to oratorier i den monumentale stil med dåm av saga og middelalder. Men verkene ble aldri oppført i Trondheim, for der ville man ha seg frabedt et oratorium på nynorsk. Det hadde sammenheng med stortingsvedtaket der Trondheim ble omdøpt til Nidaros, et vedtak som falt i meget dårlig jord i trønderhovedstaden. Byen beholdt da heller ikke sitt nye navn i mer enn et drøyt år.

Den påfølgende «Kantatestriden» endte med at ingen av vinnerverkene var å høre som del av Olavs-festlighetene. Da Heimferd ble uroppført i Oslo i desember samme år, var det imidlertid ikke måte på begeistring. Kritikerne falt nærmest i staver over det de opplevde. Monrad Johansen fant «land og folk, historie og natur, forklaret og beriket i musikken».[172] Det var også «heimferd» for Ludvig Irgens Jensen som aldri tidligere hadde vært «så i sinn og skinn av vår egen stamme», ifølge Dagbladets Sverre Hagerup Bull.[173]

Imens befant Harald Sæverud seg på betryggende avstand fra byen som «ringlet med alle stipendiene», og filosoferte om en norsk tonekunst bygget på et fundament av det beste innen slåttetradisjonen og folkesangene. Hos ham sporet man ingen tanker om saga og arkaiserende kirke-tonearter som ble hyldet som idealer i hovedstaden. For Harald Sæverud fremstod Hardanger derimot som det nasjonale tyngdepunkt i musikken.

Fra sine funderinger om det nasjonale, beveget kritikeren Harald Sæverud seg til musikkbyen Bergen som ikke var så meget å rope hurra for heller. I november holdt den berømte fiolinisten Jacques Thibaud konsert i Logen sammen med pianisten Janopoulo, men publikumsfremmøtet var elendig, og Sæverud ga sine bysbarn klar beskjed:

«Bergen vil gjerne regnes for å være en god musikkby. Men skal der dømmes efter den fåtallige flokk som hadde fulgt den store fiolinmester Jacques Thibauds innbydelse igår, er den nok ikke nogen musikkby, knapt nok et usselt ladested. Sjelden har Logen virket så forlatt og uten stemning som da konserten skulde ta sin begynnelse, men aldri har man vel heller opplevet make til forandring. Thibaud hadde ikke spilt mange taktene før den film-jagede sal blev omdannet til et herlig kunstens tempel ... Det er virkelig overlegent gjort av en kunstner med verdensry, at han kan heve sig over det elendige fremmøte i den grad at tilhørerne til slutt synes de må utbryte: 'Thibaud har aldri spilt så fabelaktig som iaften!'»[174]

Men han var ikke bare en sint, ung mann i spaltene. Humoren lå ofte ikke langt unna, som i den ironiske omtalen han ga sin gamle venn fiolinisten Jim Johannesen:

«Om Harmoniens populærkonsert hvor Harald Heide dirigerte og Jim Johannesen var solist, kan det kort og godt sies, at den dessverre var helt vellykket. Dessverre – fordi jeg unner en eminent fiolinbegavelse som Jim Johannesen den motgang som vilde kunne stimulere hans energi og derved bringe ham ennu høiere.»[175]

1930–1940

Nye oppførelser i utlandet. Uenighet med Mowinckel

Johan Ludwig Mowinckel jr. var stadig å finne i Bergen, hvor han delte sin tid mellom bratsjrekken i Harmonien og ulike dirigentoppdrag. Fortsatt stod han sin venn Harald Sæverud bi, og vinteren 1930 oppførte han *Finale av Symfoni nr 1* to ganger på rappen i utlandet. I Helsingfors kalte storavisen Helsingin Sanomat ham for et «synnerligt angenemt bekantskap», og konsertens norske komponister, deriblant Harald Sæverud, fikk positiv omtale om enn i mer generelle vendinger: «Deras temperament är egenartat, det utgör nyckeln til något friskt, någon ursprunglig musiker-fantasi, vars yttringar man allt vidare önskade följa.»[176]

Da er det mere begeistring hos kritikerne i Barcelona måneden etter. Her hadde den «eminente maestro» Mowinckel fått sesongens avslutningskonsert i Gran Teatro del Liceo, og hans norske solist ble i programmet omtalt som den «famoso tenor» Sr. Erling Krogh. Flertallet av de norske verkene er å høre for første gang i Spania, og Sæveruds symfoniske sats fremheves av flere som det mest interessante av de norske. Det er tydelig at hans ekspressive tonespråk appellerer til det spanske temperament. I en av avisene står det at verket både er «unnfanget og skrevet med ildfullhet»; i en annen at «musikken er nervøs, men meget godt oppbygget og fremragende utsatt for orkestret».

Etter alt å dømme skulle konserten i Barcelona komme til å danne sluttstrek for samarbeidet mellom Mowinckel og Sæverud. Den entusiastiske dirigenten fortsatte å lede orkestre i enda en del år, men såvidt vi kan se uten at Harald Sæverud mer stod på hans programmer. Hva som var årsaken til dette som nærmest må karakteriseres som et brudd er vanskelig å si, men det kan ha hatt en sammenheng med Sæveruds kritikervirksomhet. Mowinckel var et utpreget følelsesmenneske med store svingninger i sitt sinn, og kunne være ganske sårbar, særlig når det dreide seg om negative bemerkninger om hans dirigering. Harald Sæverud som etter hvert var blitt riktig varm i trøya som kritiker, sparte heller ikke på kruttet når han omtalte sin venn, dersom han fant noe å sette fingeren på.

På en av de siste konsertene Mowinckel dirigerte i Harmonien i sesongen 1930/31 stod Brahms 3. symfoni på programmet, og her gikk første sats slett ikke etter kritikerens hode. Resultatet var en sjelden detaljutpensling fra Sæveruds side av tolkningens negative sider:

«Det så litt truende ut til å begynne med på Harmoniens konsert igår. Særlig 1ste sats av Brahms 3dje symfoni dirigerte J. L. Mowinckel jr. så urolig, at det i høi grad gikk ut over presisjon og klang. Det virket nærmest som om det gjaldt å uteksperimentere et øieblikkelig innfall, noget som selvsagt måtte skade den strenge og samlende symfoniske form og sprede innholdet. Siste sats blev en rekke i og for sig malende avsnitt, men formen poste sig ut og hemmet gangen så sterkt at interessen for et mål blev svekket. Reminisensen fra 1ste sats, som kommer så nydelig tilslutt, var der ingen som kunde opfatte.»[177]

Dette må ha virket dobbelt sårende på Mowinckel på bakgrunn av en omtale Sæverud hadde gitt dirigenten Olav Kielland måneden før. Kielland var på mange måter Mowinckels konkurrent blant de unge norske dirigenter: seks år yngre enn sin bergenske kollega, og allerede med en pen karriere som kapellmester ved Stora Teatern i Göteborg bak seg. Han hadde også flere ganger gjestedirigert Filharmonisk Selskaps Orkester i Oslo. Reservasjonsløst hadde Harald Sæverud utropt Olav Kielland til «den sterke mann blandt norske dirigenter», og han hadde utbrodert sin begeistring ytterligere:

«Hans teknikk innbefatter hele skalaen av kunnen, fra sverdhugget til venstre hånds sensibelt modellerte detalj ... Kielland er et avgjort høvdingemne i norsk musikk ... orkestret syntes også å være besjelet av den følelse igår, at det blev ledet av en virkelig fører, og alle grupper arbeidet glimrende.»[178]

Mowinckels dirigentteknikk var tydeligvis ikke perfekt, det hadde han flere ganger fått høre av Harald Sæverud. Stadig var det små hint i negativ retning. Da han dirigerte den påfølgende konsert etter den ikke helt vellykkede Brahms-tolkningen, gikk det tydeligvis bedre. Men midt blant de pene ord om fremføringen av en Mozartsymfoni lå det mellom linjene en generell karakteristikk av Mowinckels dirigentteknikk som ikke var til å ta feil av: «Den blev fremført med betydelig større ro enn vi ellers er vant til når Mowinckel jr. dirigerer, og tonene kunne derfor utfolde sitt ytre liv uten at et uoverlagt innfall plutselig spente ben under dem.»[179]

Mowinckels dirigentkarriere hadde ikke tatt helt av. Han satt som menig musiker i Harmonien, fikk riktignok noen dirigentoppdrag i ny og ne, men gjerne på konserter av det lettere slag. Han hadde nok sine drømmer om å utfolde seg med helt andre orkestre enn Harmonien, han som til og med hadde dirigert Berlin-filharmonien. Riktignok kjøpt og betalt for anledningen, men likevel. Nå ville han bort fra Bergen.

Høsten 1931 tok han over som leder av Gävleborg Läns orkester i Sverige. Her skulle han bli i tre år. Men i denne perioden ble det ikke oppført et eneste verk av Harald Sæverud, selv om Mowinckel hadde hovedansvaret for programplanleggingen i orkestret. På bakgrunn av hans tidligere entusiasme for Sæveruds musikk virker dette påfallende. Det er god grunn til å anta at noe må ha skjedd mellom de gamle vennene. Mye tyder på at de var i ferd med å bevege seg i ulik retning.

Denne faglige uenighet blir også understreket av en diskusjon mellom de to vennene i 1932. Igjen er det Harald Sæveruds penn som blir den utløsende faktor i forbindelse med en anmeldelse av en ny bok av Mowinckel: «Hvad enhver bør vite om musikk». Boken ga en innføring i elementær musikkteori, men Mowinckel hadde også gjort seg visse refleksjoner om den moderne musikkens utvikling. Her var Harald Sæverud på hjemmebane. Like meget som han syntes forfatteren hadde lykkes med bokens teoretiske del, like skeptisk var han til Mowinckels betraktninger omkring samtidsmusikkens kvaliteter. Her fant han at forfatteren både var famlende og negativ. Hans konklusjon etter å ha lest boken var ikke udelt positiv:

«Det er beklagelig at et så ideelt og på mange måter vellykket forsøk som den foreliggende bok er, skal skjemmes av en helt umoden opfatning av musikk-utviklingen. Mowinckel slutter så flott med: Livets vekst, men synes selv å mangle forståelsen av den fornyelse musikken alltid har vært og alltid vil være gjenstand for.»[180]

Mowinckel svarte gjennom avisen med å henvise til Bjørnstjerne Bjørnson som hadde tatt feil da han utropte Johan Selmer til fremtidslinjen i norsk musikk. Sæveruds replikk levnet ingen tvil om ståsted i forhold til vennens synspunkter: «Også nutidens kunst vil en gang være en gjennemlevet epoke og nye baner vil bli bekjempet av nye mowinckler.»[181]

Men de to tidligere vennene ga seg ikke med det. Nå fulgte en heftig debatt via postkassen i en serie julebrev som slett ikke bare var preget av julens budskap om fred og fordragelighet. Den gikk på de fundamentale musikalske spørsmål, og debattantene var tilsynelatende uenige om det meste.

Det hele avdekket to personligheter som tilsynelatende befant seg på hver sin klode. Hos Sæverud, den skapende kunstner som i det daglige ble konfrontert med spørsmål om kunstens fundamentale aspekter, skinner det igjennom et musikksyn som kretset om musikkens «evige» verdier. Her blir verkenes form og struktur sett fra komposisjons-estetikkens synsvinkel, og mindre av publikums reaksjon på den. Mowinckel, den praktiske musiker og demokratiske musikkformidler, er opptatt av spontaniteten og den umiddelbare musikkopplevelsen – minst mulig hemmet av kulturelle stengsler og bånd. De var med andre ord mer forskjellige enn de tidligere kanskje hadde vært klar over.

Nye dirigentoppgaver. Symfoni nr 3 uroppføres

1931 var et magert år for oppførelser av Sæverud-verker, derimot var han i november igjen i ilden som dirigent for Harmonien med to konserter og tradisjonelle program. Det var fire år siden sist han hadde stått på orkestrets dirigentpult, også dengang med Brahms på programmet. Hvordan ville kollegene nå motta kritiker-komponisten? Han hadde ingen grunn til misnøye når han slo opp i avisene dagen derpå. I Morgenavisen var det noen kritiske bemerkninger, ellers var det et svært sympatisk skussmål han fikk. I Bergens Aftenblad ble han omtalt som «overmåte sympatisk, bevægelsene er klare og karakteriserende og tydelig båret av en indtrængende analyse av kompositionen,» mens avisen Dagen fastslo: «Sæverud er meget lovende som dirigent.» Også i toneangivende Bergens Tidende mente man at han gav «bevis for sine evner som orkesterleder; på en fortreffelig måte fikk han frem pointene i de humørfylte gamle danse».[182] En god opptakt når han noen måneder senere skulle uroppføre sin tredje symfoni med det samme orkester.

Men i mellomtiden skulle hans *5 Capricci* for piano fremføres for første gang i Oslo. Det var Robert Levin som hadde valgt ut tre av dem til sin debutkonsert den 26. januar 1932. Det var modig gjort, men 19-åringens program var adskillig mer ukonvensjonelt satt sammen enn det man kunne forvente av en debutant. Her var verker av Tsjaikovskij, Frithjof Kristoffersen og Debussy i tillegg til Sæverud. Av klassikerne ville han bare spille en liten andante av Beethoven. Men så var da også Robert Levin en ganske uvanlig debutant. Allerede som 15-åring hadde han vært å finne som pianist i orkestret på Colosseum kino under Per Bolstads

Pianisten Robert Levin hadde satt opp et uvanlig program for sin debutkonsert. Førsteoppførelsen av Harald Sæveruds klavercapricer slo godt an hos de fleste oslokritikere, som syntes at stykkene både var fantasifulle og «fabelaktig morsomme». Per Reidarson i Arbeiderbladet fant derimot bare «et forvirret krimskrams, uten mål og med, form eller innhold».

Direksjon: Rudolf Rasmussen.

Robert Levin

Debut-Konsert

Tirsdag 26. januar 1932 kl. 8

Universitetets Aula

I. Beethoven:	Andante F-dur.
II. Tschaikowsky:	Sonate G-dur, op. 37. Moderato e risoluto. Andante non troppo quasi moderato. Allegro giocoso. Scherzo. Allegro vivace. Finale.
III. Harald Sæverud:	Capriccio, op. 1, nr. 1 " " " " 2 " " " " 4
Frithjof Kristoffersen:	Sonate i en sats op. 8 C-moll.
IV. Debussy:	Suite. Prélude – Sarabande – Toccota.

Bechsteins flygel fra Grøndahl.

EMIL MOESTUE A/S.

ledelse, og da debutkonserten fant sted, var han ansatt i orkestret på restaurant Cecil i Oslo. Hans pianolærer var den samme Nils Larsen som hadde uttalt seg så pent om Harald Sæverud i stipendiesaken, og det var også Larsen som hadde fått ham interessert i Sæveruds klaverstykker.

Robert Levin gjennomførte debutkonserten med bravour og den fikk glimrende mottagelse. Nå hadde Oslopublikummet fått stifte bekjentskap med Sæveruds capricer for første gang, etter alt å dømme var det også uroppførelse etter at stykkene nå var utgitt. Flere av anmelderne benyttet anledningen til å kommentere dem. Det het seg at de var «fantasifulle», «talentfulle, karakteristiske og i høi grad fengslende». En av anmelderne syntes de var «fabelaktig morsomme». Jevnt over god mottagelse altså, med unntak av Per Reidarson som så ut til å benytte enhver anledning til å slakte sin bergenske kollega: «Tre Capricer av Sæverud kan også rent pianistisk være pussige 'kryssordoppgaver' slik som tonesetteren hopper omkring med sitt forvirrede krimskrams, uten mål og med, form eller innhold.»[183]

I Bergen ladet Harald Sæverud nå opp til en dobbelt oppgave: uroppførelsen av hans tredje symfoni med ham selv på dirigentpulten i Harmonien. Det hadde ikke lykkes å få Concertgebouw-orkestret og Willem Mengelberg til å fremføre verket. Nå var det gått nesten seks år siden symfonien var ferdig, så fikk man heller ta dirigentpinnen bokstavelig talt i egen hånd.

Konserten gikk av stabelen på Den Nationale Scene, og i tillegg stod Wieniawskys fiolinkonsert i d-moll og Borodins Prins Igor-ouverture på programmet. Disse skulle dirigeres av Harald Heide. Avisene slo begivenheten stort opp, og i forkant av konserten kunne man lese overskrifter som «Sensasjon i Harmonien»; «En *prøvet* komponist»; «En uropførelse av kjendt Bergens-komponist». Sæverud ble spurt hvor symfonien hadde sett dagens lys, og han avleverte et lett mytologiserende svar:

«Den? *De* må De si, det er trillinger, den består av tre satser. Men de kom ikke samtidig; en i Bergen, en i Paris og en i Tunis; publikum får selv finne ut hvilken er hvor.
– Tror De publikum kan dette?
– Nei.»[184]

Nok en gang hadde Harald Sæverud unngått et firsatsig symfonimønster, og med sine ca. 36 minutter var symfoni nr 3 nesten dobbelt så lang som forgjengeren. Man kunne frykte at dette ville medføre litt av en tålmodighetsprøve for de vanlige publikummere, men disse så ut til å tåle verket bedre enn kritikerne, for etter fremføringen var det «… hjertelig applaus med en lang rekke fremkaldelser og blomster i store masser, deriblant også en ekstra stor bukett overrakt personlig av Harald Heide. Med andre ord, sukcess og stemning av fest og glede.»[185]

Men de bergenske kritikere sparte heller ikke på konfekten, og selv i Morgenavisen ble det fastslått at «Det nye verk … virker betydelig mer modent end de to første symfonier og må sies at være en stor landevinding for komponisten som her har fundet utladning for sin ubendige vilje og energi i renere linjer og klarere former end tidligere».[186]

Noen etterlyste fortsatt mer hjerte enn hjerne i Sæveruds musikk, men de uttrykte likevel stor respekt for den «karakterfaste musiker». I den stadig beundrende Dagen slo man fast at «et nytt blad musikkhistorie (er) skrevet, og det et av de betydeligste».[187]

Ikke mange ukene etter suksessen i Bergen var turen kommet til Filharmonisk Selskaps Orkester i Oslo. Her var det Sæveruds «høvdingemne», Olav Kielland, som skulle lede presentasjonen. Hvordan ville mottagelsen bli i hovedstaden? «Sterk, men til dels motvillig beundring i Oslo», meldte Bergens Tidende etterpå. Reaksjonen var skarpere enn i komponistens hjemby. Forventningene var også skrudd kraftigere opp enn tidligere. Elling Bang i Dagbladet sa det på denne måten: «Så meget vet vi om hans steile talent som komponist, så godt kjenner vi hans fine og sikre penn som kritiker, at kravene uvilkårlig stemmes op.»[188]

Aftenpostens Torolf Voss, i likhet med de fleste anmeldere, sporet imidlertid fremskritt i forhold til de foregående symfoniene:

«Det er avgjort Sæveruds beste orkesterverk vi fikk høre igåraftes i Aulaen. Selv om han fremdeles har en sann skrek for den melodiske frase, merker man i opbygningen og hans symfoniske form for øvrig store fremskritt. Men helt sitt eget … tror jeg komponisten ennu ikke har funnet, han svever

På begynnelsen av 1930-tallet var Harald Sæverud blitt et etablert komponistnavn i hjembyen, og i hans egen avis Bergens Tidende var det som oftest godord å hente.

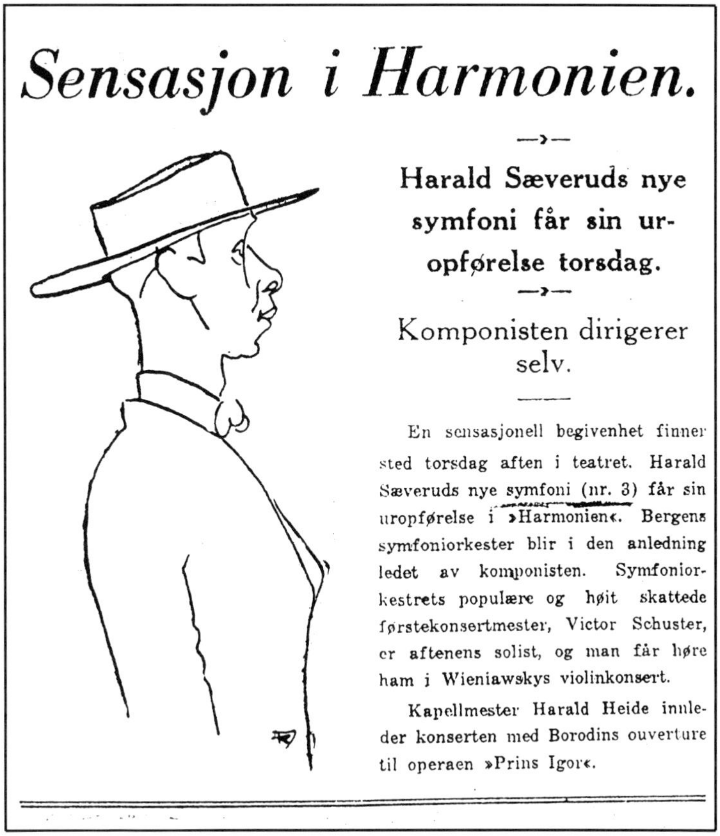

Sensasjon i Harmonien.

Harald Sæveruds nye symfoni får sin uropførelse torsdag.

Komponisten dirigerer selv.

En sensasjonell begivenhet finner sted torsdag aften i teatret. Harald Sæveruds nye symfoni (nr. 3) får sin uropførelse i »Harmonien«. Bergens symfoniorkester blir i den anledning ledet av komponisten. Symfoniorkestrets populære og høit skattede førstekonsertmester, Victor Schuster, er aftenens solist, og man får høre ham i Wieniawskys violinkonsert.

Kapellmester Harald Heide innleder konserten med Borodins ouverture til operaen »Prins Igor«.

ennu i sin musikkform mellem de Carl Nielsenske og Sibelius' senere symfonier, selv om man allikevel tydelig skimter et sterkt personlig fysiognomi i dette verk».[189]

Savnet av de melodiske hvilepunkter som kritikerne i Bergen også hadde etterlyst, gikk som et kontrapunkt hos de fleste Oslo-skribenter. Ulrik Mørk i Nationen mente at nå når Sæverud var blitt 35 år gammel, så hadde man rett til å vente «at han i et større verk vilde unne sig nogen minutters hvile i en rolig sangstrofe på nogen få takter. Men nei. Et og andet sekund kan det se ut som solen vil bryte frem med lys, fredelig stemning, men det får den ikke lov til.»[190]

Per Reidarson stod denne gang i en særstilling i sin totale fraskriving av Sæveruds «sans for komposisjon», og selv om Elling Bang i Dagbladet ikke var overbevist om verkets totale kvaliteter, måtte han innrømme at interessen for symfonien ikke avtok i løpet av konserten: «Den sære musikk tvinger en til å lytte med spent opmerksomhet; det er en dypt menneskelig tale like fjernt fra det snevre skjønnhetsideal, som glansbilledet fra livet selv.»[191]

Suksess i Finland

I mai inngikk Harald Sæveruds tredje symfoni i den norske representasjonen under den nordiske musikkfesten i Helsingfors. En pen fjær i hatten for Sæverud, ikke minst fordi han hadde fått en komposisjon i klassen for orkesterverker, den mest prestisjetunge. Her var han i selskap med kolleger som Arne Eggen, Komponistforeningens formann, David Monrad Johansen, Fartein Valen, – og Per Reidarson. Verkene var plukket ut av en jury sammensatt av Komponistforeningen og Tonekunstnersamfundet.

Musikkfesten må ha vært den reneste vitamininnsprøyting for Harald Sæverud. Det begynte allerede på reisen som ble foretatt i bil sammen med Olav Kielland, som også hadde sin kone med seg. Sæverud var samtidig korrespondent for Bergens Tidende, og beskrev i detalj for leserne hvordan de tre delegatene suste gjennom det finske landskapet. Slik kunne de oppleve naturen mye sterkere enn om de hadde reist med tog og kommet «hjernetrett og fordummet» frem, mente han:

«Selv om man sitter med øinene lukket og bilen er oppe i sine 90 kilometer, kommer man i intim kontakt med landskapet, med dets vekslende linjer, dets særegne rytme, dets musikk, – veien blir selve det følsomme anslag som gir tonen der bilen følger de skiftende far som en snøftende sporhund.»

Til og med en utforkjøring blir gjenstand for en poetisk beskrivelse av den bergenske passasjer:

«Når vi gikk utfor veien nettop der hvor der bare i fjor hendte hele 6 ulykker, må det sies at stedet var riktig valgt. Og en ulykke ble det bare for en brønn, en vannpumpe, to gjerder og for bilen, takket være Kiellands store åndsnærværelse. Vi endte i en havnegang med 50–60 fullstendig ensfargede kyr, brunrøde med skinnende hvite skjortebryst – flott skal det være!» [192]

I Helsingfors ble man tatt imot på beste måte, og blant de sosiale evenementer var en mottagelse hos president Svinhufvud. Sibelius fikk ingen møte, han var menneskesky og nervøs og holdt seg hjemme. Men en av hans døtre kunne meddele korrespondenten fra Bergen at den store symfoniker fulgte godt med i radio, og var meget fornøyd med fremførelsen av sin 6. symfoni under musikkfesten.

Sæverud var i sitt ess. Her opplevde han spennende oppførelser og verker som interesserte ham, og gjorde «bekjentskaper blandt alle de kjente navn, men ukjente ansikter.» Den norske orkesterkonserten gikk også utmerket. Olav Kielland dirigerte opp mot sitt aller beste, og ble – fortjent ifølge avisene – hyldet med laurbærkrans.

Kritikerne ofret også mye spalteplass på Sæveruds komposisjon, den var faktisk det mest omskrevne av samtlige norske verker, og ble oppfattet som orkesterkonsertens mest sentrale. For de finske kritikerne som var fortrolige med en moderne symfonisk tradisjon gjennom Sibelius, var ikke minst Sæveruds symfoni «gefundenes Fressen». Og komponisten ble i hovedsak pent behandlet. I Helsingin Sanomat skrev Leevi Madetoja, skaperen av den finske nasjonaloperaen Pohjalaisia, at symfonien representerte en uttrykksform som virket velkjent for finske ører:

«Det norska och finska folklynnet har nogra gemensamma drag, vad det sedan må bero på … Sæveruds symfoni vill icke verka genom skönhetsvärden i vanlig mening, den sträver mot individuelt, karakteristiskt uttryck, och som sådan är den ett mycket kraftigt bevis på det nordiska skapararbetets effektivitet.»[193]

Om Sæveruds plassering i det stilmessige landskap kom det også interessante observasjoner fra finnene. Noen oppfattet ham som en temmelig radikal tonekunstner, i avisen Soumenmaa kunne man til og med lese at Sæverud var «smittad av expressionism och atonalism», dette til tross for at symfonien gikk i tonearten b-moll. I Soumen Sociali-demokraati ble det foretatt en sammenligning mellom Carl Nielsen og Sæverud som absolutt må sies å ha vært flatterende for nordmannens vedkommende: «Då man tänker på Carl Nielsens symfoni kommer man ihåg den norske Sæveruds symfoni. Jämförd med Sæverud våga vi antyda, att den norska musiken tränger djupare än Nielsens.»[194]

Da Harald Sæverud skulle oppsummere sine inntrykk fra den finske hovedstaden for de bergenske lesere, så er det ikke uten et visst vemod med tanke på hva som ventet i hjemlandet og i særdeleshet i hovedstaden:

«Og så med nyoppusset bil tilbake til Oslo. Det var beklemmende å sammenligne den med Stockholm og Helsingfors. Der er letthet og spenstighet over den svenske arkitektur, husene står, mens i Oslo er de mer eller mindre tungt liggende masser, så man ofte griper sig i å tenke at de må være ment som opholdssted for syke, liggende mennesker.

Kanskje er det selve atmosfæren som setter en på disse tanker. Når man kommer hjem med rike kunstneriske inntrykk og ennu er fylt av minner om fest og storartet finsk gjestfrihet, er det iallfall ikke opløftende å se Dagbladets farvede referat fra musikkfesten … Og der tales om musikkfest i Oslo til næste år! Ja, hvis der til den tid kan bli luftet tilstrekkelig ut, men det er mer enn tvilsomt.»[195]

Olav Kielland. *50 små variasjoner. Canto ostinato*

I årene fremover skulle Olav Kielland bli Harald Sæveruds viktigste dirigent. Fra og med sesongen 1931–32 var trønde-

Olav Kielland (1901–1985) ble av Harald Sæverud utropt til «den sterke mann blandt norske dirigenter». Etter Johan Ludwig Mowinckel jr. var Kielland lenge den som gikk sterkest i bresjen for hans orkestermusikk.

ren å finne som fast kapellmester for Filharmonisk Selskaps Orkester sammen med Odd Grüner-Hegge. Selskapet kunne med andre ord skilte med to nordmenn på dirigentpulten, og det var en ny situasjon som også medførte økede muligheter for norsk samtidsmusikk i hovedstadsorkestret. I 1933 rykket Kielland opp til å bli selskapets kunstneriske leder med hovedansvar for Filharmoniens programplanlegging.

Olav Kielland og Harald Sæverud kom tydeligvis meget godt overens. De var stadig i kontakt med hverandre enten direkte eller pr. brev, og Kielland gikk inn for verkene hans med stor innlevelse. Høsten 1933 presenterte han Sæveruds nyeste orkesterverk for Oslo-publikumet, et originalt lite stykke med tittelen *50 små variasjoner – Cinquanta variazioni piccole* – som på vårparten var blitt uroppført i Bergen under Harald Heides taktstokk.

Det er et merkelig stykke, en elegant liten instrumentallek på grunnlag av et tema på bare 3 takter. Hele verket tar ikke mer enn 4 1/2 minutt. *50 små variasjoner* var tilegnet Harald Heide, og det hadde fått en meget fin mottagelse i Bergen, men også Oslo-kritikerne lot seg besnære. Dagbladet ga Harald Sæverud attest for at han hadde en «sjelden kunstnerisk evne og en imponerende dyktighet», mens det i Den 17. mai het seg at temaet var «handsama med esprit, humør og overlegen teknikk».

I Aftenposten ble stykket kalt «en spøkefull vits» [196], og den påstanden kunne nok Harald Sæverud underskrive. Tilblivelsen av stykket var ikke akkurat preget av det store alvor, nei, temaet var kommet i ren irritasjon over at hans mor ikke hadde servert kaffen tidsnok. Det hadde også gjort ham til modernist, påstod han.

Kaffe eller ikke, *50 små variasjoner* gjorde slik lykke at de måtte gjentas av Olav Kielland og Oslo-orkestret, men stykket hadde vakt oppsikt på flere måter. Enda før uroppførelsen ble det utgitt på Norsk Musikkforlag som nr 1 i en serie med studiepartiturer. Musikkmagister Olav Gurvin fant på grunnlag av noten at verket var så enestående at han i Dagbladet utropte Sæverud til «vår største meister i den vanskelege instrumentasjonskunsten. Han brukar instrumenta

Første partiturside av *50 små variasjoner,* Harald Sæveruds musikalske eksperiment fra 1932. I irritasjon over at hans mor ikke kom tidsnok med kaffen, var stykket blitt adskillig mer moderne enn opprinnelig tenkt, påstod han senere.

uvanleg raffinert og får fram klangverknader så det er reint frapperande».[197]

Olav Kielland hadde innkassert adskillige lovord for sin oppførelse av Sæveruds variasjonsverk, men det å være norsk dirigent i hovedstaden var ingen takknemlig oppgave akkurat. Det fremgikk tydelig noen måneder senere etter at Olav Kielland hadde levert en temmelig personlig fortolkning av Tsjaikovskijs Pathétique-symfoni. De fleste anmelderne var dypt uenige i Kiellands oppfatning, og sparte ikke på kruttet. Sæverud som også overvar konserten, kom sin venn til unnsetning. «Mangler Oslos musikkanmeldere kompetanse?» spurte han i Dagbladet, og ga full støtte til Olav Kielland: «Midt under den helt fabelaktig dirigerte 1. sats tenkte jeg uvilkårlig, at *nu* måtte da ialfall den meningsløse undervurdering av Kielland høre op!»[198]

Men nei, kritikerne hadde hektet seg opp i dirigentens tempi som de mente var altfor hurtige, noe Sæverud tok sterk avstand fra:

«Sammenligner man deres uttalelser med komponistens egne angivelser i partituret kommer vi til et for anmelderne meget trist resultat: Kiellands gjengivelse er nemlig den overveiende autentiske.

At der er nok av dirigenter som gjør Pathétique så effektfull og sentimental som anmelderne vil ha den, er ingen undskyldning ... La meg til slutt få lykkeønske hovedstaden med at den har fått et mannfolk og en stor kunstnerisk kraft som Kielland i spissen for sitt musikkliv! Måtte hans rike og dype begavelse ikke ta skade av anmeldernes litt for anmassende pleie, og måtte han tross dem få beholde sin arbeidsglede til gagn og ære for norsk musikk!»[199]

Reaksjonen måtte komme. Dagbladets Sverre Hagerup Bull gikk i forsvarsposisjon og sendte følgende hilsen tilbake til «Jupiter fra Bergen»:

«Med hvilken rett setter herr Sæverud sig så godt til rette i tordenskyen, gir kapellmester Kielland attest og avladsbrev og dømmer fra Bergen den samlede Oslo-presse – som med all sin mangel på kompetanse iallfall i flere år på embeds vegne samvittighetsfullt har fulgt hr. Kiellands virksomhet i Oslo på aller nærmeste hold?» [200]

Men Sæverud var ikke svar skyldig, og han kunne ikke dy seg for å komme med en unnskyldning at han var fra Bergen. Men hovedpoenget var stadig Kiellands kunstneriske alvor og store innsats:

«Anmeldernes lettvinte omtale av Kiellands samvittighetsfulle kunstneriske arbeid gav ikke publikum det minste vink om at de avvikelser han foretok fra det vanlige, var diktert av strengt kunstneriske hensyn, av pietet mot komponistens forlangender ... Kritiser Kielland så meget man vil, men gjør det saklig og ha litt mer respekt for det store arbeid han nedlegger i sine innstuderinger.»[201]

Sæverud kunne bare trekke den slutning at det å være kapellmester i Oslo ikke var noen misunnelsesverdig stilling.

Ekteskap med Marie Hvoslef

Harald Sæverud var lenge innbitt ungkar. Kunsten, i særdeleshet hans egen, var omtrent det eneste som betydde noe for ham. Til han hadde passert 37 år bodde han hjemme hos sin mor i Ekebakken i Biskopshavn. Hun forstod ham fullt ut, og sammen med den øvrige familien tok hun maksimalt hensyn til sin begavede sønn. Han manglet ikke akkurat kvinnelige bekjentskaper, og kunne nok kaste lange blikk etter kvinner som gjerne var yngre enn ham selv. Det ser ikke ut til at han i disse årene har hatt noen alvorlige og dype forhold med formål ekteskap, ikke før han møtte den norskamerikanske Marie Hvoslef Isdahl. Blendende vakker, rik, men gift og allerede mor til en datter. Harald Sæverud unnlot sjelden, i spøkefulle vendinger, å fortelle om den stilige kvinnen som var blitt så begeistret for hans andre symfoni, at hun simpelthen *måtte* gifte seg med ham. Hennes betydning for Harald Sæverud skulle bli så stor at det er fristende her med et lite intermezzo om hennes familiebakgrunn for sammenhengens skyld.

De hadde vidt forskjellige utgangspunkt Marie og Harald Sæverud. Var han fattig, så var hun velstående, kom han fra bondeslekt, så var det embedsmenn som gikk igjen i hennes familie, og var han først og fremst vestlending, var hun nærmest for internasjonal å regne. Marie Lolita Hvoslef, som hun ble døpt, kom til verden i New York 9. februar 1900. Hun var datter av kaptein og skipsmegler Fredrik Waldemar Hvoslef (1861–1926) og Madsella Lorentze, født Steen (1872–1955). Kaptein Hvoslef bar det samme navn som sin far, den kjente teologen Fredrik Waldemar Hvoslef som nærmest hadde oppnådd legendarisk berømmelse da han som sogneprest i Kautokeino klarte å stå imot rebellene under opprøret i 1852. Lensmann Buck og handelsmann Ruth ble drept, og presten unngikk såvidt døden da ekstreme læstadianere gikk til angrep på prestegården. I 1868 rykket stiftsprost Hvoslef opp i bispestolen i Tromsø, og etter et mellomspill som sogneprest i Lier, kom han i 1881 til Bergen som biskop for Bjørgvin stift. Her ble han boende til sin død i 1906.

Biskop Hvoslef var kjent som en meget omgjengelig person og en liberal teolog. Men så hadde han også en spesiell bakgrunn. Han var sønn av sorenskriver Jens Hvoslef i Jarlsberg, men faren døde da gutten bare var fem år gammel. 14 år gammel dro Fredrik Waldemar Hvoslef til sjøs, og i løpet av få år tok han styrmannskole.

Men sjømannskarrieren ble kortvarig, synet var for svakt. Etter fem år på havet måtte 2. styrmann Hvoslef gå i land. På kort tid fullførte han eksamen artium og gikk videre med teologistudier. Han hadde tydeligvis et meget godt språkøre, for i studietiden leste han samisk med misjonær Jens Stockfleth i Kristiania, og da han tiltrådte sitt embete i Kautokeino skal han ha holdt talen på samisk. Hans store evne til å omgås mennesker av alle lag, kommer til uttrykk i det en same sa til ham da han forlot Finnmark: «Du har spist vår mat og du har vært en av oss.» Det skal alltid ha vært litt av sjømannen igjen i ham, selv om han var aldri så meget biskop. Han var som et friskt pust fra havet, og bak brilleglassene ante man alltid et lurt glimt.[202]

Med denne bakgrunnen var det kanskje ikke så rart at biskopens sønn også skulle få en dragning mot det maritime. Men Fredrik Waldemar Hvoslef juniors skipskarriere ble adskillig lengre enn biskopens. I 14 år var han på havet, og utdannet seg samtidig til kaptein. I årene 1890– 95 førte han bergensdamperen «America», men så søkte kaptein Hvoslef nye utfordringer. I 1895 slo han seg ned i noe av det norskeste av det norske Amerika: Brooklyn i New York. Et sted hvor det ikke var langt mellom sjøfolk fra Vestlandet.

Waldemar Hvoslef, som han for letthets skyld kom til å kalle seg, etablerte seg som skipsmegler i verdensbyen. Han fikk ansettelse i det velrenommerte meglerselskapet Bennett, Walsh & Co. med kontoradresse Broadway nr. 18. Men hans dyktighet i meglerfaget gjorde at han ganske snart ble partner i firmaet som nå kalte seg Bennett, Hvoslef & Co. Da kaptein Bennett døde, var det Waldemar Hvoslef som ble sjefen, og han hadde tydeligvis en meget heldig hånd med driften. Selv bygget han opp en meget anselig formue, bl.a. gjennom bananfart mellom de vestindiske øyer og USA.

Maries mor, Madsella Lorentze hadde også norske røtter med tilknytning til shipping. Hun var datter av lensmannssønnen Gerhard Severin Heiberg Steen fra Årstad ved Bergen, også han kaptein og skipsmegler. I 1880 hadde Gerhard S. H. Steen slått seg ned i Baltimore i USA. Familien kom etter, og Madsella Lorentze, eller Sella, som hun helst ble kalt, var 8 år gammel da hun forlot Bergen for å krysse Atlanteren for første gang. I 1895 giftet Sella seg med den elleve år eldre Waldemar Hvoslef, og det skulle gå fem år før de fikk sitt første og eneste barn, Marie Lolita.

Kaptein Hvoslef hadde hus i Flatbush midt i Brooklyn. Et fornemt strøk ikke langt fra Prospect Park, som med sine 2 000 mål fortsatt utgjør Brooklyns fremste rekreasjonsområde. Her vokste Marie Lolita opp i skjermede, men også utradisjonelle omgivelser. 10 år gammel fikk hun sitt eget lille hus i hagen, og det var ikke noe alminnelig dukkehus. Det var på størrelse med en normal norsk hytte og fullt utstyrt med kjøkken og innbo. Her skulle hun få trening i å stelle i eget hjem med et husholdningsbudsjett på 25 cent pr. uke. Hun måtte selv stå for innkjøpene og planleggingen.

Den slags moderne pedagogiske ideer gikk ikke upåaktet hen i Brooklyn. Lokalavisene var raskt på pletten

Familieidyll i Brooklyn, New York. Fra v. Madsella Lorentze, Marie Lolita og Fredrik Waldemar Hvoslef.

med store bilder og utførlig beskrivelse av huset og den unge innvåneren, og Sella Hvoslef ble intervjuet om den uvanlige barneoppdragelsen. Hun kunne fortelle at det var på grunn av hennes egne triste erfaringer i husstell at hun hadde gjort dette for sin datter. Selv hadde hun i sin nød stadig vekk måttet ringe sin mor i Baltimore for å rådføre seg om den minste ting. Ikke hadde hun visst hva hun skulle spørre etter i slakterforretningen, og ikke hadde hun ant hvordan hun skulle behandle tjenerne.

Ifølge Sella Hvoslef måtte den gode husmor nemlig beherske tre ferdigheter: først og fremst måtte hun være en god kokk, for veien til mannens hjerte gikk gjennom magen. Dessuten var det viktig å vite hvordan man skulle gjøre sitt hjem skikkelig rent, og til slutt måtte man kunne kunsten å strekke husholdningsbudsjettet til siste cent. Dette gjaldt enten man var fattig eller rik. Ellers kunne en av avisene opplyse at «Marie is a champion swimmer of Manhattan Beach. She paints well and plays the piano. She is fond of flowers and has a nice garden.»[203]

Men om kaptein Hvoslef og hans lille familie befant seg langt borte fra gamlelandet, så ble ikke båndene til

Norge klippet over. I 1911 kjøpte de seg sommerhus i Bergen. En stor trevilla på Hop, ikke så langt fra Edvard Griegs hjem. En praktbygning i en blanding av drage- og sveitserstil som i 1872 var blitt flyttet fra Østlandet til Hop av Jebsen-familien. Selveste Troldhaugenarkitekten Schak Bull medvirket da huset ble innredet.

Waldemar Hvoslef kalte villaen for «Uncle Sam», og den fungerte som familiens sommersted. Her oppholdt de seg hvert år i sommermånedene, og til å ivareta Uncle Sam var tre personer ansatt på helårsbasis, to hushjelper og en gartner. I den store hagen var det til og med et lite gårdsbruk med ridehest, sauer, griser og høns, og eget gartneri med drivhus som sørget for friske grønnsaker og frukter. Her ble det dyrket gresskar og andre vekster som dengang var temmelig eksotiske på norske breddegrader.

Etter at Marie Hvoslef hadde fullført sin collegeutdannelse i 1918, flyttet hun til Bergen og giftet seg med Johan Christian Isdahl, en lokal forretningsmann. De nygifte overtok Uncle Sam, men kaptein Hvoslef nøyde seg ikke med å være gjest hos sin datter. Han måtte ha et eget sommerhus i Bergen, og i 1922 anskaffet han derfor en ny villa i Nydalen på Fjøsanger, ikke langt fra Gamlehaugen til hans gode venn Christian Michelsen. Denne ble døpt Villa Baltimore etter Sella Hvoslefs hjemby.

Marie Hvoslef Isdahl hadde en av byens flotteste residenser i Uncle Sam, og selv om hun hadde trent på huslige ferdigheter allerede som liten pike, så var hun også vel vant med tjenere som tok seg av alt det praktiske. Det gjaldt også stellet av datteren som kom til verden i 1920. Marie Isdahls interesse for kunst og kultur hadde ikke tapt seg med årene, snarere tvert imot. Hun spilte meget godt piano, og for at hun kunne konsentrere seg om musikken uten å bli forstyrret, ble det på Uncle Sam bygget et eget musikkhus i hagen med utsikt over Nordåsvannet.

Marie Isdahl utøvet ikke bare pianospill til husbruk, hun delte gjerne sin kunst med andre, og vi finner henne som pianist ved konserter i Bergen og omegn. Da arbeidemed å omgjøre Edvard og Nina Griegs hjem Troldhaugen til

Marie Hvoslef Isdahl, den bergenske overklassekvinnen – som ifølge Harald Sæverud – ble så begeistret for hans Symfoni nr 2 at hun simpelthen *måtte* gifte seg med ham.

museum tok til, var hun med helt fra starten av. Det begynte i 1924 da Edvard Griegs tremenning, skipsmegler Joachim Grieg, donerte Troldhaugen til Fana kommune for at stedet kunne utvikles i komponistens ånd. Da hadde huset fungert som sommerbolig en tid, og alt innbo fra Nina og Edvard Griegs tid var spredt vidt omkring.

Ildsjelen i dette arbeidet var fru Aslaug Mohr, som stod i spissen for en kvinnekomité med ett mål for øye: å skaffe tilbake alt som reddes kunne av klenodier fra Troldhaugen. Kasserer i komiteen var Helga Vollan Grieg, mor til Harald og Nordahl Grieg, og Marie Hvoslef Isdahl var et av komité-medlemmene. Sella Hvoslef deltok når hun var i Norge, og det var imponerende resultater som ble oppnådd av den geskjeftige venninneflokken. Marie Isdahl var også med i arbeidet i Musikselskabet Harmonien, og i 1931 ble hun valgt inn i selskapets representantskap.

Så veldig eksponert utenfor overklassemiljøet på Fjøsanger, Paradis og Hop var nok ikke Marie Isdahl. Men selv der vakte det nok oppsikt at den unge amerikanerinnen kjørte bil. Hun var faktisk den første kvinne i Bergen som hadde sertifikat, og det gikk historier om hvordan hun hadde krysset Europa i en åpen sportsvogn, iført siste parisiske hattemote, med flagrende silkeslør rundt halsen. Ytre sett en svært vellykket kvinne, og i borgerlig forstand et meget godt parti for ham som omtalte seg som «en tredjeklasses komponist».[204]

De møttes første gang i et kunstnerselskap hjemme hos Marie Isdahl. Komponisten David Monrad Johansen var kveldens hedersgjest, og med vertskapets tillatelse hadde han tatt med seg sin gode kollega Harald Sæverud. Det må ha vært god stemning underveis, og Harald Sæverud nedtegnet i gjesteboken en liten parafrase over Henrik Wergelands kjente dikt Sidste Reis*:* «Nu rinner ut det siste glass – takk for dem alle!»

Det skulle etterhvert bli flere glass på Uncle Sams vertinne og komponisten fra Biskopshavn. Harald Sæverud representerte noe totalt annet enn det luksuslivet hun var en del av, hvor det var konsuler, eksportører, skipsredere og direktører på alle kanter. I hennes hjerte var det nok kunstneren som hadde overtaket, og de åndelige verdiene var vel like viktige som de materielle? Kanskje hun hadde arvet noe fra sin far på dette punkt, for selv om Waldemar Hvoslef kunne fremstå som en mann med et overveiende praktisk grep på tilværelsen, så var han også sterkt opptatt av åndelige spørsmål.

I ledige stunder hadde Waldemar Hvoslef studert religion, filosofi, politikk og samfunnsliv. Han var vel bevandret i verkene til Darwin, Nietzsche, Schopenhauer og Huxley, og tok skarp avstand fra tidens dans rundt gullkalven. Han var overbevist om at arbeiderbevegelsen til slutt ville realisere Herrens ord om at man skal elske sin nabo som seg selv. En nokså uvanlig kapitalist med et omgjengelig vesen som gjorde liten forskjell på høy og lav. Traff han gartnerens lille sønn på Uncle Sam, skulle han alltid dra fingerkrok med ham, og så vanket det en mynt på guttungen som selvfølgelig gikk av med seieren. I New York var han en diskret hjelper for mang en nødstedt landsmann som trengte en hjelpende hånd.

Marie Hvoslef Isdahl hadde ikke arvet sin fars direkte omgangsform, og for mange fremstod hun nok som litt reservert. Den valgsituasjonen hun kom i mellom familien og Harald Sæverud må ha kostet henne meget. Da forbindelsen ble offentlig kjent, vakte det naturlig nok oppsikt, for ikke å si skandale i det bergenske borgerskap. De færreste kunne fatte at den velhavende Marie Isdahl hadde falt for en lutfattig eksentriker som skrev musikk som få skjønte noe særlig av.

Den som tok det særlig tungt var Sella Hvoslef, som nå var blitt enke. Hennes mann hadde trukket sitt siste sukk under sommerferien i Norge i 1926 og var blitt stedt til hvile på Årstad kirkegård i Bergen. Sella Hvoslef gjorde da også en rekke forsøk på å overtale Marie fra å gå inn i den uvanlige alliansen, selv om hun var klar over at datterens ekteskap ikke var særlig harmonisk. Det faktum at Marie også hadde et barn, gjorde ikke saken enklere. Men alt var forgjeves. Marie hadde bestemt seg.

I mai 1934 var skilsmissen et faktum, og den 29. i samme måned fant bryllupet sted i City Hall i New York. Deretter gikk bryllupsreisen til Italia og Venezia hvor de møtte ekteparet Jakac som også var ute i samme ærend. Rent tilfeldig hadde Harald Sæveruds gode venn giftet seg i Ljubljana to dager før han selv inngikk ekteskap. De fire vennene var sammen i Venezia i noen dager før de dro til Jugoslavia med ekteparet Jakac som vertskap. Dette var Sæveruds første besøk i Jugoslavia. Jakac kom fra Slovenia, dengang den nordligste av Jugoslavias provinser, og det var hovedsakelig her de norske gjestene reiste rundt. Blant annet besøkte de malerens foreldre i hans hjemby Nove Mesto.

Jugoslavia gjorde et voldsomt inntrykk på Marie og Harald Sæverud. I topografisk forstand er landet ikke så ulikt Norge med sin til dels høydramatiske natur. Beliggenheten er også interessant, inneklemt mellom Italia, Østerrike,

To gode venner fotografert sommeren 1934. Bozidar Jakac og Harald Sæverud hadde begge giftet seg i mai, og de to ekteparene dro på felles bryllupsreise til Italia og malerens hjemland Jugoslavia.

Ungarn, Romania, Bulgaria, Hellas og Albania. I et intervju som Harald Sæverud ga til Bergens Tidende like etter denne reisen, får man et inntrykk av den begeistring han næret for Jugoslavia, landet som i alle år senere skulle bety så meget for ham:

«Det er et herlig land, det er nesten forstemmende å si det, men jeg synes det er vakrere enn Norge. Høie, svære fjell og dype, svarte sjøer, alpelandskap kanskje, men ikke så kjedelig som Sveits. På hver haug vi kom forbi var der en kirke, men den stod ikke der først og fremst av religiøse grunner, egentlig var tårnet en bra utkikspost mot tyrkerne. Vi reiste på 3. klasse med jernbanen fordi der vanker så lett bomber på 1. og 2. klasse. Det er et deilig land, smiler Sæverud.»[205]

Og den jugoslaviske kulturen avslørte noe opprinnelig og vakkert som tiltalte ham, han var overbevist om at dette «med tiden utvilsomt vil skylle forfriskende inn over det europeiske kunstliv».[206]

Nydalen. Nordisk musikkfest i Oslo

Marie og Harald Sæverud flyttet inn i Hvoslef-familiens hus Villa Baltimore på Fjøsanger. Eiendommen var blitt overdratt Marie året i forveien, hennes medgift var derfor ikke ubetydelig akkurat. Harald Sæverud kom til duk og dekket bord. Ved skilsmissen hadde «Johnny» Isdahl og datteren overtatt Uncle Sam på Hop. De siste årene av deres ekteskap var denne bygningen blitt overdådig utsmykket av den kjente treskjæreren Ola Olsson Hjelle fra Os sør for Bergen. Dette lå i tiden, og inspirasjonskilden søkte man gjerne i stavkirkeinteriørene. På Gamlehaugen og i flere andre herskapshus i strøket kunne man finne lignende dekorasjoner.

Villa Baltimore var mindre enn Uncle Sam, og mer moderne utformet. Men da Harald Sæverud flyttet inn, skjedde det flere forandringer. Allerede i august 1934 ble navnet Villa Baltimore strøket, fra da av skulle stedet ganske enkelt hete Huset. Han fikk også innredet et rom som var skreddersydd for hans komponeringsarbeide, Hulen, som var helt skjermet fra resten av boligen. Dette rommet var som en forlengelse av kjelleren, og befant seg under jorden, med et vindu i den ene murveggen som pekte ut mot Nordåsvannet. Herfra var det en praktfull utsikt over dalen.

For å komme til musikkverkstedet måtte man gå gjennom kullkjelleren. En beskrivelse av Huset og Hulen står å lese i Tidens Tegn i desember 1937:

«Huset som er omringet av herlige gamle trær, måtte forseres som en festning, En mektig jernbeslått port beskytter komponisten mot uvedkommende personer. Det virket rent middelaldersk da en liten luke blev åpnet på gløtt og et øie stirret forskende på mig. Men jeg slapp inn og blev mottatt på det hjerteligste av komponisten og hans frue.

Inntrykket av å være i en festning tapte sig ikke da Sæverud tok mig med ned en smal trapp, gjennem en mørk kjeller, bare oplyst av en liten glassrute i muren. Målet var Hulen, det sted hvor den merkelige ekstatiske musikken Sæverud skriver blir til. I Hulen brenner det på peisen, og lyset fra ilden speiler sig i det sorte flygelet.» [207]

Det lå nitid planlegging bak Hulen. Særlig plasseringen av flygelet og arbeidsbordet var viktig. Det var et poeng at dagslyset måtte falle akkurat på flygelet. Til Morgenavisen i Bergen fortalte han at det var helt nødvendig å ha et sted hvor han kunne arbeide uforstyrret:

«… her har jeg ingenting over hodet mitt undtagen haven, så fredligere kan det ikke være. Men så var det jo også påkrevet at min kone og jeg ikke måtte forstyrre hverandre når vi begge komponerer, – hun er begynt så smått hun og. Hun har sitt flygel i i stuen, og kan absolutt intet høre her nede fra Hulen.»[208]

Takket være giftermålet med Marie Hvoslef, ble Harald Sæveruds praktiske situasjon snudd opp-ned. I økonomisk forstand satt de ganske godt i det, bidragene fra Hvoslef-formuen medvirket til det, og Harald Sæverud kunne etter hvert konsentrere seg helt om komponeringsarbeidet. Han trengte ikke lenger være kritiker i Bergens Tidende eller gi pianotimer til gjenstridige barn som ble sendt ham av ambisiøse foreldre. Marie la forholdene maksimalt til rette for at han kunne få utfolde sine talenter, og hennes egen komponering ble det nok heller smått med. I garasjen stod det til og med en flott Buick dersom de ville dra på søndagstur.

Han var knapt blitt etablert i Huset før han måtte på en ny reise. I september 1934 fant den nordiske musikkfesten sted i Oslo, og her stod Harald Sæveruds 50 variasjoner på programmet. Med Kong Haakon og kronprinsparet til stede ble verket mottatt med stormende applaus, og nå var også utenlandske kritikere i salen. Flere av dem registrerte at et stilskifte nå hadde funnet sted hos Sæverud. Mange var fortrolige med hans tredje symfoni, og Richard Hove i Dansk Musiktidsskrift var ikke i tvil om forandringen:

«Hvor forskjellig var ikke denne Sæverud fra den noget bredt filosofiske modernist, vi hørte i Helsingfors. – Her var en overraskende kunstnerisk Beherskelse, en lynende Intelligens og et vittig behandlet Orkester, og enda får Sæverud et stort Form-Skjema udenom det lilleputagtige med de 3 Takts Variationer».[209]

Den svenske komponisten Moses Pergament sporet en kjølighet i tonespråket han ikke kjente fra før. Han forestilte seg Sæveruds nye estetikk slik:

«Bara inga starka känslor, mina damer och herrar! Det är alldeles överflödigt i en tid, då världen håller på att gå upp i limningen under de mänskliga och omänskliga lidelsernas tryck. Hellre vara saklig, d.v.s. i ordets egentliga mening abstrakt musikalsk. Kan man därtil, som jag, ståta med humor og spiritualitet, så är det naturligtvis endast en förtjänst.»[210]

De hadde et poeng, dessuten er det tydelig at Harald Sæverud fra nå av orienterer seg mot ulike variasjonsprinsipper som struktureringsmiddel for komposisjonene. Dette blir ytterligere understreket i det neste verket, *Canto ostinato*, også det for orkester, og det første som ble fullført etter at komponisten hadde trådt inn i ektestanden. I *Canto ostinato* er det barokkens idealer som er inspirasjonskilden. Deler av stykket er nærmest utformet som en passacaglia hvor hovedtemaet får en serie gjentagelser og blir gjenstand for forvandling og fargelegging i orkestrets ulike instrumentgrupper. Men det er ingen streng bruk av det historiske forbildet.

Han tilegnet *Canto ostinato* Olav Kielland, som holdt det over dåpen den 16. november 1934 med Filharmonisk Selskaps Orkester. Det skjedde på en konsert hvor Fartein Valens Kirkegården ved havet stod på programmet, også det tilegnet Kielland. Men om de 50 små variasjonene hadde fascinert kritikerne, så fikk *Canto ostinato* en kjøligere mottagelse. For Aftenpostens utsendte representerte det en skuffelse, mens Nationens Ulrik Mørk etterlyste «ånden, musikken ... Fyll programmet med slike 'moderniteter', og Filharmoniskes tilhørerskare vil skrumpe enda sterkere inn». Jens Arbo i Morgenbladet var imidlertid meget begeistret og sammenlignet stykket med det foregående variasjonsverket:

«Stykket er suverent gjort og holder interessen fangen fra først til sist. Det fine vidd og det strålende humør, men også alvoret i den intellektuelle lek med form og instrumenter viser komponisten fra en lignende side som i sitt bekjente variasjonsverk for orkester.»[211]

Helt fornøyd med *Canto ostinato* var ikke Harald Sæverud. Han hadde gjort noen «instrumentasjons-eksperimenter», sa han, med det resultat at stykket var blitt uklart. Vinteren 1934–35 arbeidet han derfor med å rydde disse av veien, og høsten 1935 forelå *Canto ostinato* i sin endelige versjon til oppførelse i Harmonien.

Symfoni nr 2 i ny drakt

Like etter uroppførelsen av *Canto ostinato* i november 1934, hadde Olav Kielland kommet til Bergen for å presentere Symfoni nr 2 i ny versjon. Sæverud hadde altså lånt øre til innvendingene fra kritikerne. Noen voldsomme forandringer av verket var imidlertid ikke foretatt. Det var mer snakk om en omredigering enn om en nykomponering. Den tresatsige strukturen var fortsatt i behold, men han hadde rokkert litt om på satsene. Av finalen var det laget en ny førstesats, nærmest et kort forspill. Den opprinnelige førstesatsen hadde han flyttet til finalens plass, mens Andanten i midten forble hvor den hadde vært. Bare små korreksjoner var foretatt i hver av satsene.

I sin nye versjon fikk symfonien en bedre mottagelse i Bergen enn ved uroppførelsen. I Morgenavisen kunne man til og med lese at konserten hadde vært en «strålende aften», og de fleste aviser berømmet Olav Kielland for en mesterlig oppførelse. Komponisten var tidligere blitt beskyldt for ikke å ha hjertet med seg i dette verket, men nå var visst det også på plass. I Bergens Tidende tok anmelderen opp akkurat dette punktet:

«Han har hyppig forekommet mig som en noget kjølig innstillet, beregnende konstruktør, og jeg har ofte med beundring ikke evnet å forstå ham. Men igår vakte hans symfoni en umiddelbar følelse av skjønnhet. Dette kan ikke bare skyldes den helt fortrinlige utførelse orkestret gav den. Harald Sæverud er en søkende, eksperimenterende kunstner, men mon han ikke nu har funnet frem til sin egen form.»[212]

I løpet av våren 1935 ledet Kielland oppførelser av symfonien i Stockholm og Oslo. Særlig fremførelsen i Stockholm var vellykket, og komponistkollegaen Kurt Atterberg fastslo i Stockholms-tidningen at «Konstellationen Kielland-Sæverud gav ett friskt och strålande intryck av nordisk betonad musikalisk vitalitet».[213]

Men litt malurt i begeret var det også. «Mycket väsen och litet ull», stod det i Social-Demokraten, og Moses Pergament i Svenska Dagbladet var adskillig mer neddempet enn han hadde vært for *Canto ostinato* noen måneder i forveien. Nå syntes han Harald Sæverud i perioder lot orkestret «tugga luft», men han fant også at symfonien avslørte en «formgestaltande kraft» og en ikke uvesentlig lyrisk åre i den rolige midtsatsen.

I Oslo som i Bergen var de fleste kritikere overbevist om at verket hadde tjent adskillig på omarbeidelsen. Og som så mange ganger tidligere, så kom de mest negative bemerkninger fra Arbeiderbladet, denne gangen ført i pennen av Trygve Torjussen:

«Det er mig dessverre ikke mulig å få noen egentlig mening ut av disse spekulative motivbrokker og sammenstillinger. Er det selve motivene som ikke sier noe, eller er det mangel på logikk? Det hele virker som en tilsynelatende utmerket fektning – uten kårder – som en faretruende opmarsj – av tinnsoldater.»[214]

Norsk musikk. Grieg som utgangspunkt

Komponisten og pianisten Geirr Tveitt (1908–1981), Harald Sæveruds seksmenning, ble av mange oppfattet som den mest profilerte og provoserende talsmann for en nasjonal tonekunst på 1930-tallet.

Debatten om det norske i musikken fortsatte på 1930-tallet. Harald Sæveruds løsning var forsåvidt grei nok, han hadde funnet et utgangspunkt i feleslåttene fra Hardanger og i folkevisene fra Telemark. Nå var også nye aktører på vei inn på arenaen, og det begynte å tynnes i rekkene av de som forfektet det forrige århundrets romantiske estetikk. Interessen for folkemusikkens røtter hadde fått en renessanse, og en av dem som gikk lengst i sin nesten uhemmede omfavnelse av folkemusikken satt inn i en kunstmusikalsk ramme, var Geirr Tveitt. Hans første opus, en samling klaverinvensjoner etter modell av Johann Sebastian Bachs, var tilegnet de tre store M-er i norsk musikk, spillemennene Myllarguten, Mosafinn og Meland.

I mars 1932 ble Geirr Tveitts første klaverkonsert urfremført i Harmonien og Harald Sæverud var begeistret:

«Konserten er et forsøk på å fylle de store former med uforfalsket norsk musikk, med folkevisestemning og slåtter som bærende grunnlag. Det kan falle dårlig ut og virke lettkjøpt, men Tveit har gjort det meget morsomt med en pianistisk takknemlig solostemme og meget talentfull instrumentasjon … Som helhet var verket meget velskapt, morsomt og takknemlig.»[215]

Dette kunne være en vei å gå mente Harald Sæverud, det lå ikke særlig langt fra hans egne tanker om et norsk særpreg i kunstmusikken. Sparre Olsen var en annen som lot seg inspirere av folkemusikken på en måte som Harald Sæverud hadde sans for. Han hadde selv til og med dirigert Sparre Olsen-verker i Harmonien. David Monrad Johansen var han også i høy grad på bølgelengde med. Denne norskeste av de norske var en mann i stadig utvikling. Monrad Johansen hadde ikke stoppet opp med sagasvermeriet og middelalderromantikken som opptok ham på 1920-tallet. Monrad Johansen var også Fartein Valens gode venn og beundrer, og så tidlig som i 1928 hadde han skrevet pent om Arnold Schönberg og hans betydning for tonekunstens fremtidsperspektiver, selv om han kanskje ikke personlig akkurat likte den atonale musikken til østerrikeren.

I 1934 kom Monrad Johansens Grieg-biografi som straks ble meget populær. Her tegner Monrad Johansen et svært personlig bilde av den kjempende Grieg, en person nordlendingen selv må ha følt seg sterkt i slekt med, ettersom Grieg også hadde hatt som mål en sammensmeltning av det norske og det universelle til et helstøpt, nasjonalt uttrykk. For ettertiden skulle Grieg fremstå som den som langt på vei hadde lykkes med dette, men selv hadde Grieg ofte vært i tvil. Han var meget skuffet over at han ikke alltid hadde sine landsmenn med seg, særlig når det var tale om hans seneste komposisjoner.

Boken må ha truffet blink hos Harald Sæverud, og han skrev en begeistret omtale av Grieg-biografien i Bergens Tidende, full av lovord overfor forfatteren:

«Ingen har i våre dager bedre betingelser for å skrive boken om Edvard Grieg enn David Monrad Johansen. Som komponist har han stillet sig litt av de samme mål som Grieg og støtt på mange av de samme vanskeligheter. I kraft av sin parallelle innstilling kan han derfor se Grieg klarere enn nogen tidligere har gjort det, – han kan gi oss ham innenfra ... Monrad Johansen viser meget klart at ennu i vår tid venter de samme spørsmål på sin løsning som det var Griegs tunge skjebne ikke å få gitt fullgodt svar på. Til tross for en opslitende og i sitt forløp nedbrytende kamp maktet han ikke å finne den endelige kunstneriske form for de store syner han blev fylt av da han gjennem sitt møte med Nordraak, som i en åpenbaring fikk se hvilket veldig stoff og hvilke uante muligheter der ligget bundet i vår folkemusikk.»[216]

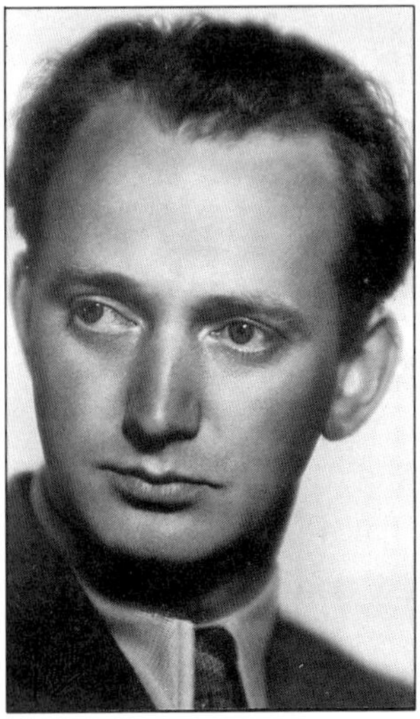

Komponistkollega Carl Gustav Sparre Olsen (1903–1984) beveget seg i et område mellom kunstmusikk og folklore som tiltalte Harald Sæverud. Han dirigerte flere ganger verker av Sparre Olsen med Harmoniens orkester.

Han har tydeligvis fått blod på tann av Grieg-boken. Noen måneder senere skriver han et brev til Monrad Johansen hvor han inviterer ham til sitt nye hjem: – «jeg kan ønske dig et hjertelig velkommen til Huset, bilturer, øl og hvad du ellers kunne like». Samtidig berører han det fellesskap han føler mellom seg og flere av sine kolleger:

«Sparre Olsen, Tveit, du og jeg skulde kunne ta Vestlandet ved hornene og avlure det disse hemmelighetene som Grieg og du har gjort oss rent gullgraver-hissig efter, når vi nu satte oss fore å se grundig igjennem alt det der. Med andre ord: du skal ikke være nødt til å nøie dig bare med mitt selskap alene.»[217]

Det er altså stadig folkemusikken i hardingfelens hjemdistrikt som pirrer ham, og bak det hele aner man hans felebyggende oldefar som et inspirerende gespenst.

Lucretia-musikken

Hans neste store prosjekt lå imidlertid fjernt fra den norske folkloren. Det gjaldt musikk til Shakespeare-Obeys Vold mot Lucretia for Den Nationale Scene i Bergen. Iscenesetter var Hans Jacob Nilsen, dengang helt fersk som teatersjef ved DNS. Han hadde høsten 1934 kommet vestover fra Oslo etter en sesong som leder for Det Norske Teatret, hvor hans moderniserte utgave av Jeppe på Bjerget hadde vakt voldsom oppsikt. I hansastaden skulle denne radikale teatermannen med årene komme til å sette mangt et tradisjonelt teatersinn i kok.

Hans Jacob Nilsen hadde vært tidlig ute og sikret seg de nordiske rettighetene til Vold mot Lucretia, og i oktober 1935 skulle det opp på DNS. Stykket var ikke et originalt Shakespeare-drama, det var en scenisk bearbeidelse av Shakespeares store dikt The Rape of Lucrece som den franske teatermannen André Obey var mester for. Teaterversjonen hadde vakt stor oppmerksomhet i utlandet.

Hans Jacob Nilsen hadde også sikret seg ypperlige medarbeidere til sin oppsetning. Hans Heiberg stod for oversettelsen, mens Per Krohg hadde ansvaret for dekorasjoner og kostymer. I rollen som stykkets hovedperson, romerinnen Lucretia, var Tore Segelcke hentet inn som gjest. Ansvaret for musikken lå altså i hendene på Harald Sæverud, men det var ikke en oppgave han gikk til med det letteste hjerte. Han måtte tenke seg om flere ganger, men:

«Heldigvis var teatersjef Hans Jacob Nilsens overtalelseskunst ikke til å stå for, og jeg er glad over at det blev mig som fikk den interessante oppgave å sette musikk til Shakespeare-Obeys tragedie. Eller rettere til å lytte mig inn til all den musikk som har ligget uforløst i dette gripende verk.»[218]

Stykket har et meget dramatisk sujett med handlingen lagt til det gamle Roma omkring år 500 f. kr. Lucretia, dramaets hovedperson og helt, blir voldtatt av den forhatte kongesønnen Tarquinius. Hun tar sitt liv etter skjendselen, og folket reiser seg mot tyrannen, som fordrives. Dermed innføres republikken under ledelse av Collatinus, Lucretias mann, og Brutus. Ved hjelp av Shakespeare og Obey skulle Harald Sæverud «lytte» seg inn i dette stoffet, som for ham fremstod med en sjelden musikalsk kraft:

«Så dypt musikalsk er denne diktning og Obeys dramatisering i sin fremadskridende form, at om man lot ordene klinge tilbake i toner … vilde denne tonende gjenklang av dramaets følelsesinnhold kunne stå alene – ikke som stillestående stemninger, men som oplevelse både for følelse og fantasi, – som 'absolutt' musikk.»[219]

Det var imidlertid ingen abstrakt musikk som kom fra Harald Sæveruds hånd. Han fulgte stykkets dramatiske utvikling, og understreket med beskrivende tonebilder. Disse anvendte han også i en orkestersuite hvor satsenes betegnelser gir et konsentrert og levende innblikk i stykkets innhold:

I Forspill. Aften i romersk krigsleir. Brutus' lovprisning av Collatinus' hustru, den kyske Lucretia, har vekket tyrannen Tarquinius' begjær.
II Lucretia spinner med sine terner. Tarquinius har hemmelig forlatt leiren og rider mot Rom i vill galopp.
III Lucretia sover.
IV Uhellsvanger natt. Tarquinius lister sig fra rum til rum og bryter inn i Lucretias sovekammer. Lucretias fortvilelse.
V Lucretia tar avskjed med Collatinus, som hun har budsendt.
VI Folket opprøres. Lucretia dreper seg.[220]

På bakgrunn av tidens realistiske spillestil fremstod Vold mot Lucretia som ganske uvanlig i sitt sceniske uttrykk, nærmest som en lett modernisert utgave av en gresk tragedie. Men istedet for antikkens kor foreskrev Obey to stemmer til å berette handlingen og skuespillernes følelser. For kritikere og publikum som var hjemmevant med Ibsen, var dette tyngre å svelge. Forestillingen balanserte på en knivskarp egg mellom det «ophøiede og det latterlige» som en av anmelderne uttrykte det. En annen kalte forestillingen for et «anstrengt påfunn istedetfor dramatisk nyskapning». Men Bergens store, utflyttede skuespillerinne Agnes Mowinckel var i byen og oppfordret folk til å utvide sin horisont gjennom en teaterproduksjon som hun fant var både «… spennende, intens og rik på uforglemmelige skjønnhetsinntrykk. Et kunstverk, hvor skuespillerne, musikken, maleriet og den skjønne ballade … smelter sammen i lykkelig og harmonisk forening».[221]

Det var teatrets faste dirigent Sverre Jordan som ledet orkestret i *Lucretia.* Harald Sæverud hadde fått tilbudet, men tiden hadde ikke strukket til. For en gangs skyld var Sverre Jordan meget positiv til sin kollegas musikk. Han syntes den var mer lettfattelig enn det han tidligere hadde hørt av Sæverud:

«… en vellykket avstikker til programmusikken … han har skapt et betydelig verk med sin *Lucretia*-musikk som på en fremragende måte gjennom motivarbeid, dramatisk spenning og stemningsskildring gir den interessante tekst og handling støtte og relieff. Men han setter qua scenemusikk store krav til ensemblet.»[222]

Sæverud kom rimelig godt fra kritikernes behandling, adskillig bedre enn forestillingen som helhet. Han ble berømmet for å ha komponert en musikk som fulgte handlingen «med intens uttrykksfullhet», og han hadde også strukket det musikalske uttrykket lenger enn til ren illustrasjon av det sceniske. En hovedinnvending var derimot at musikken ikke kom tilstrekkelig til sin rett i og med at orkestret befant seg bak scenen. Slik sett ble det jo virkelig bakgrunnsmusikk, men komponisten kunne ikke akkurat klandres for det. Og flere enn Jordan oppdaget nye sider i Sæveruds uttrykksregister. Folkemusikkforskeren og hardingfelespilleren Arne Bjørndal, som anmeldte forestillingen i landsmålsavisen Gula Tidend, var en av dem:

«Sæverud syner seg i denne musikken frå ein noko annan kant enn me til vanleg kjenner han frå fyrr. Musikken hans her hev ein roleg og klangrik instrumentasjon; det er ein myndig og sermerkt tonediktar som talar til oss gjennom denne musikken, som i det heile var ein verknadsfull bakgrunn for det som gjekk for seg på scena.»[223]

1935 var et meget godt år for Harald Sæverud, man kan nesten snakke om et gjennombrudd med hensyn til oppførelser. *Cinquanta variazioni piccole* ble fremført ikke mindre enn tre ganger bare i Tyskland, to av disse var i radio, og stykket var også å høre på konsert i København. En tungvekter som den andre symfonien hadde en lignende skjebne, i tillegg til konsertfremføringen i Stockholm i mars, ble den radiosendt i Berlin, Warszawa og Budapest, mens *Canto ostinato* stod to ganger på Harmoniens program.

I lys av dette blir 1936 nærmest en gedigen nedtur med kun et fåtall fremførelser. *Cinquanta variazioni piccole* fikk riktignok sin amerikanske debut i New York i februar, og i desember ble Symfoni nr 2 gjentatt med Filharmonisk Selskaps Orkester og Olav Kielland. Dette var imidlertid en viktig oppførelse, for mottagelsen var bedre enn oppførelsen halvannet år tidligere. Skal man dømme etter det langvarige bifall og alle fremkallelsene, kan man nå snakke om suksess. David Monrad Johansen var ikke i tvil om at Sæveruds store begavelse aldri tidligere hadde kommet til sin rett som denne gang, og malte sitt synspunkt ut i Aftenpostens spalter. Hans Jørgen Hurum i Norges Handels- og Sjøfartstidende syntes at Sæverud her hadde truffet noe ganske unikt:

«Det er tversgjennom ekte musikk som i all sin dristighet, sin gjæring og spendte uro allikevel skaper et organisk og dermed harmonisk helhetsinntrykk. Det er norsk musikk uten at norskheten er tilstrebt. [sic.] Vestlandsgemyttet slår ut i det frodigste stride fantasiliv. Dramatikken i verket er alltid tett og fast bygget op, men Sæverud eier også bergensk lyrikk av reneste slag.»[224]

Jens Arboe i Nationen kunne ikke annet enn å berømme Olav Kielland for at han hadde tatt symfonien opp igjen, og mente at den «bør bli et stående verk på vårt symfoniske repertoar».[225]

Suksessen understreket at Harald Sæverud nå var på

vei til å bli alment godtatt som symfoniker også i hovedstaden. Noen varig nedtur med hensyn til oppførelser representerte ikke 1936. Det var mer et «stille-før-stormen»-år, for i 1937 tok det seg opp igjen. Allerede i januar tok Olav Kielland med seg Symfoni nr 2 til Berlin, til hans debutkonsert med Berlin-filharmonien. Rammen rundt var kanskje ikke den mest sympatiske, ihvertfall ikke betraktet i etterpåklokskapens lys, det var nemlig den lokale avdeling av Die Deutsche Arbeitsfront NSG, «Kraft durch Freude» som stod som arrangør. På programmet fant man også David Monrad Johansens orkestersang I Vaagelidann med den fremragende sopranen Erna Berger som solist.

Konserten var tydeligvis en suksess, Berliner Tageblatt oppfattet Harald Sæverud som en tonekunstner som hentet mer inspirasjon fra det folkloristiske og naturbestemte enn i den absolutte musikkens verden. I en annen avis ble symfonien berømmet for sitt kraftige uttrykk, og komponisten for ikke å tråkke i allerede oppgåtte spor.

Her hjemme ble Harald Sæverud samtidig gjort til emne i en større artikkel i bladet Tonekunst. Artikkelen var ført i pennen av den danske kritiker og musikkskribent Richard Hove, og han viet stor plass til komponistens tre første symfonier. Hove betraktet Harald Sæveruds utvikling som en kontinuerlig rekke av eksplosjoner og revolusjoner. Intet hos ham kunne tilbakeføres til kontinuitet eller evolusjon, mente han, og fant i den andre symfonien en kunstner som søkte nye veier. Med forunderlig ekspansiv kraft sprang Harald Sæverud løs på sitt stoff og løsnet alle sluser for et klanglig skred.

Symfoni nr 3 var utgangspunkt for en mer generell karakteristikk, og Richard Hove oppfattet Harald Sæverud som en utpreget intellektuell tonekunstner «som i særlig grad har den lette hånds nådegave». Sæverud representerte også mye nytt i nordisk musikk, mente han:

«... en uborgerlig fantasi, hvis artistiske herredømme over stoffet ikke brukes til å la barokke motivstumper lage hundekunster, men til suverent å opbygge et vanskelig stof for vårt øre og vår hjerne. Det er musikk av dimensjon, en merkelig erupsjon av en ung nasjon uten tradisjoner, men med naturtalentet ufordervet i folkegrunnen.»[226]

En ny symfoni av Harald Sæverud var en like stor kunstnerisk begivenhet som en ny bok av Knut Hamsun eller Sigrid Undset, hevdet Richard Hove, som nå imøteså komponistens fjerde symfoni.

Sæverud var på dette tidspunkt kommet godt i gang med nr 4, samtidig som han var i ferd med å legge siste hånd på en konsertsuite bygget over musikken til Vold mot Lucretia. Suiten ble uroppført i Harmonien i april 1937. Han hadde egentlig ikke hatt i tankene å komponere en ny symfoni på dette tidspunktet, han skulle bare lage et lite «rekreasjonsverk» ved siden av arbeidet med *Lucretia*-musikken. Men temaet som han hadde startet med bare vokste og vokste, og tilslutt satt han der med Symfoni nr 4.

Før uroppførelsen av den nye symfonien i Oslo på slutten av året, ble han spurt av Dagbladet om tilblivelsesprosessen. Naturelskeren svarte med å anvende bilder fra omgivelsene omkring seg:

«I kimen skal nedlegges det som skal utfolde seg i symfonien, ellers blir det et tomt skall, et skjema. Motivet går så i hodet mitt og helst går jeg ut i skog og mark for følingen med naturen gir svar på om tingen er ekte eller ikke. Temaet er også så nytt for komponisten selv så heller ikke han er så sikker til å begynne med.»[227]

I dette verket har Harald Sæverud for første gang tatt skrittet over til den ensatsige symfoniformen. Den var tilegnet Harald Heide som skulle lede uroppførelsen med Filharmonisk Selskaps Orkester, men Heide ble syk og Harald Sæverud måtte steppe inn.

Symfoni nr 4 er ikke enkel å dirigere, så spekket som den er med polyfone og fugerte partier. Det er en større grad av flerstemmighet her enn det man finner i Sæveruds tidligere verker. I mangt og meget er symfonien også mindre høyrøstet, uttrykket mer abstrakt enn tidligere, noe som ble bemerket av David Monrad Johansen:

«Det er ikke ofte vi i nutidens musikk treffer en slik forening av sprudlende opfinnsomhet og overlegen teknisk evne … Vi får her et mere intimt innblikk i komponistens psyke enn i noget tidligere verk. Men fremdeles har hans musikk noget visst asketisk over sig, og det er blottet for ethvert sensuelt preg, og dette i forbindelse med den høie tekniske standard, er kanskje en av årsakene til at han ikke alltid i første omgang formår å vinne publikum for sig.»[228]

Også Dagbladets Pauline Hall var langt på vei overbevist om symfoniens kvaliteter, og hun fant at den var

«… klarere i linjespillet enn de andre symfonier jeg kjenner fra hans hånd, det er lettere å følge de melodiske periodenes fantastiske løp gjennem orkestret … Klangkontraster finner vi mindre av denne gangen, dess virkningsfullere er motsetningene når de kommer.»[229]

Dirigenten Sæverud ble også sympatisk kreditert av de fleste, bare Per Reidarson i Arbeiderbladet fortsatte i sin egen taktart og hakket videre på komponisten. Men denne gang kunne man faktisk spore noen mikroskopiske komplimenter også fra det hold:

«Det er et besynderlig usammenhengende preludium, med skiftende homofon og polyfon utarbeidelse, gjennemgående av god, undertiden interessant klang, men også nu og da skjærende disharmonisk. Verket synes ikke å ha noe poetisk formål, tonene bare løper omkring der og leker sisten. – Det er underlig at den nu 40-årige Sæverud ikke ennu har søkt å tilegne sig en bedre komposisjonsteknikk, men finner seg tilfreds med en slik formålsløs tonelek, som ikke forteller stort annet enn at autor har et visst fikst grep på instrumentasjon.»[230]

Harald Sæverud, det ubestridte talent, men også litt av et

«enfant terrible», nærmet seg virkelig en generell anerkjennelse. Det kunne ha flere årsaker, deriblant den særnorske at man helst skal oppdages i utlandet før man fortjener hjemlandets akseptering. Det var jo med tiden blitt ganske mange oppførelser av ham utenfor landets grenser, og mange positive artikler i utenlandske tidsskrifter.

I desember 1937 kom Morgenavisen i Bergen på besøk i Huset på Fjøsanger og intervjuet ham til en serie de kalte «Bergenske kunstnerprofiler». Sæverud ble spurt om hva han syntes om det bergenske musikklivet. «Musikk-livet i Bergen er bare Heide!» svarte han. – «Han er det nærmest som gjør at her kan sies å være litt av et musikkmiljø, – går han, går miljøet med det samme.»[231]

Intervjueren må ha vært meget imponert over artiklene av de utenlandske skribenter, for han refererte stadig vekk til disse, deriblant fra Richard Hoves store analyse som også hadde vært på trykk i Nordisk Tidsskriftuttalelser. Han avrundet sin portrettartikkel med en beskrivelse av Harald Sæverud som er interessant sett fra den tidligere så skeptiske avisens ståsted. Den gir også et bilde av omgivelsenes oppfatning av Harald Sæveruds posisjon i hjembyen.

«Sæveruds stilling i vårt eget – Bergens – musikkliv er idethele litt skjev. Han har ikke 'forstått å innpasse sig'! Han behøver ikke å slite trapper nogen steder, og det verste er at den gang han egentlig behøvet det, gjorde han det heller ikke!

Han har alltid vært steil og avvisende, egenskaper som nok skaffer ham motbør, men som jo også er håndgripelige tegn på karakter, vilje og begavelse. Sæveruds musikk er i høi grad preget av disse egenskaper. Han har forutsetninger for å bli en virkelig stor kunstner, – av verdensformat.

Hvis han ikke allerede er det!»[232]

Harald Sæverud var i ferd med å bli profet i egen by, på tampen av et turbulent tiår i europeisk politikk. I 1938 ble han også medlem av programrådet i Harmonien, noe som virkelig var et tegn på at han var kommet inn i varmen. Blant rådets øvrige medlemmer fant man Harald Heide, den eneste han respekterte i det lokale musikkmiljø, og Sverre Jordan som gjennom årene kanskje hadde vært hans hovedmotstander med hensyn til musikalsk stil og smak. Elegantieren, bymannen og romantikeren Jordan stod nok fortsatt temmelig fjernt fra Harald Sæverud i det meste, og selv om de kom til å respektere hverandre, ble de aldri nære kolleger. Harald Sæverud var for mye opprører til det.

Siljustøl blir til

Det var ikke bare komposisjonene som vokste frem i Huset på Fjøsanger. I desember 1935 kom familiens førstefødte til verden, den lyshårete Sveinung. To år senere, i januar 1938, var det Tormods tur. De var plutselig en hel familie, og Harald Sæverud trivdes meget godt i sin nye til-

En stolt nybakt far. Harald Sæverud med sin førstefødte Sveinung utenfor «Huset» i Nydalen.

Marie Hvoslef Sæverud malt av Bozidar Jakac i 1936.

værelse. Det daglige nærvær av kone og barn hadde en mildnende virkning på komponisten, og det fremmet inspirasjonen. Allerede i 1934 hadde han understreket dette i et intervju. Påvirkning fra Marie hadde også vært medvirkende til at han reviderte sin andre symfoni, det skyldtes altså ikke bare kritikernes negative holdning til verket.

I Huset samlet han sine venner og gjester. I 1936 inviterte han sin slovenske venn Bozidar Jakac til Norge. Han ble engasjert til å male portrettene av de tre viktigste kvinnene i Harald Sæveruds liv: mor Cecilie, fru Marie og svigermor Sella. Kjempebilder i Jakac' poetisk-realistiske stil. Cecilie Sæverud i sort kjole og et varmt smil, mot en mørk bakgrunn hvor Lyderhornfjellet er den sentrale detalj. Marie og Sella i interiørmiljøer, Marie stående oppreist i en stilren, rustrød kjole, Sella Hvoslef sittende i en stol, med idealiserte, lett foryngede trekk.

Men for Harald Sæverud var ikke Huset fremtidsboligen. Han så for seg noe som lå høyt og fritt ute i naturen. I flere år gikk han lange turer i Bergens omegn, gjerne sammen med sin venn Sigmund Torsteinson, de var på leting etter en ideell tomt. Det var viktig at man kunne se havet fra eiendommen. I Rådal, ikke så langt fra der Bergen lufthavn i dag ligger, kom han over et område som så passende ut. Det var 120 mål skog og utmark i det samme strøket hvor Waldemar Hvoslef i sin tid hadde jaktet rugde sammen med Christian Michelsen. Lille julaften 1937 ble skjøtet undertegnet, men ikke lang tid senere ble eiendommen utvidet med ytterligere 60 mål. Sella Hvoslef betalte regningen, det var hennes bryllupsgave til Marie og Harald.

Han hadde først falt for en tomt som lå ved Lofthus i Hardanger, i de samme egner hvor Edvard Grieg hadde bygget en komponisthytte og skapt flere av sine fineste komposisjoner. Harald Sæveruds ønsketomt hadde en strime av land som strakte seg helt opp til Hardangervidda, og var akkurat det bymannen og naturfantasten Harald Sæverud drømte om. Men fru Marie så ikke for seg en tilværelse i Hardanger og fikk ham til å oppgi den. Hun fikk også sin vilje igjennom når det gjaldt grunnplanen for huset i Rådalen. Harald Sæveruds opprinnelige idé hadde vært å bygge en moderne utgave av en støl med flere hus i en klynge. Marie Sæverud kunne imidlertid ikke tenke seg å gå utendørs for å komme til badet eller soveværelset. Alt måtte være under samme tak, og slik ble det.

På tomtens høyeste punkt, med et gløtt til havet og utsikt over store deler av Fana kommune, skulle huset stå. Siljustøl ble navnet på hele eiendommen, ikke bare huset. Støls-endelsen var en etterlatenskap etter hans opprinnelige støls-idé, men ordet «støl» hadde for Harald Sæverud en videre mening enn en gruppe bygninger, det var langt på vei betegnelsen på verdens sentrum, stedet midtveis mellom natur og kultur. Forstavelsen «silju» var inspirert av Christian Skredsvigs maleri Gutten med seljefløyten eller

Som kongsgården i folkeeventyrene kneiser Siljustøl på det høyeste punkt av den 170 mål store eiendommen i Rådal, i den tidligere Fana kommune. Sommeren 1939 fant innflyttingen sted.

Siljufløiten som det også er blitt kalt. Først etter at huset var kommet opp, ble det plantet en selje som tuntre.

Harald Sæverud hadde meget bestemte ideer om hvordan hans hjem skulle se ut, men hvem kunne påta seg å utforme huset for en så spesiell byggherre? Valget falt på Ludolf Eide Parr. Med en alder på 32 år i 1937 var han en av de yngste i det bergenske arkitektlauget, derfor måtte han også være en av de minst påståelige, mente Harald Sæverud. Parr var utdannet ved NTH i Trondheim og hadde arbeidet en periode hos bergensarkitekten Fredrik Ludvig Konow Lund. Deretter var han ansatt hos arkitekt Ole Landmark i Bergen, hvor han ble involvert i store byggeprosjekter som omfattet Storetvedt kirke i Fana kommune, og den adskillig mer funkispregede Bergens Kunstforening.

Siljustøl var Ludolf Eide Parrs første selvstendige arkitektoppgave, og her fikk han ikke bare hendene fulle, han hadde også muligheter som må ha fortonet seg som en drøm for en arkitekt uansett alder. Det var nemlig tilsynelatende ubegrensede midler til rådighet under byggingen, for nok en gang var det Sella Hvoslef som stod bak. Huset, som tomten, inngikk også i bryllupsgaven til Marie og Harald Sæverud. Og Eide Parrs utfordring var å utforme ideene som sydet og kokte i Harald Sæveruds fantasi, fra husets grunnplan til dørhengsler og vindusdetaljer.

Selv om Harald Sæverud var aldri så meget vestlending, så hentet han ikke ideene til Siljustøl fra landsdelen. Han var blitt fascinert av gamle stabbur og våningshus i Setesdal og Telemark, trauste og solide byggverk med dåm av århundredype tradisjoner. Werenskiolds og Kittelsens tegninger i Asbjørnsen og Moes folkeeventyr var også en inspirasjonskilde. Han elsket bildene av kongen på trammen med langpipen i hånden. Tjærebredd furu og grå granitt er de eksteriøre byggematerialene, materialer i pakt med naturen.

Innendørs er det også stein som kommer en i møte, og mye ubehandlet treverk. Her aner man påvirkning fra Ludolf Eide Parrs læremester Konow Lund, som ofte anvendte nettopp disse byggematerialene i mange av privatboligene han var mester for i bergensområdet. Med værhane på toppen, kombinert med lynavleder, og «klokketårn» slik man finner det i mange av eventyrtegningene hos Asbjørnsen og Moe, er det ikke å forundres over at beskrivelsene av Siljustøl i et utall artikler gjerne har hentet sine sammenligninger nettopp fra folkeeventyrene, med Soria Moria slott som kanskje den vanligste.

Men inspirasjonskilder til tross, Siljustøl er så særpreget at dets make ikke finnes noen andre steder. Bare størrelsen er et kapittel for seg. Med en brutto grunnflate på over 900 kvadratmeter kunne bygningen måle seg med landets største privatboliger i sin tid. «Det er så meget sten i Deres musik», skal Sæveruds professor i Berlin engang ha sagt. «Jeg elsker sten», svarte musikkstudenten fra Bergen. På Siljustøl fikk han på det grundigste understreket akkurat dette faktum. Åtte utganger fører rett ut i naturen, og adskillig munterhet er i årenes løp spunnet rundt husets seks WC-er, hvorav et er av den enkle sør-europeiske typen med hull i gulvet og porselens-bidet ved siden av. Men på dette punktet var byggherren klinkende klar, for «i sådanne forretninger» skal man absolutt ikke stå i kø!

Det mest spesielle med huset er likevel oppvarmingen. Her var Harald Sæverud langt forut for sin tid. Han fikk utarbeidet et system for takvarme, Norges første, som består av store metallplater som er montert som takplater med elektriske varmeelementer bak. Dermed stråler varmen nedover. Et eget lavspenningssystem ble konstruert for å forsyne takene med nødvendig energi. Et slikt system var imidlertid ikke uproblematisk, særlig ikke for forsikringsselskapet som i første omgang nektet å forsikre huset av redsel for at denne nymotens konstruksjonen skulle sette fyr på hele bygningen. De elektriske ledningene, både til og i huset, var dessuten skjult, nedgravd i jorden utenfor, og lagt i rør i murene og bak panelene inne. Vannrør av metall betraktet Harald Sæverud som en vederstyggelighet, derfor var de på Siljustøl av porselen.

Omfanget på byggearbeidene var meget omfattende, og holdt 52 mann beskjeftiget i nærmere tre år. Og det var ikke bare oppføringen av selve Siljustøl-huset det gjaldt. Eiendommen befant seg godt utenfor allfarvei, derfor måtte det også anlegges kjørevei inn til tomten. Denne ble nærmere en kilometer lang, og Harald Sæverud var pålagt å sørge for vedlikeholdet av den. Veilys ville ha kostet en formue. Men nok en gang fant hans kreative fantasi en løsning. Veien ble bestrødd med en spesiell hvit kalk fra distriktet, kalk som hadde en konsistens nærmest som moderne oljegrus. Med hvit vei var det derfor ingen problemer å dra til Siljustøl selv på svarteste natten, og helt unødvendig å utstyre den med tradisjonell belysning.

Canto ostinato i Göteborg. «Vi kan»-utstillingen i Oslo

Harald Sæverud voktet sine bygningsarbeidere som en smed, og var raskt på pletten for den minste antydning av skjevheter og slurv, men iblant måtte han forlate Bergen og Siljustøl når noe spesielt var på gang. I februar 1938 lokket Nordiska Musikmässan i Göteborg, og *Canto ostinato* var blant de utvalgte norske verkene. Det forelå nå trykket på Norsk Musikforlag, og hadde allerede gått en pen runde i mange av orkestrene på kontinentet og i Norden.

Men mottagelsen av *Canto ostinato* i Göteborg var ikke bare entusiastisk. I Svenska Dagbladet stod det at de norske bidragene var festivalens svakeste, og avisens kritiker syntes også at Harald Sæveruds *Canto ostinato* hadde et kjedelig preg av «cerebral spekulation». Den strenge Pauline Hall var også på plass på Musikmässan, men reagerte på stikk motsatt vis av sin svenske kollega. Det var tydeligvis første gang hun hørte verket, og til Dagbladets lesere kunne hun berette at *Canto ostinato* ikke bare hadde vært kveldens suksess, det var også det beste hun noen gang hadde hørt av Harald Sæverud, som hadde fått en varm og begeistret mottagelse av publikum. Noen måneder senere skulle verket nå ut til enda nye publikumsgrupper gjennom NRKs «Europakonsert» i Oslo. Da ble *Canto ostinato* overført til ikke mindre enn 18 radiostasjoner på kontinentet og i USA.

Om høsten finner vi Harald Sæverud igjen i Oslo. Han deltar først på «Vi Kan»-utstillingen hvor det blir arrangert tre orkesterkonserter med norsk program som ledd i det kunstneriske tilbudet. Av Harald Sæverud skal man spille *Lucretia-suite* som dermed får sin konsertdebut i hovedstaden. Like i forveien har verket hatt suksess i København med Odd Grüner-Hegge på dirigentpulten, og han leder også denne oppførelsen i en akustisk håpløs kongresshall som tjenestegjør som konsertlokale under messen. Med kongelig nærvær og glisne benkerader gjennomfører Grüner-Hegge konserten på en forbilledlig måte, og mottagelsen er meget vennlig både for dirigent og komponist.

Dette var første gang at Harald Sæverud fremstod i Oslo med scenemusikk, og mottagelsen var blandet. Per Reidarson var denne gang fraværende fra Arbeiderbladets spalter, men avisen hadde klart å finne en anmelder – Gustav Berg-Jæger – med omtrent like indignert pekefinger som Reidarsons. Sæveruds *Lucretia-suite* syntes han var den reneste ørkenvandring:

«... illustrasjonsmusikk med mange og besynderlige lydeffekter, spekulativ musikk uten noen befriende og ekte følt musikkglede. Dertil kommer at denne musikk – hvis en ikke har teksten foran sig – jo kan være en skildring av hvad som helst annet enn det den er ment å bety. At dette tonesmøreri har vært trukket frem for å representere norsk musikk utenlands, slik som det hendte nylig, må gi utlendingene et bekynringsfullt inntrykk av hvordan det idag står til med tonekunsten i Griegs og Svendsens fødeland.»[233]

David Monrad Johansen fant imidlertid at Harald Sæverud også behersket det billedskapende felt og var positiv.

Foreningen Ny Musikk opprettes

I forbindelse med oslobesøket og «Vi kan»-utstillingen, ble Harald Sæverud involvert i arbeidet med å opprette en norsk seksjon av det internasjonale selskap for samtidsmusikk, ISCM. Sammen med Pauline Hall og fløytist Per Wang stod han som innbyder til stiftelsesmøtet på Hotel Continental den 17. september 1938. Hit ble «Norske komponister, musikere, sangere og orkesterdirigenter som interesserer sig for Norges innmeldelse i det internasjonale musikkselskap» invitert.

De 18 personene som møtte opp, utgjorde en broget forsamling. Alle retninger var tilsynelatende representert, her satt «valsekongen» Reidar Thommessen side om side med komponister som Klaus Egge, David Monrad Johansen og

Arne Eggen. Foreningens navn ble «Ny Musikk», og allerede fra starten ble det dermed slått fast, om enn indirekte, at dette skulle være en forening for det nyskapende på tonekunstens område, et imperativ som forøvrig omfattet den internasjonale moderforeningen også. Forsamlingen valgte Pauline Hall som formann, mens Harald Sæverud fikk vervet som nestformann.

Komponisten Pauline Hall (1890–1969) tilhørte den lille gruppen av norske impresjonister. Hun var i en årrekke en innsiktsfull og modig kritiker i Dagbladet og en fin støtte for Harald Sæverud. De var medstiftere av foreningen Ny Musikk i 1938, en forening hun ledet til 1961.

ISCM (International Society for Contemporary Music) hadde sett dagens lys i Salzburg i 1922, og selskapets mål var å fremme den moderne musikkens interesser, i særlig grad den som i liten grad fant veien til de ordinære konsertprogrammene. ISCM var derfor i det vesentlige et forum for eksperimentell musikk. Hovedkontoret befant seg i London, og der aksepterte man Ny Musikk som selskapets norske seksjon, men penger til medlemsavgiften i det moderselskapet var det imidlertid smått med. Harald Sæverud punget derfor ut med kontingenten av egen lomme.

Det første Ny Musikk måtte ta fatt på, var å fremskaffe verker til den kommende ISCM verdensmusikkfest i Warszawa i april 1939. En tremannskomité ble nedsatt, og i desember forelå innstillingen. Åtte verker var veiet og funnet tunge nok, deriblant Harald Sæveruds fjerde symfoni. Nå fulgte en ny vurdering i Warszawa som skulle avgjøre den videre skjebne. Men det gikk ikke så bra for de norske forslagene. Den internasjonale juryen fant ikke plass til noen av dem på det offisielle program. Det hadde sannsynligvis sammenheng med at juryen også hadde fått tilsendt 8 verker fra komponisten Marius Moaritz Ulfrstad som gjorde krav på å representere Norge i ISCM. Ulfrstad hadde tidligere vært formann i Unge Tonekunstneres Samfund, og nå påstod han at denne foreningen i lang tid hadde vært den norske ISCM-seksjonen.

I kjølvannet etter stiftelsesmøtet hadde Ulfrstad stått bak en voldsom pressehets, særlig rettet mot Pauline Hall. Da hans «alternative» notepakke dukket opp i Warszawa, sperret man naturlig nok øynene opp i ISCM, og striden mellom de to norske seksjonene var også emne under de offisielle møtene under musikkfesten hvor både Ulfrstad og

Pauline Hall var til stede. Det endte med at ISCM skar igjennom og stadfestet at Ny Musikk skulle representere Norge, men striden kostet adskillig oppmerksomhet for styret det første året.

Harald Sæverud tok sitt verv som nestformann i Ny Musikk meget alvorlig. Han var ofte i Oslo i anledning foreningens virksomhet, og fikk dermed utdypet sine kontakter med hovedstadens innflytelsesrike musikkmiljø. Ny Musikk skulle også bli viktig for hans internasjonale kontaktnett, særlig utenfor Norden hvor han forlengst var et etablert navn, ihvertfall i musikkretsene. Selv om hans fjerde symfoni ikke fant veien til programmet i Warszawa i april 1939, så stod man i Göteborg parat til å fremføre hans musikk også under den tredje nordiske musikkmessen i februar dette året. Nå var det duket for uroppførelse av hans splitter nye obokonsert.

Nye oppførelser i Göteborg

Göteborg var i mellomkrigsårene et lite eldorado for moderne nordisk musikk. Motoren bak denne satsningen var Göteborg orkesterförenings sjefsdirigent Tor Mann, og orkestret han ledet hadde vært den viktigste inngangsporten for Harald Sæveruds musikk til Sverige. Hans debut i Göteborg hadde funnet sted i 1921 med *Symfonisk Fantasi* dirigert av Mowinckel. Det var dengang Carl Nielsen hadde fått ørene opp for den unge bergenseren. Siden hadde de fleste av Sæveruds orkesterverker vært å høre med dette orkestret.

I 1939 var det tredje året på rad at man arrangerte en «musikmässa» i Göteborg. Obokonserten som nå skulle opp var komponert for den svenske oboisten Rolf Lännerholm som tidligere hadde vært solooboist nettopp i Göteborg. Nå satt han på den samme plassen i Kungliga Hovkapellet i Stockholm, så stort bedre solist var det vanskelig å oppdrive på disse kanter. Med Tor Mann på dirigentpulten var det duket for en optimal oppførelse av Harald Sæveruds første solokonsert. Han hadde riktignok skrevet en cellokonsert på begynnelsen av 1930-tallet, men den anså han seg enda ikke ferdig med. Den forelå foreløpig bare i utgave for cello og piano.

I det ytre har obokonserten et vanlig tresatsig mønster, men Harald Sæveruds mål hadde vært å styre unna den tradisjonelle konsertformen på innholdssiden. I en programskisse tyr han nok en gang til bilder fra naturen når han skal beskrive verkets tilblivelsesprosess:

«Komponisten har ikke ment å ville fylle en gitt form med melodier og passende krumspring for obo, men forsøkt å la oboen selv være formbestemmende, ved å la dens egenart velge sine temaer og dernest la disse temaer vokse fritt frem ved sin egen vekstkraft og sine utviklingsmuligheter.

Form skal efter komponistens mening ikke være betingelsen for innholdet, men resultatet av temaenes egne utviklingsmuligheter – deres iboende vekst – og spirekraft, Komponisten har plantet sine temaer i oboens sommerlige have … og oboen foretar tilslutt innhøstingen, – håper det ikke blir noget uår.»[234]

Lännerholm fikk glimrende omtale for tolkningen, men verket ble nærmest slaktet. Sæveruds kollega Gösta Nystrøm, sammen med flere andre anmeldere, fant konserten altfor lang. Det var greitt nok med spiring og vekst, men hvor ble det av den tematiske utviklingen? Nystrøm mente at konserten ville blitt fortreffelig dersom komponisten hadde konsentrert stoffet i tre korte satser, fordi dens «… spröda och vitsigt jonglerande melodiska och rytmiska anslag hör till något av det mest delikata vi hört i nyare musik.»[235]

Knut Bäck i Göteborgs-Posten syntes det hele lignet mer på en instrumental hønsegård enn noe annet, mens Göteborgs-Tidningens anmelder aldri hadde opplevet noe tørrere enn denne konstruksjonen. Byens fremste kritikerautoritet Julius Rabe, mannen som tidligere hadde trukket Sæverud frem som noe av det mest interessante i nordisk musikk, hadde en mer nyansert oppfatning enn sine kolleger. Han kom også med noen interessante observasjoner om konsertens tonespråk:

«Denna komponist är unekligen något för sig och hans nya verk är inte lätt att klassificera. Nog föreföll det som om denne gång hans fantasi tagit sin utgångspunkt i oboens skalmejaklanger och dess pastoralt spröda melodik. I denna stil har han också här åstadkommit något aldeles utsökt, visseligen ofte egenvilligt och capriciöst, men också med en säregen ømhet i det melodiska linjespelet.»[236]

«Pastoralt spröda melodik», «säregen ømhet». Jo, det lyriske element var nå blitt mer fremtredende hos Harald Sæverud. Dr. Rabe hadde merket det i obokonserten. Lignende trekk hadde andre påpekt i *Lucretia*-musikken og i Symfoni nr 4, verkene som lå i umiddelbar forkant av obokonserten. Det var skjedd en avklaring og moderering av Harald Sæveruds tonespråk, selv om det fortsatt fantes skarpe kanter, spisse dissonanser og utfordrende klanger. Dette stilskiftet kommer særlig til syne i de to verkene som etterfulgte konserten, et divertimento for fløyte og strykere og den første samlingen med *Lette stykker for klaver*, begge fra 1939.

1940–1950

Innflytting på Siljustøl. Krigen kommer

At Harald Sæverud kom til å moderere sitt musikalske uttrykk hadde flere årsaker, men den viktigste var nok at han hadde fått en familie. Kone og to små gutter tok stadig mer av hans oppmerksomhet, det virket «foryngende på min fantasi og skaperevne,» som han selv sa det. I 1939 kunne den lille familien også flytte inn på Siljustøl. Det skjedde i begynnelsen av juli, og deres nye hjem tok i mot dem på en måte som med all tydelighet fortalte hvor de var kommet: «Siljustøl Anno 1939» stod det med store snirklete bokstaver på inngangsdøren. Noen uker senere var familien blitt fem, den 19. juli kom Ketil til verden på Siljustøl.

Ikke mindre enn 63 rom hadde familien å boltre seg på, og det L-formede huset var inndelt i klare seksjoner. Det var egne fløyer for barna, og for de tre hushjelpene. I tredje etasje i kort-fløyen befant soverommene for Harald og Marie seg. I tilknytning til hennes var det et bad og en liten stue, hans soveværelse var knøttlite, ikke større enn at en veggfast seng av «setesdals»-typen fikk plass. Ifølge byggherren var et soveværelse et sted hvor man sover, ikke noe oppholdsrom. Fra soverommet kunne han gå rett inn i arbeidsværelset som var utstyrt med flygel, skrivebord og en hvilesofa. Herfra hadde han en praktfull utsikt vestover mot havet, og han kunne overskue det meste av eiendommen.

Storstuen som med rette fortjener dette navnet, lå i etasjen under, og størrelsen på rommet fikk flygelet i det ene hjørnet til nærmest å virke som et dukkeinstrument. Den innerste veggen i grå natursteinsmur var dominert av en ruvende klebersteinspeis. Med stort og smått innholdt huset

Harald Sæverud i den rustikke storstuen på Siljustøl. Takplatene inneholder komponistens egenkonstruerte varmesystem. I bakgrunnen Bozidar Jakac' portrett av Madsella Lorentze Hvoslef, damen som ga både eiendommen og det gedigne huset i bryllupsgave til sin datter og svigersønn. Det ble en kostbar presang, men da hun så det endelige resultatet, skal hun ha vært meget fornøyd.

83 dører som alle var forskjellig utformet og dekorert. Mange av fargene var inspirert av blad, steiner og røtter fra eiendommen på Siljustøl, omhyggelig blandet i de rette valører.

Men Harald Sæverud ville gjøre mer ut av «stølen». Han ville ha dyr på gården, og som en ekte fjellbonde skaffet han seg geiter. De kom fra Eksingedalen, midtveis mellom Voss og Sognefjorden. Han dro selv dit for å lære geitehold, og ble en mester i å melke dyrene. Men selv om hans mål var å beholde Siljustøl som en naturpark, trengte han hjelp til å drive stedet og ta seg av geitene. Derfor var det i mange år ansatt dreng på Siljustøl. Han hadde ansvaret for dyrene og tok seg ellers av allehånde forefallende arbeide. Drengen var nærmest som en vaktmester. I starten var det faktisk like mange tjenere som familiemedlemmer på Siljustøl.

Siste halvdel av 1930-tallet hadde vært en urolig

tid. På kontinentet vokste spenningen, og krigsfaren var tiltagende. Hjemme var det også politisk polarisering mellom venstrekreftene og de ekstreme høyrekreftene med Quisling i spissen. I 1935 var regjeringen Nygaardsvold kommet til makten som den første arbeiderpartiregjering med reell politisk innflytelse.

I musikklivet var det stadig debatten om det nasjonale kontra den utenlandske innflytelse som pågikk, men ikke helt på samme måte som før. Geirr Tveitt hadde utviklet seg til å bli nasjonalisten med stor N. Etter studieår i Leipzig, Wien og Paris var han kommet tilbake til hjemlandet i 1934, og via et intermezzo i Hardanger hadde han slått seg ned i Oslo. Her hadde Harald Sæveruds fjerne slektning vakt oppsikt som en glimrende pianist og en fargerik toneskald. Hans kunstneriske høydepunkt i konsertsalen var utvilsomt fremførelsen av ballettmusikken til Baldurs draumar med Filharmonisk Selskaps Orkester i 1938. For å få frem den rette norrøne klangen var ikke mindre enn tolv slagverkere i sving. Ni spesialkonstruerte trommer som var stemt pentatonisk, inngikk i instrumentariet.

Men vinduet mot Europa var åpnere enn før. Også en nasjonal skikkelse som David Monrad Johansen hadde følt behov for å nyorientere seg. Flere ganger på 1930-tallet hadde han hatt studieopphold hos komponisten og musikkteoretikeren Herman Grabner i Leipzig, og resultatet var komposisjoner som nærmet seg den neoklassiske stil. Harald Sæverud beveget seg også mot neoklassisismen, man ser det gjennom forenklingen av tonespråket, og i valg av musikksjangre. Mens symfonier og ruvende orkesterverker tidligere hadde vært hans foretrukne former, så begynte han nå å komponere i mindre formater.

Den første samlingen karakterstykker for klaver ble til i 1939. Det er korte, programmatiske tonebilder som var inspirert av familiesituasjonen og naturen på Siljustøl, og tilegnet de som stod ham aller nærmest:

1. Småsvein-gangar. Til Sveinung!

2. Syljetone. Til min søster Hildur!

3. Silkesokkslåtten. Til Tormod!

Rondo amoroso, Harald Sæveruds kjæreste komposisjon, som ble til som en musikalsk samtale med den lille Sveinung. Stykket har også hatt tilnavnene «Ville blomster på en barnegrav» og «Bedrøveten». *Rondo amoroso* ble opprinnelig komponert for klaver, men kort tid etterpå laget Harald Sæverud en versjon for obo, fagott og strykere. I denne form fant uroppførelsen sted i 1941.

4. Gjætlevise. Til Ketil!
5. Li-tone. Til Mormor Sella!
6. Vindharpe-slåtten. Til min Marie!
7. Rondo amoroso. Til Mor!

Her står *Rondo amoroso* i en særstilling, ikke minst på grunn av tilblivelseshistorien. En dialog mellom far og sønn hadde åpnet en melodisk åre som Harald Sæverud ikke trodde han hadde, og situasjonen må ha gjort et dypt inntrykk på Harald Sæverud, for den finnes i et utall versjoner mer eller mindre utbrodert. Den følgende er hentet fra Røde Kors' julehefte i 1956 og er ofte sitert:

Harald Sæveruds mor Cecilie malt av Bozidar Jakac da hun var 67 år gammel. I bakgrunnen skimter man Lyderhorn-fjellet. At den kvinnen han kanskje satte aller høyest bar det samme navn som musikkens skytshelgen, hadde en sterk symbolsk betydning for en så overtroisk person som Harald Sæverud.

«Jeg husker særlig en dag som jeg vel må regne for et like stort vendepunkt i mitt liv som det sekund da jeg ble komponist. Jeg var jo født på en kirkegård og en god del melankoli er der vel blitt hengende ved meg, for da jeg satt og lekte med tangentene en dag så tonet en sørgmodig melodi ut i rummet.

– Er du bedrøvet, far? spurte lille Sveinung.

– Ja, jeg er bedrøvet, svarte jeg, fordi jeg tenkte det ville være morro å høre hva han videre ville ha å spørre om.

– Er det fordi Sveinung har rivet (revet avisene)? spurte han skyldbetynget.

– Ja, derfor er det, svarte jeg og spilte den sørgmodige melodien enda en gang.

– Jeg skal ikke rive mer, forsikret han meg, og dermed slo jeg over til lysere toner.
– Men Tormod (nestemann) river, mente han. Og jeg til å spille bedrøvet igjen.
– Men jeg skal snakke med Tormod, sa Sveinung. Vel, det hørtes jo bra ut og dette ga gjenklang i en ny melodi.
– Men Ketil. Her oppgav vi det begge to og den sørgmodige melodien måtte frem igjen.

Jeg er jo en seriøs komponist, tenkte jeg, jeg kan da vel ikke bruke noe så enkelt som dette. Men jeg syntes det var så vakkert så jeg skrev det iallfall ned alt sammen og det ble til en lang rekke melodier som formet seg til en rondo.»[237]

Eldstemann Sveinung husker fremdeles godt situasjonen. Han var omkring fire år gammel da det skjedde, og satt midt på gulvet i storstuen under samtalen. Men det er detaljer i historien som virker ulogiske. Hvis Tormod og Ketil skulle være skyldige i papirriving, så var guttene i tilfelle meget fremmelige for alderen. Tormod var enda ikke fylt 2 år, og Ketil kun noen måneder gammel da *Rondo amoroso* ble til. At aviser ble revet var ikke noe særsyn i huset. Det gjorde Harald Sæverud nesten hver eneste dag når han skulle tenne opp i peisen. Men Sveinung husker at han hadde revet ut sider av kunstbøker, og det var ikke særlig populært.

En annen gang beskrev han situasjonen med disse ord: «Alene hadde jeg aldri kunnet skrive den, men et barn hadde funnet nøklen til mitt 'melodigjemme', – hadde åpnet veien som fører inn til 'opkommet'. En gang hendte det at jeg skrev hele 10 klaverstykker på 14 dager og det er meget for meg å være.»[238]

Det var ikke bare Sveinung som var inspiratoren til *Rondo amoroso.* Ut av sitt «gjemme» hadde Harald Sæverud også hentet trekk fra gulspurvens sang. Den samme tonen gjentatt elleve ganger som stykket starter med, finner man igjen i trillene til den lille spurvefuglen som ofte var på besøk på Siljustøl. Han var ikke klar over det da stykket ble til, men senere oppdaget han sammenhengen.

Guttene på Siljustøl festet til lerretet av Bjørn Tvedt. Fra v. Sveinung, Tormod og Ketil. Bildet ble malt over flere år, slik at alderforskjellen mellom dem virker mindre enn den i virkeligheten er. Man kan merke seg de karakteristiske skoene av fiskeskinn som ble produsert under krigen. Bildet er signert i 1944.

I sin naturpark hadde Harald Sæverud fått et musikalsk laboratorium hvor så mange stykker og temaer skulle komme til ham. Komponeringen av *Rondo amoroso* var ganske enestående, for han komponerte ellers aldri i stuen. Det skjedde enten utendørs eller på arbeidsværelset. Men det gjennomsiktige tonespråket han benytter i *Rondo amoroso* er typisk for den klaverstilen han fra nå av skulle videreføre. Den består som oftest av bare to linjer, en melodi- og en basslinje. Ingen tykke og svulstige akkorder, alt unødvendig er skrellet vekk. Da krigen kom i 1940, fikk naturopplevelsene enda større betydning for ham, Siljustøl ble et tilfluktssted som også utløste latente melodiske krefter i ham:

«Krigen som raste, den pinefulle mørklegging, og hver ny

dags påminnelse om at det gjaldt å overleve, gjorde at den faste grunn vårt hus var bygget på uvilkårlig føltes som det rette svar på tiltale, og styrket vår tro og vårt mot. Og den skjønne natur som omga oss kom oss i disse nødens år så merkelig nær; den fikk noe helt personlig i sitt uttrykk og tryllet sine toner inn i mitt sinn. Overveiende *tostemmig* måtte musikken bli, slik som vi kan se det tegnet opp ute i landskapet når et fjell speiler seg i fjorden – for om enten horisontlinjen stiger eller synker så får den uvegerlig sin motbevegelse i speilbildet, i intim balanse.»[239]

Men krigen kom også med nesten brutal nærhet til Siljustøl. De tyske militære ville konfiskere eiendommen. Det fortelles at Harald Sæverud meget bevisst tok imot dem stående på altanen, og skuet ned på den tyske delegasjonen. Dermed hadde han et psykologisk overtak og kunne fremføre sitt nei og sine argumenter mens offiserene stod bakoverbøyet. Det må ha virket, for det endte med at tyskerne nøyde seg med å okkupere garasjen. Det var kompromisset, og 30 soldater ble trykket sammen i feltsenger der bilen inntil nylig hadde stått. Den var solgt i tide. Kommandanten ordnet seg rom i den tilstøtende garderoben.

De ubudne gjestene bidro ikke akkurat til å dempe det raseri Harald Sæverud følte overfor okkupantene. Med soldater i første etasje og hans eget arbeidsværelse i tredje begynte hans musikalske kamp på kniven mot inntrengerne. Samtidig kunne han observere skipsleden fra taket og rapportere det han så videre. Familien var dypt involvert i hemmelig arbeide, hans bror Bjarne skulle bli lederen for Milorg i Bergen i 1943.

Men tyskerne ble ikke så lenge på Siljustøl. Det var adskillig mer velegnede høydedrag i nærheten for strategiske installasjoner. Selv om soldatene forsvant, var det ikke ufarlig å ferdes i strøket, for det hendte at granater slo ned på eiendommen. En gang kom en granat susende like over taket på huset. Det var et solid tilfluktsrom i kjelleren, og vanligvis oppholdt man seg der når det var fare på ferde, men drevet av nysgjerrighet ville Harald Sæverud denne gang se på et flyangrep som var i gang. Granaten splintret en furu like ved huset, og var en kraftig påminner om den permanente fare man befant seg i selv ute på landet.

Musikalske kontraster

Komposisjonsrekken fra krigsårene startet pastoralt. *Gjætlevise-variasjoner* ble det første opus fra denne perioden. Et tema inspirert av de 20 geitene han hadde på «stølen», dannet utgangspunkt for en serie variasjoner for orkester. Lett og luftig musikk, nesten like gjennomsiktig som de samtidige klaverstykkene. Den italienske tittelen var da også *Pastorella variata per orchestra,* og Harald Sæverud tilegnet variasjonsverket sin barndomsvenn Martin Hjertholm.

Men så eksploderte det på komponistværelset. Han startet arbeidet med den femte symfonien som var den første av hans tre krigssymfonier, Sæveruds mest ruvende bidrag i motstandskampen. Han var ingen voldelig person, hans våpen var pennen og notepapiret. «Vi måtte skape så mye ånd som mulig som motvekt mot voldsveldet», sa han etter krigen.[240]

Harmoniens orkester var i virksomhet i alle krigsårene. Selskapet klarte gjennom hele perioden å holde styret nazifritt, og orkestrets konserter var kulturelle luftehull i en vanskelig tid. At det var jøssingene som gikk i Harmonien, skyldtes ikke minst dirigenten Harald Heides holdning. Han lot seg ikke påvirke av nyordningen. Orkestret hadde avtale med NRK om overføring av konsertene, men Heide nektet kategorisk at hans konserter skulle bli kringkastet, noe de heller ikke ble gjennom hele krigen.

En av de store krisene for Harmonien inntraff 16. januar 1941. Ernst Glaser, Filharmonisk Selskaps jødiske konsertmester, var engasjert som solist i Christian Sindings fiolinkonsert og Ole Bulls Polacca guerriera. Han skulle til og med spille på Ole Bulls Guarneri del Gesu-fiolin, som den legendariske fiolinistens datterdatter, Alexandra Ingier, året i forveien hadde donert til Oslo-orkestret.

Konsertpalæet var fullsatt, og den innledende Haydn-symfonien gikk som planlagt. Men det lå noe i luften. Pausen etter symfonien ble lenger enn normalt, det var tydeligvis hektisk møtevirksomhet bak kulissene. Etter en stund kom Harald Heide på podiet for å gi beskjed om at fiolinkonserten var flyttet lenger ut i programmet, men så brøt spetakkelet løs. NS-ungdommer hujet og skrek. Det var Glaser de ville til livs. Hva skulle denne jøden med Ole Bulls fiolin? På en løpeseddel kunne man lese:

«Norsk ungdom tillater ikke at vår germanske ære tilsvines av jøden Moses Salomon (alias Ernst Glaser). Denne jødiske kramkar har tiltusket seg Ole Bulls fele, vår nasjonal-eiendom, og reiser land og strand rundt og slår penger på dette. Vi krever at Moses Salomons kremmerturné stopper her i Bergen.»[241]

Bråket spredte seg til hele salen med slagord og håndgemeng, men Harald Heide grep taktstokken og dro orkestret i gang med Ja, vi elsker. Publikum lot seg ikke be to ganger og stemte i for full hals, og etterhvert stanset uroen. Selv NS-ungdommene måtte synge med, det var jo nasjonalsangen! Men det var så absolutt jøssingene som var i flertall. Resten av konserten måtte avlyses, og Glaser og fiolinen forsvant diskret ut bakdøren og i sikkerhet. Frontene var klare. Harald Heide nølte heller ikke med å be propagandalederen for NS om å «dra til h......!» når denne engang avbrøt en prøve.

Noen måneder etter opptrinnet med Ole Bulls fiolin, var det duket for en ren Sæverud-konsert i Harmonien. Komponisten skulle selv dirigere, og på programmet stod uroppførelse av fire nyskrevne opus: *Divertimento* for fløyte og strykere, to av stykkene fra *Lette stykker for klaver,* deriblant *Rondo amoroso* i versjon for orkester, *Gjætlevisevariasjoner*, samt hovedverket, Symfoni nr 5 som hadde fått den nøytrale undertittelen quasi una fantasia, (liksom en fantasi). Den samme som Beethoven hadde smykket tittelbladet på Måneskinnssonaten med.

Symfonien var konsertens hovedverk. Som forgjengeren var også nr 5 ensatsig, og konstruert på basis av en tillempet klassisk sonatesatsform. Men den hadde et tonespråk som er preget av alt annet enn klassisk klarhet, selv om verket i formelt henseende er relativt oversiktlig. Det er innholdet som er eksplosivt, verkets egentlige tittel var «Motstandsviljens symfoni», men den kom først på tittelbladet etter freden. Man måtte trå meget varsomt. Den kortfattede kommentaren som Harald Sæverud ga i programheftet var likevel neppe til å ta feil av: «Femte symfoni, er skrevet nu under krigen. Om dette har innvirket på innholdet, skal være usagt, men ellers antyder jo undertitlen 'quasi una fantasia' at enhver kan tenke sitt.»[242]

Publikum skjønte hintet, man befant seg i en periode hvor kunsten å lese mellom linjene var utviklet til virtuositet. Tilhørerne mottok også konserten, og særlig symfonien, med voldsom entusiasme. Kritikerne forsøkte å forholde seg relativt saklig, og Olav Mosby i Bergens Tidende konstaterte at det hadde vært «en mektig kveld, direkte anstrengende». Symfonien må likevel ha gjort et sterkt inntrykk på ham, for han konstaterte at dette var musikk man ikke kunne forholde seg likegyldig til:

«Det enkle og karakteristiske temaet utvikler han på en original måte, og sluttsatsen munner ut i den voldsomste kanonade og torden. Alle krefter ble mobilisert slik at en satt igjen nesten fortumlet ... Et imponerende verk, et monument av dimensjoner som ikke lett vil gå i glemmeboka.»[243]

Kritikernes mening var nok preget av den forsiktighet som den daglige pressesensuren medførte. Men det var også andre som følte seg kallet til å gripe til pennen. Bergensadvokaten Eilif Steen-Olsen offentliggjorde et avisinserat en uke senere, med den noe bombastiske tittelen «Harald Sæveruds skaperverk». Her får man en liten anelse om hva en slik konsert kunne bety for en vanlig publikummer i krigsårene:

«Jeg synes ikke at våre kritikere har hatt blikket åpent for hva en slik norsk skapergjerning betyr i denne tid. Hvor dypt vi elsker Bergen, og hvor stolte vi er av å være bergensere.

Den slovenske maleren Bozidar Jakac (1899–1989) skulle bli Harald Sæveruds venn for livet. Han besøkte Norge flere ganger som komponistens gjest, og tegnet og malte en rekke motiver geografisk spredt fra Bergen til Finnmark. Da Harald Sæverud fikk vite at Jugoslavia var inntatt av Hitlertyskland, tilegnet han Jakac sin 5. symfoni, *Motstandsviljens symfoni.*

så må vi erkjenne at Bergen vel er det sted som har vanskeligst for å fremelske kunstnerisk geni ... Harald Sæverud er en av disse skapende personligheter som vi kommer til å hylde når han engang er ferdig med sin skapergjerning ... Det er folkesjelen som har funnet uttrykk i et nytt norsk skaperverk.»[244]

Harmonien ble oppfordret til å få i stand en ny Sæverud-konsert snarest, og vel en måned senere, på komponistens fødselsdag den 17. april, ble deler av programmet gjentatt med Symfoni nr 5 som hovedverket. I mellomtiden hadde Tyskland angrepet Jugoslavia. Resolutt skrev Sæverud en dedikasjon til sin slovenske venn Bozidar Jakac i partituret.

En uke før gjenopptagelsen ble symfonien gjenstand for en ny avisartikkel som bar overskriften «Et symfonisk mesterverk». Den var langt på vei en fortsettelse av Steen-Olsens folkelige ytring fra måneden før. Forfatteren Sverre Trætteberg, også en vanlig publikummer, kalte uroppførelsen for intet mindre enn «en merkedag i norsk musikkhistorie». Med brede strøk utpenslet han den betydning symfonien hadde i såvel evighetens perspektiv som for dagens tilhørere. Her var det snakk om musikk som talte folkets språk i en mørketid, og man forbauses over den relativt frie penn som disse skribentene førte, selv om meningene også er pakket inn i verbal bomull:

«Kanskje for første gang nådde Sæverud frem ikke bare til de få. Denne kunst 'fanget som ildtunger' i de mange sinn. Stillheten, grepetheten da symfonien var over, var i sig selv noget av det eiendommeligste og frydefulleste jeg har oplevet.

Men dagen og verket vil efter min tro få betydning ut over musikkhistorien. Det har en nasjonal appell uten sidestykke i norsk musikk. Det vil få historisk rekkevidde så sant vår ungdom har evne til å opleve kunst og føle nasjonale verdier. Det vil inspirere til tro, til utholdenhet, til stille gjerning og til dåd.»[245]

Hadde Harald Sæverud vært væpnet til tennene i Symfoni nr 5, så var ikke engasjementet mindre i den neste. Men her er det smerten og sorgen som står i sentrum. *Sinfonia dolorosa,* «smertens symfoni», kalte han den, og dobbeltstrek for hans kanskje mest intense symfoniske verk, ble satt i 1942.

Sinfonia dolorosa var Harald Sæveruds reaksjon på den brutalisering som grep mer og mer om seg. Antall dødsdommer i Norge bare økte, i 1941 ble det fullbyrdet 34, året etter var tallet 105. I Bergen gjorde Telavåg-saken i april 1942 et voldsomt inntrykk. Tyskerne skulle statuere et eksempel etterat to Gestapo-folk hadde mistet livet i en trefning i Telavåg på Sotra vest for Bergen. Den lille bygda ble totalt rasert og brent ned til grunnen, fiskebåtene senket og husdyrene slaktet. Hele befolkningen ble tvangsflyttet,

268 kvinner, barn og gamle måtte friste skjebnen i interneringsleir, og alle våpenføre menn, i alt 71, måtte tilbringe resten av krigen i konsentrasjonleiren Sachsenhausen i Tyskland. 31 av dem kom aldri tilbake. Høsten 1942 satte tyskerne også i gang den store jødeforfølgelsen i Norge.

I 1942 begynte «slåttene» for alvor å strømme fra Harald Sæveruds hånd. Først kom *Siljuslåtten*, en stort anlagt symfonisk dans for orkester, langt på vei et tonebilde av Siljustøl, med «kone og unger, bukker og geiter, rumlende bekker og neiende siljuteiner».[246] Denne ble fulgt opp av *Galdreslåtten*, også den utformet som en symfonisk dans hvor man har følelsen av at det syder og koker som i en heksekjele. Sonatesatsform i kombinasjon med passacagliastrukturens variasjonsmuligheter, gir rammene for en musikalsk utvikling som blir villere og villere. Det er nærliggende å betrakte den som forløperen til *Kjempeviseslåtten* som skulle komme året etter.

Det første heftet av samlingene kalt *Slåtter og stev fra Siljustøl* ble også til i 1942, med kjente stykker som *Kristi-Blodsdråper; Dvergmål-slått; Bå'nlåt; Kvelling-sull og lokk; Siljustøl-marsj.* Det er musikk fra komponistens «indre eksil» på Siljustøl. Fjernt fra den ytre verden som *Sinfonia dolorosa* var en reaksjon på. I disse melodisk rike småstykkene er det de nærmeste tingene som opptar ham. På en måte står de også folkevisene nær, men det er bare titlene som i tilfelle har noe til felles med folkemusikk. Om dette forholdet sa han engang:

«*Slåtter og stev* er ikke folkemelodier, men helt igjennom mine egne frembringelser, unnfanget på min eiendom Siljustøl. Da de ikke er folkekunst, må de heller ikke oppfattes 'folkloristisk', men snarere strengt 'klassisk', noe som tydelig skulle fremgå av den utstrakte bruk av tostemmig sats.»[247]

Ordet «slått» må heller ikke forstås som noe annet enn en tittel, et godt norsk ord for «musikkstykke». Harald Sæverud understreket ofte at hans komposisjoner var vokst opp av norsk natur og landskap. Det var ikke minst tilfelle med disse småstykkene som blomstret så flittig under krigen. Titlene er ofte konkrete, iblant meget fantasieggende, og det klingende resultat en fortolkning av en ytre eller indre virkelighet.

«Når jeg kaller et stykke *Fuchsia (Kristi-Blodsdråper)*, kan man betrakte tittelen som et uskrevet dikt om blomsten. Tonene forsøker å gi blomstens grazioso-form, dens dolcebøyde stilk, dens calando-drømmende tilstand. Alle følelser og stemninger i et menneskesinn kan noteres ned i ren musikk, og titlene kan nærmest oppfattes som en beåndet talers antydende håndbevegelse.»[248]

Som nordmann talte han med norsk tunge når han komponerte, og med fremmedfolk i landet var det naturlig at den nasjonale følelsen ble ytterligere forsterket. Men alle tonene hadde ett eneste opphav: hans egne «hjernevinninger og daler». Det er på bakgrunn av dette at man må se *Kjempeviseslåtten*, det mest kjente av hans mange verker fra krigsårene. Den sprang ut av en konkret opplevelse i 1943: Harald Sæverud hadde vært i Oslo, og tanken på å returnere med et tog fullpakket av tyske soldater, fikk ham til å velge bussen over fjellet. Tilbaketuren gikk gjennom den vakreste natur, og intet minnet om krig eller okkupasjon. Da han kom til Lærdalsøren for å reise videre med båt, veltet virkeligheten innover ham i all sin velde. Oppover fjellsiden lå tyskerbrakkene tett i tett, og Harald Sæverud forteller at synet utløste en eksplosjon i ham. Banning var ikke en del av hans barnelærdom, men temaet i *Kjempeviseslåtten* brast ut av ham som en éd.

Dette temaet skulle bli utgangspunktet for en komposisjon med en intensitet som savner sitt sidestykke i norsk musikkhistorie. Et eneste langt crescendo som i det ytre kan minne om Ravels Bolero, men med en indre glød som i Chopins Revolusjonsetyde. Et klingende bilde på forbitrelse, men også på håp, og med en dedikasjon som umuliggjorde oppførelse før etter krigsslutt: «Til Heimefrontens store og små kjempere!»

Sinfonia dolorosa ble imidlertid uroppført under krigen, på sesongens siste ordinære konsert den 27. mai 1943. Igjen presenterte Harmonien et rent Sæverudprogram, og komponisten stod selv på dirigentpulten. Medvirkende var også den unge pianistinnen Anne Sofi Grung, som fikk æren av å uroppføre hele samlingen med *Lette stykker for klaver* med *Rondo amoroso* som det siste nummer i syklusen. Flere av disse var forlengst kjent i orkesterutgave, deriblant rondoen, som i mellomtiden hadde fått tilnavnet «Bedrøveten». Det var Sæveruds sønner som hadde døpt den for det, skrev komponisten i programkommentaren.

Men hovedverkene under konserten var *Galdreslåtten* og *Sinfonia dolorosa.* Deres forbindelser til den aktuelle situasjonen kom av forståelige grunner ikke frem i det trykte programmet, *Sinfonia dolorosa* ble presentert i rent saklige vendinger. Her gjorde komponisten seg noen tanker om den doble betydning i det italienske ordet «sinfonia», som betegnelse både på et flersatsig verk eller et større ensatsig stykke, gjerne som forspill til en opera. *Sinfonia dolorosa* hadde hentet litt fra begge, skrev han, fordi «til tross for den tematiske enhet, kan der tydelig skjelnes mellom tre underavdelinger.»

Konserten representerte enda et høydepunkt for Harald Sæverud, som i Bergens Tidende ble berømmet for at han endelig hadde sluttet med famlingen og funnet en avklaret uttrykksform. *Sinfonia dolorosa* må ha truffet avisens anmelder med særlig kraft, etter den beskrivelsen han ga:

«Det er ærlig talt lenge siden undertegnede har følt seg så grepet av noe musikk slik som tilfellet var i går under fremførelsen av Sæveruds nye komposisjon *Sinfonia dolorosa*, og slik forholdt det seg utvilsomt også med de fleste av tilhørerne. Bifallet etterpå kom ihvertfall spontant og hjertelig. Det er et storslått arbeid han her har skapt, og der var over slutten en dynamisk stigning som var helt betagende.»[249]

Dette var siste gang at et verk av Harald Sæverud var å høre i Harmonien under krigen. På høsten og vinteren 1943–44 gikk det ut paroler fra hjemmefrontledelsen om boikott av offentlig konsertvirksomhet. I Oslo hvor presset fra de offentlige myndigheter var særlig sterkt, stanset virksomheten i Filharmonisk Selskaps Orkester. I Harmonien klarte man stadig å holde nazistene utenfor selskapets styre, og man fortsatte konsertene etter avtale med hjemmefrontledelsen. Men det var uten gjestedirigenter og gjestesolister. Programmet i sesongen 1944–45 bestod derfor så godt som utelukkende av rene orkesterkonserter som ble ledet av Harald Heide, med en viss assistanse av Sverre Jordan, som fortsatt var Harmoniens kapellmester ved Den Nationale Scene.

Foranledningen for konsertboikotten skyldtes særlig hendelsene rundt feiringen av 100-års jubileet for Edvard Griegs fødsel 15. juni 1943. Nazistene ville utnytte jubileet maksimalt i propagandaøyemed, og i Oslo ble Filharmonisk Selskaps Orkester ufrivillig tatt til inntekt for dem som søkte ro og forsoning i musikklivet. I Bergen arrangerte Harmonien fem jubileumskonserter uten offisiell innblanding.

På selve fødselsdagen den 15. juni klarte man også å overliste nazistene som, med kulturminister Fuglesang i spissen, var kommet for å legge ned krans fra ingen ringere enn propagandaminister Joseph Goebbels på Griegs grav på Troldhaugen. En flokk Grieg-entusiaster med styret for Troldhaug og Harmoniens ledelse i spissen, kom imidlertid nazistenes representanter i forkjøpet. Harald Sæverud var forespurt om å holde talen for Grieg, men hadde meldt avbud. Det ble hans gode venn Sigmund Torsteinson som påtok seg oppgaven, og minister Fuglesang måtte pent vente til de lokale Griegbeundrerne hadde gjort unna sin minnestund over Bergens store sønn. To stålhjelmede soldater bar frem en kjempekrans med hilsen fra Tyskland, men da var graven forlengst smykket med blomster i beste nasjonale ånd.

I anledning Griegjubileet hadde det danske Wilhelm Hansen Musik-Forlag skjenket kr 1 000 til Edvard Griegs

Fond. Pengene skulle gå til en ung og talentfull norsk komponist, og fondsstyret vedtok å tildele hedersgaven til Harald Sæverud. Bladet Norsk Musikkliv markerte også Edvard Grieg, og spurte i en jubileums-enquète flere norske musikkpersonligheter om hva jubilanten hadde betydd for hver enkelt. Harald Sæverud var en av dem, og han måtte medgi at Griegs musikk ikke hadde vært noen musikalsk næring for ham. Derimot hadde Griegs verker gitt ham

«rusen – og mang en salig en! Mens folketonene musikalsk sett har vært morsmelken for meg, så har Grieg til gjengjeld skjenket meg sin kostelige vin, – eller hva skal vi kalle dette underfundige brygget hans, – denne troll-dugg med den berusende sødmen fra alle skogens ville blomster så ødselt dryppet oppi?»[250]

Da han ble bedt om å peke ut sin egen favoritt fra Griegs opusliste, svarte han ikke pianokonserten eller ruvende verker som flere av hans kolleger. Han fant størst glede i barnesangen Fola, fola Blakken!

I 1943 hadde Harald Sæverud trukket seg som medlem av programkomiteen i Harmonien. Om det var parolene fra ledelsen i hjemmefronten eller misnøye med programplanleggingen i musikkselskapet er usikkert. Det kan ha vært en kombinasjon av dem begge. Men at han var på kollisjonskurs med orkestrets programoppsett fremgår meget tydelig av en avisdebatt som blusset opp i Morgenavisen i mai 1944. Den hadde sitt utspring i noen veldedighetskonserter som Harmonien hadde gitt til inntekt for skadelidte under krigen. Morgenavisens anmelder Thorleif Aamodt ønsket seg vektigere komposisjoner av Bach og Händel enn programmets småstykker av Svendsen og Solheim. Hans anmeldelse resulterte i flere leserinnlegg. Dirigenten Harald Heide følte seg meget støtt, og sendte en velkvalifisert usaklighet tilbake til Aamodt: «Deres kolossale viden om musikk imponerer meg stadig mer og mer, – Jeg tillater meg herved å melde meg som elev hos Dem i partiturlesning og dirigeringskunst. Håper De kan avse tid!»[251]

Komponisten i sitt arbeidsværelse på toppen av Siljustøl. Herfra hadde han en praktfull utsikt over store deler av eiendommen og Fana-bygden, og her kunne han arbeide uforstyrret, noe han var helt avhengig av.

Etter hvert kastet Harald Sæverud seg også inn i debatten og da på Aamodts side. Han var slett ikke enig med Heide og Harmonien:

«Da min taushet kanskje kunde mistydes, finner jeg det er min plikt som musiker å meddele følgende:

Jeg har med stigende forbauselse og indignasjon lest de mer eller mindre personlige angrep De har vært utsatt for på grunn av Deres saklige og etter min mening absolutt riktige innvending mot Harmoniens programvalg.

Innvendingen var ikke bare riktig, men for en samvittighetsfull anmelder heller ikke til å komme utenom.»[252]

Svarene lot ikke vente på seg. Harmoniens tidligere intendant Ragnvald Waage blandet seg inn i debatten med et innlegg som meget vel kunne oppfattes som en «takk for sist»-hilsen til Harald Sæverud:

«På lenge har man ikke sett Dem på Harmoniens konserter, Harmoniens programkomité forlot De etter eget ønske, og

De er vel ikke så innbilsk at De tror programmene derfor er blitt dårligere. Nei, De er så pass ensidig som musiker at De slett ikke egner Dem til å ha noe som helst med programmene å gjøre for Bergens Symfoniorkester, som ikke bare skal tilfredsstille en komponist, en organist og en liten klikk musikere med venner og kjente, men må forsøke å nå flest mulig av alle dem som er glad i god musikk.»[253]

Nå var Morgenavisen et dannet høyreorgan, og redaksjonen erklærte at den slett ikke var begeistret for innlegg «som er holdt i en slik lite pyntelig tone som Hr. Waages, men avisen tar det allikevel inn». Så ga den ordet til en sluttreplikk fra Harald Sæverud, som måtte innrømme at han i den senere tid slett ikke hadde vært noen flittig konsertgjenger i Harmonien, men det hadde hatt sine årsaker: «Enkelte av programmene gjorde meg nemlig så forstemt at jeg tapte lysten til å gå, til tross for min usvekkede beundring for Heides store arbeid som kapellmester gjennom et langt liv.»[254]

En klassisk kunstdebatt med andre ord, og sikkert fornøyelig for leserne i en tid med stort behov for underholdning. Men debatten avdekket også visse forhold rundt Harmonien og Harald Sæverud, og de var slett ikke av det mest harmoniske merke. Hans steile og påståelige vesen hadde sikkert skapt mang en diskusjon rundt selskapets programbord.

Det kan virke som om Harald Sæverud har vært mest opptatt av sine egne komposisjoner i årene 1943–44, selv om produksjonen ikke synes å ha vært særlig omfattende. Kanskje årsaken var at han rett og slett hadde et behov for å ta seg inn etter de voldsomme kraftanstrengelsene i forbindelse med symfoniene nr 5 og 6 i de foregående årene? Stort mer enn hefte nr 2 og 3 i serien med *Slåtter og stev fra Siljustøl* fikk han nemlig ikke fra hånden i denne perioden.

20. april 1944 gikk et ammunisjonsskip i luften på Bergen havn, og eksplosjonen raserte store deler av den omkringliggende bebyggelse. Selv Håkonshallens tykke murer var nesten i minste laget for trykket, og deler av hallen ble

Bjarne Sæverud, komponistens eldste bror og gode støtte, var leder av den bergenske Milorg-avdeling under den andre verdenskrigen.

regelrett knust. Mange ble drept og enda flere mistet sine hjem i ulykken. På Siljustøl åpnet man sine armer for en del av de husløse. Det var ikke første gang at Marie og Harald Sæveruds hjem var tilfluktssted under krigen, til sammen 35 mennesker hadde i kortere eller lengre perioder vært innom som leieboere i disse årene. En av dem var dirigenten og fagottisten Lennart Nordløf Knudsen, som sammen med sin familie oppholdt seg så lenge der at han til og med hadde sin egen potetåker på Siljustøl.

Etter hvert begynte man å ane at okkupantenes krigslykke var av begrenset varighet. Allerede i 1942–43 hadde tyskerne opplevd store tilbakeslag i El Alamein, i Stalingrad og på Sicilia. Den 6. juni 1944 fant D-dagen sted i Normandie, og tyskerne ble for alvor jaget på flukt på eget kontinent. I Finnmark fikk tyskernes tilbaketrekking katastrofale følger gjennom en nærmest total nedbrenning av landsdelen. Hjemmefrontens voksende aktiviteter gjorde situasjonen for tyskerne stadig vanskeligere, og Sæverud-familiens bånd til motstandskampen var blitt ytterligere styrket da Harald Sæveruds bror Bjarne høsten 1943 ble leder for den lokale Milorg-avdeling.

Den økede motstandsaktiviteten førte til hardere konfrontasjoner mellom nazister og nordmenn, men samtidig kom vissheten om at freden ikke var langt borte. Disse begivenhetene dannet bakgrunnen for Harald Sæveruds neste symfoniske tungvekter, Symfoni nr 7, med tilnavnet *Salme.* Det er den tredje av krigssymfoniene, og store deler av det siste okkupasjonsåret gikk med til å komponere den. I motsetning til de to foregående har *Salme* et lyst og lett uttrykk. Her er det ikke kamp og smerte som er emnet, men fred og optimisme.

Mai 1945, fredsrus og ufattelig glede. Men også stor sorg da man oppdaget hva som egentlig hadde skjedd av bestialiteter under okkupasjonen. For Harald Sæverud kom det som et voldsomt sjokk at hans gode venn doktor Audun Lavik var blitt henrettet av tyskerne i 1944. Ingen hadde fått vite noe om hans skjebne etter at han var blitt arrestert, og familien ventet i flere uker etter fredsslutningen på at han

Legen og motstandsmannen Audun Lavik var en av Harald Sæveruds venner fra de yngre år. I februar 1944 ble han arrestert av tyskerne og skutt på Trandum i oktober samme år. Da hans skjebne ble kjent etter krigen, tilegnet Harald Sæverud sin *Sinfonia dolorosa* til Audun Laviks minne.

skulle komme tilbake. Men så fikk de istedenfor den grusomme meldingen at Audun Lavik var blitt skutt på Trandum den 31. oktober 1944. I dyp sorg tilegnet Harald Sæverud sin *Sinfonia dolorosa* til minne om ham.

Bergenseren Audun Lavik var en av Sæveruds nærmeste venner fra mange år tilbake. Han var meget musikkinteressert, spilte fiolin, og hadde, i motsetning til mange, en særlig forståelse både for Sæveruds særegenheter og for hans musikk. Audun Lavik virket som lege flere steder i landet, og i lange perioder hadde de to vennene derfor liten direkte kontakt med hverandre. Men vennskapet holdt likevel. Da krigen inntraff, var Lavik distriktslege i Lyngdal i Vest-Agder, hvor han tidlig kom med i motstandsarbeidet. Som lege hadde han løyve til å bruke bil, dermed kunne han frakte våpen, flyktninger og agenter.

Vinteren 1943–44 var det angivere på ferde på Sørlandet, og en voldsom razzia etter motstandsfolk gikk over landsdelen. Audun Lavik var en av de arresterte, og han satt fengslet i mer enn åtte måneder i Møllergata 19 i Oslo før han møtte sin skjebne på Trandum. Av de 113 som ble arrestert bare i Lyngdal, var Audun Lavik den eneste som måtte bøte med livet. Han må derfor ha vært ansett som særlig farlig. Med *Sinfonia dolorosa* reiste hans venn en klingende bauta over den tapre motstandsmannen.

Krigens verker frem i lyset

Etter at kraftpatriotismen fra maidagene hadde lagt seg, var det tid for opprydning og sortering av de musikalske frembringelser fra krigens dager. Det var også tiden for oppgjør med dem som hadde stått på den gale siden, og flere av Harald Sæveruds venner fikk problemer. David Monrad Johansen som hadde engasjert seg sterkt i den offisielle kulturpolitikken på makthavernes side, var den det gikk verst ut over. Han ble dømt for landssvik og måtte sone i fire år, og hans verker ble nærmest boikottet for en periode.

Den 1. oktober 1945 var det norsk aften i Harmonien med Sverre Jordan, Harald Sæverud og Ludvig Irgens Jensen på programmet. Konserten var ledd i en nasjonal musikkuke som Komponistforeningen hadde tatt initiativet til, og for første gang kunne man høre Harald Sæveruds *Salme.*

I forhold til de to foregående symfonier som så til de grader er farget av det eksplosive og sorgtunge, er *Salme* lavmælt, melodisk enkel og umiddelbar i uttrykket. Den er ensatsig som forgjengerne, men med fem avdelinger som virker som enkeltsatser satt sammen til en helhet. En salmetone og to koralmelodier, Sæveruds egne temaer, er utgangspunktet for all tematikk i verket.

Fra en nesten nølende presentasjon av det enkle materialet i innledningen, fortsetter symfonien med en serie variasjoner – «Julekveldsvariasjoner» – over salmetonen. Deretter følger «Stavkirke-klokke fantasi», nærmest et lite tonebilde over et klokkemotiv. Det hele topper seg i en bredt anlagt fuge, før komponisten i den avsluttende avdeling samler de enkelte melodiske trådene til en seiershymne. Den er ikke av det bombastiske og utadvendte slaget, det er den samme inderlighet som preger det meste av symfonien som også råder grunnen her. Et religiøst betonet verk på mange måter, men i mer overført betydning. Tilegnelsen «Fars og mors symfoni» gir også en antydning om det åndelige innhold i *Salme*.

Sæverud var fullt klar over at tonespråket i *Salme* kunne oppfattes som et brudd med tidligere komposisjoner. I et intervju med Dagbladet i forkant av uroppførelsen, berørte han dette: «Man vil kanskje bli forbløffet over at … symfonien … er så enkel i forhold til mine tidligere verker, men det er fordi krigen fikk meg over til folkevisen, ikke en etterligning av folkevisen, men jeg måtte synge landets og naturens sanger som en protest mot dem som kom».[255]

Noen uker etter førsteoppførelsen i Bergen kom *Salme* opp med Filharmonisk Selskaps Orkester i Oslo, og Pauline Hall i Dagbladet la ikke skjul på sin beundring for verket:

«Blandt mange andre ting kan en lære orkestral økonomi av Harald Sæverud, det er så enkelt og klart det han har å si. Men han klær det i kostelige farger. Den lille 'Stavkirke-klokke fantasi' en hører halvveis i symfonien, er et vidunder av en klanglig visjon, men ikke bare det – den stråler også av intens musikalsk opplevelse … Musikken bæres frem av et teknisk herredømme over uttrykksmidlene som er sjelden på våre breddegrader. Det banker en dempet lidenskap i denne musikken, men det bor fromhet i den også, salme. Slik virket den da komponisten fremførte den i går.»[256]

Komponistforeningens musikkuke skulle bli høydepunktet i norsk musikkliv denne høsten. Det var den første store musikkfesten i et fritt Norge, og okkupasjonstidens komposisjoner kom frem i lyset i full bredde. Harald Sæverud var også representert på den ene av orkesterkonsertene i Oslo med *Sinfonia dolorosa*, og *Kjempeviseslåtten* som nå skulle få sin uroppførelse.

Alt lå til rette for den helt spesielle konsertopplevelse. Kong Haakon satt på første benk i den fullsatte Aulaen, og publikums forventninger var spent til bristepunktet. Endelig kunne man høre musikk uten restriksjon. *Kjempeviseslåtten* med dedikasjonen «Til Heimefrontens store og små kjempere!», og BBCs paukesignal fra radiosendingene under krigen som sitat i stykkets innledning, måtte nøre opp under spesielle følelser. Tordis Gjems Selmer som var tilstede, ga i bladet Urd uttrykk for en enestående musikkopplevelse:

«Det begynner så forsiktig, som en antydning, et signal her og der i de forskjellige instrumenter, det er som en ser dem sitte utover landet, oppe i dalene, i bortgjemte kroker og tenke hver på sitt. Så begynner det å røre på seg, det samler seg mer og mer, farten øker, øker, øker, vilt, men rytmefast, det river alle med, orkestret er på bristepunktet av klangene, vi nesten skriker, for vi er jo plutselig med igjen alle sammen.

Orkestret slåes voldsomt av, vi sitter i Aulaen igjen – fortumlet. Og der sitter jo kongen – og alt er vel og bra! Og så bryter begeistringen løs. – Plutselig står vi oppreist alle sammen, publikum og orkester. Komponisten peker på partituret: vil vi ha den om igjen? Ja, skriker hele salen. Slikt hender jo ikke så ofte i musikkhistorien.

Hjemmefronten har i *Kjempeviseslåtten* fått et minnesmerke i levende toner som aldri kan dø».[257]

«Sola er gått opp over norsk musikk», skrev Pauline Hall.[258] I Aftenposten slo signaturen W.S. fast at konserten hadde vært en av de helt store, og at Sæveruds intelligente og velberegnede instrumentasjon hadde skapt en virkning av besettelse «som visst bare har sin parallell i Sicilianernes tarantell».[259] Stener Kolstad i Morgenposten frydet seg over å se Sæverud «med seierens palmer i hendene, han har ikke alltid møtt forståelse for sin kunst hos det store publikum».[260]

Så begynte *Kjempeviseslåtten* sin seiersgang på konsertarenaene. Noen uker etter var den å høre på en konsert for de allierte styrker i Oslo, og i november fikk bergenserne første gang høre den på en konsert i anledning 100-års feiringen av byens håndverks- og industriforening. I slutten av januar var det Harmoniens tur til å stifte bekjentskap med et av norsk musikks hovedverker.

Musikklivet i utlandet var også begynt å røre på seg, og det var tid for kulturutveksling i stor stil. Nå skulle man ta igjen det forsømte. Sæverud hadde seilt helt opp i teten blant norske tonekunstnere, og på konserter hvor Norge var representert, fant man som regel *Kjempeviseslåtten*, *Sinfonia dolorosa*, *Siljuslåtten* eller *Rondo amoroso*. «Norges store komponist», kalte den danske storavisen Politiken ham under den norske musikkuken i København i mai 1946, og etter avslutningskonserten, var det ingen tvil om hvem Ekstra-Bladets anmelder foretrakk av Svendsen, Grieg, Eggen, Groven og Sæverud: «Den største interesse knyttet sig dog til (...) *Rondo amoroso* og *Kjempeviseslåtten*, fordi de viser at denne Norges markanteste Personlighed blandt de strebende Modernister intet taber i Holdning ved at skrive populær Musik.»[261]

I oktober var det svenskenes tur til å dele ut blomster. Gösta Nystrøm i Göteborg opphøyet *Salme* til «nogot av det värdefullaste nordisk musik f.n. har att uppvisa».[262]

I slutten av februar 1947 mottok Harald Sæverud et brev fra Det Norske Teatret i Oslo. Det var skrevet av teatersjef Hans Jacob Nilsen, og det var ingen alminnelig høflighetshilsen fra en gammel samarbeidspartner på Den Nationale Scene. Brevet fikk Harald Sæverud nærmest til å gispe, for Hans Jacob Nilsen gikk rett på sak: «Jeg skriver til deg for å be deg om noe som er så stort, så vanskelig, så krevende og samtidig så revolusjonerende at jeg tror du er den eneste som ikke bare vil greie det, men vil ha lyst på det, og fryde deg over å gjøre det! Det gjelder kort sagt: Ny musikk til Peer Gynt!»[263]

Ikke nok med det, stykket skulle også fremføres på nynorsk, noe Ibsens arvinger hadde gitt sitt samtykke til, «men dette er foreløpig en stor hemmelighet som det er meget viktig ikke kommer ut», nærmest hvisket Hans Jacob Nilsen til Harald Sæverud i en parentes.[264]

Teatersjef Nilsen hadde nok regnet med at Harald Sæverud ville stritte kraftig imot, for å ta opp konkurransen med Bergens musikalske verdensnavn, Edvard Grieg, om musikk til selve nasjonaldramaet, måtte virke som en absurditet for en komponist som til og med bodde i samme by. Men teatersjefen hadde strategien klar. Foruten smiger, skisserte han en åtte sider lang begrunnelse for sin plan for stykket. Det skulle bli noe helt annet enn den tradisjonelle fortolkningen som Edvard Griegs musikk var medskyldig i. Nilsen mente at Grieg hadde skrevet brilliant musikk; men den passet langt bedre i konsertsalen enn i teatret. Den vred stykket i en romantisk og lyrisk retning, og Nilsen ville spille Peer Gynt slik han mente Ibsen måtte ha tenkt seg det, som en satire og ikke som et «nasjonalt festspill».

Stykket skulle «skjære og svi, midt i all sjarmen og festen», og publikum skulle rystes og kjenne seg personlig anklaget. «Jeg vet at det er et stort ansvar vi tar på oss med dette,» skriver han i brevet, «men jeg våger det fordi det er min faste tro at vi med det vil slå et stort slag for et dikterverk som har vært fusket med fra første stund og som er blitt et falskt nasjonalsmykke.»[265]

Ideen om en nytolkning av Peer Gynt kom ikke fra Hans Jacob Nilsen selv. Flere hadde tidligere vært inne på samme tanke. I 1944 hadde dansken Fredrik Schyberg anmeldt en oppsetning av stykket i København, og han reagerte på at Griegs musikk gjorde Peer Gynt til en romantisk forestilling mens stykket, ifølge Schyberg, «er et antiromantisk Værk!»[266] Høsten 1946 berørte Hans Heiberg den samme problemstillingen i en artikkel i Verdens Gang:

«Var det ikke snart på tide å ruske litt respektløst opp i dette nasjonalklenodiet og se hva som kom ut av det?

Peer Gynt er nemlig ikke noe idyllisk festspill slik Griegs romantiske musikk får oss til å tro. Det er en sviende hån av norsk folkekarakter og det er lut nok igjen i det den dag i dag til at det kan ta forgyllingen av litt av hvert. Festlig er det, nemlig i sin ondskap, sin nærgående spott. Griegs musikk er søtladen, Ibsens tekst er besk.»[267]

Hans Heiberg konkluderte med at utfordringen burde gå til Det Norske Teatret. Hans Jacob Nilsen grep ideen med begjær, og han fikk overtalt Ibsens arvinger til å tillate oppførelse på nynorsk. Henrik Rytter skulle stå for oversettelsen. Han hadde tidligere høstet laurbær for sine ypperlige nynorskoversettelser av Shakespeare.

Store mengder musikk var det ikke snakk om. Hans Jacob Nilsen ville trekke stykket sammen og kutte ned på unødige pauser, slik at det ble mer plass til teksten. De avsnittene hvor musikk var nødvendig satte han opp punktvis:

«1) Musikk på Heggstad (halling)

2) Seterjentene som hauker

3) I Dovregubbens hall. Ikke dans i åpningen. Det skal tvertimot være farlig og uhyggelig med trollene som vil slå ned Peer. Når Dovregubbens datter senere danser, vil trollene også svinge seg. Dansen skal være en parodi på norsk folkedans, trollene forvrengte karikaturer av norske bønder. Og musikken altså en grenseløst forvridd hardingfele-musikk.

4) Anitras dans

5) Solveigs sang (uten akkompagnemang)

6) Musikk i galehuset.

7) Litt hardingfelelåt ved auksjonen.

8) Muligens ugleskrik og nattesus ved Peers vandring over moen. – Håpløshet, uhygge, angst.

9) Solveigs vuggevise til Peer. (Uten akkompagnemang) Muligens bør den synges bak scenen, altså gjengi Solveigs tanker. Da kan det være orkester til.

Du må gjøre dette – jeg ber deg innstendig!

Jeg venter, og håper at du blir medarbeider i denne nokså 'verdenshistoriske' begivenhet!»[268]

Harald Sæveruds første innskytelse var at dette var en umulighet. Legge hodet på blokken på denne måten? Svaret måtte bli nei. Griegs Peer Gynt-musikk var forlengst opplest og vedtatt som selve *musikken* til stykket. Dessuten fant han scener som i utgangspunktet virket håpløse å tonesette:

«Især syntes jeg at Solveigs vuggevise var et umulig skjær. Den danner jo slutten på hele dramaet og da mente jeg det var lite tilfredsstillende at Solveig, som omsider var blitt en aldrende kone, skulde gå tilbake i tid og bli ung sangerinne. Og selve 'Solveigs sang' vilde vanskelig kunne reddes fra å virke som innlegg. Om stoffet ellers var aldrig så storartet, så var nokk dette ikke noget for meg.»[269]

Men etter å ha sovet på saken kom Sæverud på andre tanker: «Jeg forstod at Solveigs sang måtte formes som en enetale uten orkesterfølge. Den måtte bli så skjønn som jeg på nogen måte kunde få den, men den måtte først og fremst gå naturlig inn i handlingen og ikke bli noget isolert 'nummer'.»[270]

Indirekte hjelp fikk Harald Sæverud også gjennom eventyrmesteren Peter Chr. Asbjørnsens høyfjellseventyr som han nettopp hadde lest høyt for sine gutter. Her er Peer Gynt-sagnet beskrevet, og det er fra denne kilden at Ibsen har øst når det gjelder vesentlige sider ved Peer Gyntskikkelsen. Her finnes Peer Gynt-personen, beskrivelsen av bukkerittet, bøygen, de tre seterjentene og situasjoner som kan gjenfinnes i Dovregubbens hall. Ved et tilfeldighetenes

«Peer, du lyver!», Harald Sæveruds forspill til nasjonaldramaet. Betegnelsen «Peer-ludium» må ha falt ganske naturlig for en ordkunstner som Sæverud.

spill var Sæverud nærmest blitt forberedt på den spesielle oppgaven, og det endelige svaret ble da også *ja* til Hans Jacob Nilsen.

Det ble som ventet førstesideoppslag i avisene da meldingen om den nye Peer Gynt-versjonen ble sendt ut. Farvel til Grieg-musikken i Peer Gynt, meldte Verdens Gang, og Harald Sæverud, som ikke uventet ble frittet ut om forholdet til Griegs scenemusikk, hadde følgende å si til Bergens Tidende:

«Det er ikke tanken på Griegs musikk som har tilskyndet meg, men det er tanken på Ibsens mening med sitt drama. Griegs geniale musikk faller det meg ikke et øyeblikk inn å rokke ved. Men det har vært hevdet at selv om Grieg-musikken var storartet, så understreker den ikke noe av det essentielle ved Ibsen, men den har vært så sterk at den har preget også det rent litterære forløp i dramaet ... Min oppgave har derfor ingen ting med Grieg å gjøre, men det skal være et forsøk på å gi en musikalsk tolking av Ibsen på et felt som hittil har ligget uutnyttet.»[271]

Hvorfor akkurat Sæverud var valgt som komponisten, begrunnet Hans Jacob Nilsen i et VG-intervju: «Harald Sæverud er en av de dristigste og mest talentfulle moderne komponister vi har i Norge i dag: Han har overskudd av humør, han har den riktige farten og trollskapen i blodet.»[272]

Debatten uteble ikke, det falt mange tungt for brystet at Grieg og Ibsen nå skulle skille lag, særlig blant det store publikum. Redaktør Carl Just målbar et synspunkt som nok ble delt av mange vanlige teatergjengere: «Griegs musikk er frisk, ren, norsk, melodisk og fargerik og treffsikker i karakteristikken av de forskjellige scener og opptrin. Det norske folk elsker den. Den er en dyrebar kulturarv, som vår ultraradikale kunstnerfalanks burde yte respekt i stedet for å kaste den på skraphaugen!»[273]

Men musikkfolk, de representerte vel den «ultraradikale kunstnerfalanks», var nysgjerrige på hva Sæverud ville komme med. En ny Peer Gynt-musikk så man frem til, hvordan den ville fungere som scenemusikk var noe annet. Teater- og litteraturmennesker konsentrerte heller oppmerksomheten om den nynorske versjonen enn om den musikalske siden av saken.

Oppstyret gikk heller ikke upåaktet hen i utlandet, og i en dansk avis stod et lite dikt med tittelen «Griegs Peer Gynt-Musik kasseres». Slutten lød:

At Ibsen maa oversættes, er klart,
hans Norsk er saa dansk, at det ikke er rart.
Men ogsaa Grieg er en Kende for dansk
– man maa ha noget mere indenlandsk ...

Ja, væk med Grieg og hans Romantik,
vi skal ha noget rigtig ravnorsk Musik,

helt noget saa skrapt som Sæbelud,
og derfor frem med Hr. Sæverud,
saa skal du se en Peer Gynt, min Ven,
som Ibsen ej kunde kende igen.[274]

Nå var det ikke første gang at det stormet rundt Hans Jacob Nilsen. Da han i 1935 hadde satt opp Nordahl Griegs Vår ære og vår makt på Den Nationale Scene i Bergen, ble det gjort forsøk på å stoppe stykket. Nordahl Griegs fokusering på krigsprofitører som kynisk utnyttet sjøfolk til kortsiktig vinning, slo dårlig an i visse kretser i den gamle hansastad. Men oppførelsen ble en stor publikumssuksess.

Hans Jacob Nilsen var ganske fersk i sjefsstolen på Det Norske Teatret da han gikk løs på Peer Gynt, men helt ukjent med dette teatret var han ikke. Fredrikstadgutten hadde sittet i den samme sjefsstolen en kortere periode på 30-tallet, og hans forkjærlighet for norsk dramatikk med sosialt tilsnitt var stadig levende hos ham. Blant de første stykkene han presenterte etter tilbakekomsten til Det Norske Teatret finner vi dramatiseringen av Cora Sandels Kranes konditori og Arne Garborgs Læraren. Skulle noen få noe nytt ut av Peer Gynt, så måtte det være Hans Jacob Nilsen.

En utenlandsk røst blandet seg også inn i debatten og det var ingen hvem som helst. Den britiske iscenesetteren Tyrone Guthrie hadde i 1944 vært ansvarlig for en meget populær oppsetning av stykket på Old Vic-teatret i London, og i en artikkel i tidsskriftet The Norseman våren 1947 ga han interessante synspunkter på Griegs musikk i relasjon til det sceniske i Peer Gynt.

Fra et dramatisk synspunkt betraktet Tyrone Guthrie Griegs toner nærmest som en tvangstrøye, som skygget for en moderne oppfatning av stykket:

«Der hvor Ibsens verk er tidløst og kan gjøres til gjenstand for mange forskjellige slags tolkninger, er Griegs uomgjengelig bundet til det nittende århundre og nødvendiggjør ved enhver fremføring der den brukes, et kompromiss med det nittende århundres teaterkonvensjon ... Jeg ville derfor gi avkall på Grieg, for dermed å oppnå en friere tolkning av teksten og gi denne på en måte som mer harmonerer med vår egen epoke.»[275]

Dette var på linje med Hans Jacob Nilsens tanker, og selv smurte han ekstra på i et intervju med den danske avisen Social-Demokraten i september 1947:

«Aldri har noen musikk passet dårligere til et skuespills karakter enn Griegs musikk til Peer Gynt. Det er den rene ynkelighet. De kjente melodiers klisteraktige sødme gjør det ganske av med den surhet og bitterhet som Ibsen var besatt av da han skrev stykket. I de senere vekslende iscenesettelser har misforståelser bunket seg opp på misforståelser.»[276]

Joda, grunnen var beredt og forventningene skrudd i været. Stadig kom det drypp i pressen om hvor langt Sæverud var kommet. Da han i september besøkte Stockholm i anledning den nordiske musikkuken, kunne avisene opplyse at han håpet å treffe Dovregubben i den svenske hovedstaden. Det var den delen som nå manglet, og han trengte litt ekstra inspirasjon. Men i november forelå notene komplett, og Sæverud ble intervjuet av Bergens Tidende:

«– Venter De å bli forstått av et bredt publikum?

– Det håper jeg nesten ikke. Jeg har den oppfatning med hensyn til folk og kunst at det ikke skal hete kunst for folket, men folk for kunsten.»

Samtidig understreket han Peter Chr. Asbjørnsens bidrag til hans frigjøring fra hevdvundne tradisjoner. Hva var det som særlig hadde inspirert ham i arbeidet ville også avisen gjerne vite:

« – Et så allmenneskelig drama som Peer Gynt krever innsats av hele vår menneskelighet, og mer enn det. Den aller vanskeligste oppgave var å være troll, for her synes jeg at en har syndet meget i kunsten tidligere. En har liksom latt trollene agere et slags godslig sirkus, i stedet for å gå helt opp i dem og finne fram til deres egen måte å tenke og føle på.

Når vi tar Dovregubben, representerer den så meget menneskelig at vi slett ikke kan stå uberørt. Der er nok atskillig troll i oss alle, og det har vært meg om å gjøre å nå fram til Ibsens syn her. Dansen hos Dovregubben er simpelthen den sværeste oppgave jeg har hatt i mitt liv, selv om det hele ble gjort litt lettere ved at mine tre sønner stadig leverte nye forslag. Det stående spørsmål i perioden jeg arbeidet med den var: Kan du bruke dette i Dovrehallen? For å klare oppgaven i denne travle tiden har jeg nesten måttet ride gjennom luften på Peer Gynts bokk, ikke noen dårlig Pegasus.»[277]

Det avgjørende innlegget i forhåndsdebatten om nasjonaldramaet fant sted 30. november 1947. Da stod Hans Jacob Nilsen på talerstolen i Det Norske Studentersamfund i Oslo, og tittelen på hans foredrag var «Peer Gynt - eit antiromantisk verk». Det ble senere utgitt, og gir en glimrende innføring i Nilsens fortolkning av stykket.

Peer Gynt-skikkelsen, sier Nilsen, er egoisten som snur ryggen til alt som er tungt og vanskelig, selv til moren på dødsleiet. Han fantaserer seg ut og inn av tilværelsen som det passer *ham,* selger slaver og fremstår som rå profitør. At denne personen er blitt en slags folkehelt tilskriver Hans Jacob Nilsen for en stor del Griegs musikk, som ovenikjøpet var komponert med alt annet enn lyst fra komponistens side. Han gjør et poeng av at Grieg påtok seg oppdraget for pengenes skyld, og siterer fra et brev til Bjørnstjerne Bjørnson: «Du tror da vel ikke at det er et frivilligt valg fra min side. Jeg blev opfordret av Ibsen i foråret og stejlede naturligvis over at skulle sætte musik til det mest umusikalske af alle sujetter. Men jeg tænkte på de 200, – , på reisen – og brakte offeret. Det hele hviler som en mare på mig.»[278]

Foredraget ble mottatt med flere minutters bifall, og det ble ikke rare debatten etterpå. Hans Jacob Nilsen hadde avlevert den suverene begrunnelsen for oppførelsen av «Eit anti-romantisk verk». «Han hadde jo svart på alle mulige og umulige innvendinger på forhånd», sa en av debattantene etterpå. Slaget var vunnet så langt.

Ragnhild Hald som Mor Åse og Hans Jacob Nilsen som Peer, i Nilsens «antiromantiske» oppsetning av Peer Gynt på Det Norske Teatret i 1948.

Den antiromantiske vinklingen var noe avisene gjorde et stort poeng av, men hvor stod Harald Sæverud i dette bildet? Skulle hans musikk også være en antiromantisk pendant?

«Min musikk er så romantisk som den kan bli!» uttalte han til Dagbladet. – «Det ville være en stor mangel å hoppe over

«Peer Gynt»

Eit dramatisk dikt i 5 akter (31 bilete) av *Henrik Ibsen*

Musikk av *Harald Sæverud*

Til nynorsk av *Henrik Rytter*

Regi: *Hans Jacob Nilsen*

Hjelpeinstruktør: *Ragnhild Hald*

Dekorasjonar av *Arne Walentin*

Koreografi: *Gerd Kjølaas*

Drakter: Laga på systova til Det Norske Teatret ved *Dagny Eriksen*

Personane:

e, ei enkje	Ragnhild Hald
er Gynt, son hennar	Hans Jacob Nilsen
udgomen, Mads Moen	Gunnar Simenstad
r hans	Vilhelm Lund
r hans	Dagmar Myhrvold
kone	Helga Rydland
lak smed	Helge Essmar
økemeisteren	Pehr Qværnstrøm
lveig	Eva Sletto
lga, syster hennar	Urda Johansen
r hennar	Gisle Straume
Mor hennar	Dagny Gurvin
Heggstadbonden	Amund Rydland
Ingrid, dotter hans	Ragnhild Michelsen
Bryllaupsgjester, spelemenn	
Tre sætergjenter	Siri Rom Åsta Voss Ada Hjersing
Ei grønkledd kvinne	Lydia Opøien
Dovregubben	Ingolf Rogde
Hofftrollet	Nils Hald
Ein trollunge	Julia Back
Ein annan trollunge	Jan Pande-Rolfsen
Troll og trollungar, nissar og haugfolk	
Ei trollmøy	Ada Hjersing
Eit mæle i mørkret	Edvard Drabløs
Kari, ei husmannskone	Henny Skjønberg
Master Cotton	Harald Heide Steen
Monsieur Ballon	Asbjørn Toms Larsen
v. Eberkopf	Pehr Qværnstrøm
Trumpeterstråle	Gisle Straume
Anitra, dotter til ein beduinarhovding	Sossen Schjelderup
Beduinar	
Begriffenfeldt, direktør for ei dårekiste	Alf Sommer
Ein fellah (Dårekistelemer)	Carsten Winger
Huhu (Dårekistelemer)	Amund Rydland
Hussein (Dårekistelemer)	Kåre Wicklund

Rollelisten til Peer Gynt på Det Norske Teatret i mars 1948. At stykket skulle spilles på nynorsk, vakte voldsom debatt, likeledes at Harald Sæverud skulle gå Edvard Grieg i næringen. Etter den vellykkede premieren forstummet de kritiske røstene. og folk strømmet til hovedstaden for å oppleve et fornyet og oppdatert dikterverk.

en så menneskelig side som den romantiske, men spørsmålet er om folk skjønner hvor romantisk musikken er, om man kan merke den fine rundingen i Solveigs kinn når man hører en spesiell melodi – Forskjellen er vel at Grieg har laget 'nummer', og de er selvfølgelig førsteklasses, og jeg er like begeistret for Griegs musikk som alle andre, men da det ble bruk for ny musikk var det om å gjøre å komme vekk fra numrene og la den bli en intim ledsagelse til handlingen, understreke scenene musikalsk.»[279]

Premieren var satt til 2. mars 1948, og Sæverud skulle selv dirigere orkestret. Hans Jacob Nilsen var ikke bare ansvarlig for regien, han hadde også plassert seg selv i stykkets hovedrolle, noe som faktisk hadde vært en forutsetning fra Ibsens arvinger da de ga sitt løyve. Til å tolke Solveig-skikkelsen var Eva Sletto den utvalgte, mens Ragnhild Hald hadde fått i oppgave å gestalte «Åse, ei enkje». Ellers stod noen av Norges fremste scenekunstnere på rollelisten, deriblant Gisle Straume, Ingolf Rogde, Siri Rom, Edvard Drabløs, Carsten Winger, Lars Tvinde, Bjarne Andersen og Harald Heide Steen.

Scenografien av Arne Walentin var et kapittel for seg. Mens man tidligere hadde trengt et stort antall scenetepper for å illudere de ulike scener, var moderne teknologi her tatt i bruk. Projiserte lysbilder på scenens rundhorisont ga en helt annen visuell fleksibilitet enn med gammeldagse metoder. Over 100 kostymer var produsert til de femti medvirkende, og Harald Sæverud hadde et 24 manns orkester til disposisjon. Her var det ikke spart på noe. For virkelig å gi stykket karakter av realisme var det på lydsiden også lagt inn kontentum med ku-raut, bølgeskvulp, vind og menneskesnakk.

Det var en lang premiere, fire og en halv time varte den, og det ble en livlig premiere, med pipekonsert og det hele. 40 demonstrerende studenter med blikkfløyter hadde benket seg på galleri, men det øvrige publikum og motdemonstrantene reagerte med desto kraftigere klappsalver underveis. Hans Jacob Nilsen lot seg ikke vippe av pinnen, og latteren runget etter elegante pareringer med velvalgte replikkgjentagelser. En som gjorde særlig lykke var denne:

Lås må det vera
lås som bind
for nissebukkar
som vil trenge seg inn.[280]

Nå tok motdemonstrantene saken i egne hender, og man måtte faktisk slå på lyset for å redde ut flere av bråkmakerne som fikk unngjelde på stedet. En ble tildelt et blått øye, og de fleste kastet på dør. Da forestillingen var over, brøt det ut de reneste begeistringsovasjoner for Hans Jacob Nilsen, Harald Sæverud og de medvirkende. Dette var ikke bare en «succès de scandale», stykket fikk en publikumsmottagelse av de sjeldne.

Dagen derpå flommet avisene over av godord, og selv den noe tilbakeholdne Aftenposten slo opp på sin førsteside at «Peer Gynt ble suksess tross alt». Dagbladets teateranmelder syntes det hadde vært «en forrykende frisk og feiende Peer Gynt, helt i stil med selve diktningen», og i VG kunne

Hans Heiberg, mannen som jo hadde lansert selve ideen, fastslå «Stor Peer Gynt-suksess». Teateranmelderne var stort sett enige i at Harald Sæveruds musikk hadde gitt et meget positivt bidrag til forestillingens suksess, men overlot ellers til musikkanmelderne å foreta den faglige vurdering.

En sammenligning med Griegs musikk var ganske naturlig, men de fleste kom til at det ikke var så mye å sammenligne med, fordi Sæverud hadde løst oppgaven på en annen måte enn forgjengeren. Pauline Hall i Dagbladet sa det slik:

«Ingen som kjenner litt til Harald Sæveruds virke, kan mistenke ham for å ville trenge seg inn på Griegs område. For det første har han altfor stor ærbødighet for Griegs verk, dernest er han en altfor klartseende kunstner til å ville nærme seg andres spor. Forresten – det kommer i det hele tatt ikke på tale i dette tilfellet fordi selve grunnlaget for oppgaven er et annet.»[281]

Harald Sæverud hadde stort sett holdt seg til den hovedplanen som Hans Jacob Nilsen lanserte for ham året i forveien, men musikken hadde vokst fra de opprinnelige 9 avsnittene til 26 i den endelige versjon. I utgangspunktet hadde det ikke vært meningen å ha forspill til første akt, men der hadde Sæverud komponert et *Peer-ludium* som en liten karakteristikk av hovedpersonen før spillet ble satt i gang. Det hadde også vært nødvendig med et forspill til 4. akt, Afrika-scenen, der hvor Grieg i sin tid hadde komponert noe av det norskeste norske som finnes: Morgenstemning. Sæveruds alternativ, *Blandet selskap*, er et fyrverkeri av et tonebilde, bygget over nasjonalsangene til deltagerne i Peer Gynts selskap på Marokkokysten.

I tillegg var ulike småstykker lagt til for å understreke sentrale dramatiske situasjoner, hele tiden med Ibsens ideer om tonefølge i bakhodet. Men ett av disse stykkene kom til å volde adskillig diskusjon mellom komponist og iscenesetter: *Mor Åse skal slippe fritt.* I en tradisjonell iscenesettelse brukte man Edvard Griegs Åses død som grunnlag for et melodrama der hun dør i Peers armer til orkesterakkompagnement. Dette skulle bli en av Hans Jacob Nilsens nøkkelscener i den anti-romantiske fortolkning. Nettopp her kunne han understreke egoisten Peer i særlig grad, han som sitter med ryggen til sin døende mor, mens han vikler seg inn i fabulering og tankeflukt for å komme unna ubehaget i situasjonen. Derfor måtte det ikke være noen forsonende toner til denne scenen. Men for Harald Sæverud var dette en scene som «skriker efter musikk».[282] At Hans Jacob Nilsen strøk *Mor Åse skal slippe fritt* kunne han derfor vanskelig forsone seg med.

Harald Sæveruds musikk er preget av at han hadde et dramaturgisk mål i utformingen av den. Peer-skikkelsen er for eksempel utstyrt med flere temaer, deriblant et eget «skryte-tema», som dukker opp på steder hvor denne siden av personligheten skal markeres. Det er også tematiske sammenhenger mellom satsene på en annen måte enn den man finner hos Grieg, hvor musikken i stor grad består av enkeltnummer uten større sammenheng. Når Sæverud vil markere likheter mellom Den grønnkledte og Anitra, skjer det gjennom felles melodikk. Parallelliten mellom Dovrescenen og galehusscenen i Kairo understrekes på lignende vis.

Men kunne denne Peer Gynt-musikken stå på egne ben i konsertsalen, ha en egenverdi utover det karakteriserende på scenen? Harald Sæveruds kollega Klaus Egge kom inn på dette i sin anmeldelse, hvor han også pekte på de ulike ståstedene som Edvard Grieg og Harald Sæverud tross alt hadde:

«Grieg mottok oppgaven av Ibsen sjøl. Grieg fikk sjøl finne løsningen. Sæverud har mottatt oppgaven fra Peer-framstilleren, regissøren, som ønsker en musikk tjenende hans fortolkning. Sæverud har kommet ham i møte på dette grunnlag, til fordel for Hans Jacob Nilsen, men ikke alltid for Sæverud sjøl som komponist. I sin begeistring over å ha fått en norsk komponist til å gå inn for denne oppgaven, burde teatersjefen latt musikken komme mer til sin rett under framsyninga. Det gjelder flere steder.»[283]

Han konkluderte med at helhetsvirkningen av musikken var blandet, men som et bidrag til dramaet var han overbevist om dens kvaliteter: «Harald Sæverud har vist en evne til å underordne musikken som en må beundre.» Den siden av saken ble også underskrevet av de fleste av Klaus Egges kolleger.

Peer Gynt på vandring

Men summa summarum, scenemusikken til Peer Gynt skulle bli en av de største musikalske seirene for Harald Sæverud, og nå arbeidet komponisten hardt med å tilpasse den til konsertsalen. Allerede to uker etter premieren i Oslo fant uroppførelsen av konsertversjonen sted i Harmonien med Harald Sæverud selv som dirigent og kommentator. Alt var med, også den avviste *Mor Åse skal slippe fritt,* og musikken ble presentert i kronologisk følge slik at publikum lett kunne følge innholdet.

Denne versjonen viste seg å være vellykket, og hjembyen tok imot sin sønn med åpne armer. Den fullsatte salen applauderte etter de fleste numrene, og i Bergens Tidende kunne man lese neste dag:«En skulle tro at fremføringen av denne musikken isolert i konsertsalen på forhånd var dømt til å mislykkes. Men også her ble den en suksess. Inntrykket var ganske eklatant.»[284]

Peer Gynt skulle bli den store publikumsmagneten på hovedstadens scener dette året. Det ble satt opp ekstratog og ekstrabåter for å dekke en publikumsinteresse som strakte seg langt utenfor Oslos grenser. Men oppsetningen og Sæveruds musikk hadde vakt oppsikt i enda videre kretser. Nå var det utlandets tur, med Tivoli i København først i køen. I mellomtiden hadde Sæverud strammet inn konsertutgaven til 12 satser, og Hans Jacob Nilsen hadde tilpasset en tekst som ga et konsentrat av *Peer Gynt* i konsertsalen. Nilsen deltok selv under oppførelsen i den danske hovedstaden, og oppførelsen var omfattet med en voldsom interesse fra media. København-avisene bugnet av forhåndsomtaler og intervjuer med komponisten.

Mottagelsen var storartet, og kritikerne var mer enn velvillige. I Politiken fant anmelderen at Sæverud ikke bare hadde klart å frigjøre seg fra den knugende Grieg-tradisjonen, han hadde også maktet

«... at skrive en Musik, der først og fremst vidner om et usædvanligt, ja blændende sikkert dramatisk Talent. Dertil kan man lægge Sæveruds store psykiske Spændvidde, hans højtudviklede instrumentale Dygtighed og hans Sans for den fint forarbejdede Detalje, og man vil forstaa, at der med denne Musik er skabt et yderst særpræget Kunstverk.»[285]

Sten Broman, Sæveruds kollega fra Lund i Sverige, var enda mer kategorisk: «Såväl ur tonkonstnärlig som dramatisk synpunkt är Saeveruds musik avgjort överlägsen Griegs.»[286]

Men også den sceniske oppsetningen skulle få ben å gå på utenfor Norges grenser. I september 1948 var Det Norske Teatret på gjestespill i Göteborg, og to måneder senere stod Stockholm for tur. Suksess begge steder, og nye seire for komponisten.

Konsertversjonen gikk det imidlertid tregt med her hjemme. Harald Sæveruds forsøk på å få Peer Gynt-musikken plassert på programmet for Filharmonisk Selskaps Orkester i Oslo var uten hell. Der nøyde man seg med *Galdreslåtten* i sesongen 1948–49. Sæverud var skuffet og sint. Så fikk han heller ta skjeen i egen hånd og leie orkestret. Men i forkant av konserten som skulle finne sted i mars, var han ikke nådig i sine uttalelser om musikkbyen Oslo. VGs overskrift var ikke til å ta feil av: «Harald Sæverud gir Oslo dødsstøtet. Konserten søndag blir min takk og avskjed med Oslo.» Og i intervjuet tok han bladet fra munnen:

«Jeg er rasende. Er her ingen god stol? Jeg er ferdig med Oslo. Jeg har ingen lyst til å snakke om min orkesterkonsert søndag. Den blir min takk-og-avskjedsforestilling her. Det eneste gode ved Oslo er at byen ligger så nær København ... heretter kommer jeg til å bruke Oslo som mellomlandingssted på Københavnruten.»[287]

Konserten brakte også en nyhet, Sæverud hadde nemlig utstyrt *Peer Gynt*-musikken med et nytt forspill. Hans Jacob Nilsen medvirket også under fremføringen, men noen overveldende suksess ble det tydeligvis ikke, skal man dømme etter kritikerreaksjonene. Aftenpostens Hans Jørgen Hurum, som også hadde hatt innvendinger til den sceniske versjonen, lot heller ikke denne anledningen gå fra seg. Han fant at *Peer Gynt* i konsertformat ikke bare var tynnere i musikalsk henseende, «men også mer enn nødvendig ensformig forjaget og oppdynget burlesk».[288] Pauline Hall fulgte derimot opp sine begeistrede ord fra teaterpremieren: «Ikke et eneste sted rammer Harald Sæverud skjevt. I den programoppstillingen han valte i går, står hvert avsnitt lysende og klart med sin egen tone, sin egen klanglige karakter … Det var en aften av de sjeldne.»[289]

At Harald Sæverud foretrakk København var kanskje ikke så underlig sett på bakgrunn av den interessen han fant for sin musikk nettopp i Danmark. Ikke bare hadde et av landets forlag nå inngått avtale om utgivelse av hans verker, de danske radiosymfonikerne skulle også spille inn *Peer-Gynt*-musikken på grammofonplate.

NRKs formidling av norsk musikk sørget han også for å få gitt noen spark i det famøse VG-intervjuet. Sæverud var ikke den eneste som var misfornøyd med frekvensen av norske verker i radioen, men det var han som skulle utløse debatten. I NRK var det usseldommen som hersket, mente han: «Har NRK hatt en norsk komponist på programmet ett år, unngås han omhyggelig de neste par. Man må ikke gjenta seg – . Men det er nettopp gjentagelsen som må til, jo!»[290]

NRK ville ikke la seg feie av banen sånn uten videre, og musikksjef Hugo Kramm rykket ut med statistikk og påvisninger om at nettopp Sæverud var den innenlandske samtidskomponisten som hadde desidert flest oppførelser i kringkastingen. Men Sæverud lot seg ikke imponere. Han hamret videre om sitt hovedpoeng om at musikken måtte gjentas, dermed ville publikum få en reell sjanse til å bli fortrolig med det de hørte. Kritikerne anså han som så forutinntatt at de burde få verkene repetert enda mer:

«En gang er ingen gang, to ganger er nesten ingen gang og først ved tredje og fjerde fremførelse kan man si at tilhørerne har fått anledning til virkelig å lære et nytt verk å kjenne. En gjennomsnittsanmelder trenger som regel enda flere gjentagelser, men det kommer av at hans større eller mindre kunnskaper om musikk som regel hindrer ham i å bruke sitt instinkt, så her har den alminnelige konsertgjenger en stor fordel framfor anmelderen.»[291]

Debatten sluttet i det poetiske hjørnet, hvor Sæverud foretok en lett omskriving av et innlegg i verseform fra musikksjef Kramm:

For all hans akk og ynk (Sæverud)
og tusen klynk (også Sæverud)
på ett punkt lettvint kan kureres (Kramm):
la Norges egne komponister prioriteres
(i flokk og følge og også Sæverud).[292]

Internasjonale kontakter

Harald Sæveruds iver i NRK-saken var en naturlig følge av hans økende engasjement i flere av musikklivets organisasjoner etter krigen. Han var med andre ord ikke bare en tonekunstner som søkte ro og konsentrasjon i sitt elfenbenstårn på Siljustøl, eller nøyde seg med å frekventere musikkmiljøet i Bergen og den nærmeste omegn. Han hadde god kontakt med fagmiljøet i Oslo, særlig i årene etter krigen. Foruten vervet som varaformann i Ny Musikk var han i perioden 1946–48 medlem av Norsk Komponistforenings styre, dessuten tiltredende medlem av foreningens sakkyndige råd i åtte år. Vervene muliggjorde faglige forbindelser som fikk betydning for hans internasjonale kontaktnett.

En liten forsmak på dette kom i oktober 1945 da han var å finne blant det bergenske vertskap som tok imot en gruppe russiske komponister på offisiell reise i Norge.

Professorene Juri Shaporin og Vissarion Shebalin ble invitert til Siljustøl, og det er tydelig at kontakten mellom verten og de sovjetiske kollegene var den aller beste. I en tale han holdt for gjestene etter et besøk til Edvard Griegs grav på Troldhaugen, fremgikk dette med all tydelighet:

«Vi er dypt rørt over den måte hvorpå dere har æret vår store komponists minne. Kunsten – især musikken – er hjerteslaget i et folk. I dag banker de russiske og de norske hjerter i samme takt. Vi kjenner alle Griegs og Tschaikowskis fortrolige vennskapsforhold. Nå er de gamle bånd knyttet på ny.»[293]

Etter sovjeternes vellykkede Norgesbesøk, gikk takksigelser frem og tilbake mellom de to landene, og Harald Sæverud utnevnte professor Shaporin til «Ærestroll av Norge». Han tilegnet ham også *Galdreslåtten*.

I mai 1947 ble det gjensyn med gamle kjente i Moskva. Harald Sæverud og Klaus Egge representerte musikklivet i en norsk kulturdelegasjon på rundreise i Sovjetsamveldet, og han han lot seg imponere av det han opplevde på kulturens område. Her fant man opera og symfoniorkester selv på min-

Overvåket av landsfader Josef Stalin ser vi Harald Sæverud og Klaus Egge (nr 3 fra høyre) på delegasjonsreise i Sovjet i 1947. Mellom de to nordmennene står professor Juri Shaporin som Harald Sæverud tilegnet *Galdreslåtten*, og utnevnte til «ærestroll av Norge».

dre steder, og det var til og med hvilehjem for slitne komponister i Moskva! Han hadde et bestemt inntrykk av at Sovjet var et av de ledende land med hensyn til kulturell innsats, og var opptatt av den støtten som ble gitt til utviklingen av det rike kulturelle særpreg som fantes omkring i samveldets ulike nasjonalstater. «Jeg tror på landets store fremtid – ikke som leder av en verdensrevolusjon, men som en rekke nasjonalstater med sterk framgang på kulturens område,» sa han etter hjemkomsten.[294]

Også arbeidet i Ny Musikk brakte ham til nye miljøer. Sommeren 1946 besøkte han ISCMs verdensmusikkfest i London sammen med Pauline Hall. Det var første gang at Norge hadde offisiell deltagelse i den internasjonale organisasjonen, Pauline Halls tilstedeværelse i Warszawa i 1939 hadde stort sett gått med til å finne en avklaring på om Ny Musikk skulle godkjennes eller ikke som norsk seksjon i selskapet. Under krigen var det opphold i ISCMs internasjonale arbeide, derfor var samlingen i London den første siden Warszawa-møtet. Ingen norske verker var tatt ut denne gang, men reisen var likevel ikke bortkastet, delegatene fikk knyttet nyttige kontakter.

København var åsted for musikkfesten i 1947, og da stod norsk musikk for første gang på ISCMs program. Harald Sæveruds *Galdreslåtten* sammen med Fartein Valens Sonetto di Michelangelo var begge kommet igjennom det internasjonale nåløyet, og Sæverud lot ikke anledningen til selv å dirigere sitt verk gå fra seg. Ifølge Pauline Hall kom han meget heldig fra det.

Men København-festen var vellykket på flere måter. Harald Sæverud ble valgt inn i juryen for neste års musikkfest i Amsterdam. I januar 1948 måtte han derfor for en stakket stund avbryte tankevirksomheten om den nær forestående *Peer Gynt*-premieren i Oslo, for å være til stede på jurymøtet i Nederland. Det var en fornem krets av tonekunstnere som skulle pløye seg gjennom mer enn 200 komposisjoner fra store deler av verden. Med seg i juryen hadde Harald Sæverud bl.a. franskmannen Jacques Ibert og briten Alan Rawsthorne, begge meget markante i det internasjonale selskap.

Også denne gangen bestod to norske verker prøven: Fartein Valens fiolinkonsert og Klaus Egges trio. Men de var ikke valgt ut fordi han selv hadde sittet i juryen, understreket Harald Sæverud til pressen. Deres mandat var nemlig «på helt saklig basis å velge ut verk som – uansett komponistens nasjonalitet – var av en slik kvalitet at de fullt ut forsvarte å bli valt ut. Det er mot denne bakgrunnen en må se det gledelige faktum at Norge ble representert med to verk».[295]

Neste gang Harald Sæverud reiste til Amsterdam var det i full forvissning om at hans internasjonale aksjer hadde steget enda noen hakk. Musikkfesten fant nemlig sted tre måneder etter premieren på Peer Gynt, og i mellomtiden hadde stykkets suksess blitt registrert av adskillige utenlandske aviser. Sine opplevelser fra Holland utpenslet han i tre reisebrev til Bergens Tidende, og de handlet vel så mye om kanalbyens lirekasser og balinesiske danserinner, som om samtidsmusikken. Men visse verker under musikkfesten hadde gjort inntrykk på ham. Symfoni nr 5 av italieneren Gian Francesco Malpiero var bemerkelsesverdig på grunn av en instrumentasjon som han fant «meget original, ofte med rene tintoretto-virkninger i sine voldsomme kontraster».[296] En sinfonietta av amerikaneren Walter Piston var heller ikke til å kimse av: «Dirigenten, Leonard Bernstein, fikk orkestret så spill-levende at det ble en i høy grad forfriskende avslutning. Alle pustet lettet.»[297]

Underveis hadde han moret seg godt over polakken Andrzej Panufniks Voggesang for 29 strykere og harpe. Den hadde han selv trumfet igjennom i juryen og var meget spent på resultatet. Publikum er vant med litt av hvert på en ISCM-festival, men Voggesang må ha ligget høyt på provokasjons-skalaen:

«Der ble slått med dører, der var en som ropte 'mjau', og komponisten, som selv dirigerte, ble mer og mer rø i kinnene. Spøkelseslydene syntes å komme stadig nærmere og forskrekkelsen og uroen i salen vokste. Men stykket tok jo en gang slutt, og det forbløffende kraftige bifall viste at der

Programmet for åpningskonserten under verdensmusikkfesten for samtidsmusikk i Oslo i 1953.

NORSK KONSERTDIREKSJON

I. S. C. M.

The International Society for Contemporary Music

27. Musikkfest i Oslo

Torsdag 28. mai kl. 20.00 — Thursday May 28th 8 p.m.
Universitetets Aula

Det Filharmoniske Selskaps Orkester
The Orchestra of the Philharmonic Society, Oslo

Dirigent — Conductor
ØIVIN FJELDSTAD

1. Symfonikonsert

G.-FRANCESCO MALIPIERO (Italy)
Passacaglie 1952

ARNOLD SCHOENBERG (USA)
Concerto for Violin and Orchestra op. 36
Poco allegro
Andante grazioso
Finale: Allegro
Violin: *Tibor Varga* (Gr. Britain)

HARALD SÆVERUD (Norway)
Piano Concerto op. 31
Allegro non troppo
Andante cantabile
Allegro scherzando
Piano: *Robert Riefling*

P. RACINE FRICKER (Gr. Britain)
Symphony No 2 op. 14
Allegro moderato
Andante
Allegro vivace

allikevel var ganske mange som fant eksperimentet både berettiget og vellykket. Og det er jo nettopp en av selskapets fornemste oppgaver å gi plass for nye forsøk.»[298]

Både Valen og Egge kom pent fra presentasjonen i Amsterdam, men nå skulle det gå to år før norske verker igjen var å finne på ISCM-programmene. Det var i 1950 i Brussel. Klaus Egges 2. symfoni kom inn på sikker plass, og da det plutselig åpnet seg en mulighet i det oppsatte program, satte man inn Harald Sæveruds femte symfoni. Igjen hadde hellet vært på hans side.

Nå hadde Ny Musikk i Norge fått blod på tann. Foreningen ønsket den neste musikkfesten til Oslo. Det lyktes ikke i første forsøk, da gikk arrangementet til Frankfurt. Året etter ble Salzburg foretrukket. Men i 1953 kom turen til Norge, i et avgjørende øyeblikk for ISCM. Under festen i Salzburg var hele selskapet i ferd med å gå i oppløsning, presidenten trakk seg med umiddelbar virkning, og Oslo ble dermed redningen for kontinuiteten. Det skulle ikke vise seg å bli noen lett oppgave, og et av skjærene i sjøen var at de første Festspillene i Bergen var lagt til samme periode. To internasjonale musikkbegivenheter samtidig, det var nesten for mye av det gode for lille Norge.

ISCM forflyttet seg riktignok noen dager fremover slik at åpningen iallfall ikke sammenfalt med starten for Festspillene i Bergen. Den 28. mai var det så duket for verdensmusikkfest i hovedstaden. Harald Sæverud satt på første benk under det offisielle åpningsarrangement i Oslo Rådhus, med dirigentene Øivin Fjeldstad og Odd Grüner-Hegge på hver sin side. Om kvelden var hans klaverkonsert plassert etter Arnold Schönbergs fiolinkonsert på programmet for åpningskonserten i Aulaen. Det fikk Børre Qvamme i Morgenbladet til å utbryte:

«Etter denne innestengte og nesten makabre musikken kom Harald Sæveruds klaverkonsert som et befriende divertimento, lys og munter musikk som egger og morer ved en pikant rytmikk som aldri et øyeblikk forfaller til det stereotype og sjablongmessige. Det er forunderlig at det akkurat skulle være Norge som skaffet det lyse innslaget på denne konserten. Konserten virket som en scherzo mellom de to tunge verkene til Schönberg og Peter Racine Fricker.»[299]

Oppførelsene i ISCM var viktige for Harald Sæverud. Til musikkfestene kom fagpressen og mediene, og hans navn ble eksponert i det internasjonale miljø. Men ISCM-oppførelsene var i antall ganske marginale i sammenligning med de øvrige fremførelser utenlands. Interessen for *Peer Gynt*-musikken var særlig stor, og i 1949 gjennomførte Det Norske Teatret nok et suksessrikt gjestespill, denne gang til Haag, Amsterdam og Rotterdam. Samtidig var Harald Sæverud engasjert til å dirigere konsertversjonen av scene-musikken i nederlandsk radio.

Like etterpå gikk reisen til Göteborg hvor den femte symfonien fikk sin svenske førsteoppførelse. «Et gripende dokument i toner», skrev avisen Ny Tid. «Sæverud hjem fra triumfer», meldte Dagbladet tre uker før 1940-tallet ebbet ut. Det hadde vært et begivenhetsrikt tiår for Harald Sæverud, ikke bare hadde han opplevd noen av sine største suksesser, han hadde også skrevet en serie komposisjoner som skulle fremstå som topper i hans opusliste.

1950–1960

Klaverkonserten.
Påvirkning fra Bela Bartok?

1950-tallet var ikke mer enn noen måneder gammelt da det kom meldinger om nye oppførelser utenfor landets grenser. I april kunne Verdens Gang skrive om «Triumf for norske musikere i København», etter en konsert hvor Harald Sæveruds *Salme* hadde stått på programmet til Det Kgl. Kapel. Det var også duket for oppførelser av *Peer Gynt* i USA, Finland og Sverige.

Men Harald Sæverud var samtidig travelt opptatt med å komponere og planlegge nye verker. Han uttalte seg til pressen om flere prosjekter som han tygget på. Et av dem dreide seg om musikk til en dokumentarfilm om det gamle Havråtunet på Osterøy utenfor Bergen, et annet var til en ny ballett bygget over August Strindbergs Fröken Julie. Til Svenska Dagbladet uttalte han: «En lång tid har jag arbetad med pjäsen, och jag måste säga, att den nog är det mest geniala jag har mött på dette område. Jag har allt tagit på mig en svår uppgift.»[300]

Noen Frøken Julie-ballett kom det aldri fra Harald Sæveruds hånd, men filmmusikken til Havråtunet skulle bli realisert noen år senere. I 1950 var han også i ferd med den siste finpussen på klaverkonserten som tre år senere skulle «redde» åpningsarrangementet på ISCM-dagene i Oslo. Det var hans tredje konsert. Tidligere hadde han komponert konserter for henholdsvis cello og obo, men det var bare obokonserten som så langt var blitt uroppført. Cellokonserten hadde vært et adskillig lengre lerret å bleke, og selv etter 20 år forelå den fortsatt bare i versjon for cello og klaver. Klaverkonserten var han imidlertid meget godt fornøyd

Pianisten Robert Riefling uroppførte Harald Sæveruds klaverkonsert i desember 1950. Konserten ble også tilegnet Riefling.

med, og den 7. desember 1950 ble den uroppført i Koncert-Palæet i Bergen med Robert Riefling som solist og Olav Kielland på dirigentpulten. At Sæverud hadde fått lov å dedisere verket til Riefling, anså han som et stort pluss.

Allerede måneden etter stod klaverkonserten på Filharmonisk Selskaps program i Oslo, med samme solist og dirigent. Sæverud reiste til hovedstaden for å overvære oppførelsen, men etter sitt heftige brudd med byen to år tidligere, var han mer enn klar over hvilke spørsmål som kunne ventes fra tigerstadens aviser. Under et intervju med Aftenpostens Veronica kom han derfor journalisten i forkjøpet:

«– Apropos, skal De ikke snart spørre meg hva jeg syns om Oslo!

– Det trodde jeg ingen var i tvil om?

– Ja, jeg vet at jeg ikke har vært fylt av kjærlighet alltid, men jeg ble slått knockout da jeg kom inn i Oslos rådhus. Da måtte jeg innrømme at Oslo var en by jeg måtte ta hatten av for! Byen var god nok! sier Sæverud, og det er sikkert ikke mange som kan ta av en så bredbremmet hatt for byen vår som Sæverud kan det.»[301]

Den tresatsige konserten er på mange måter skåret over den klassiske lest, men innholdet er i stor grad typisk for opphavsmannen. Det gjelder særlig i førstesatsen hvor Sæverud nok en gang har latt seg friste av variasjonsprinsippet. Etter et «heroldisk» innledningsmotiv nærmest lister hovedtemaet seg frem, og blir deretter utgangspunkt for en serie variasjoner som utgjør satsens viktigste del, avbrutt av «heroldmotivet» underveis.

Andresatsen er meget lyrisk i sin klanglig gjennomsiktige struktur, mens finalen har i store partier et besnærende rytmisk driv. Den gir likevel et tilnærmet kammermusikalsk inntrykk gjennom en økonomisert instrumentasjon, som om det var en moderne wienerklassisk konsert Harald Sæverud hadde hatt som mål å komponere. Klaverkonserten adskiller seg på mange måter fra hans tidligere verker.

Konserten slo an. Klaus Egge var full av begeistring og fant i verket en fornyet Harald Sæverud: «I de hvirvlende tematiske kastene fra rot til topp danser ideene av sted med et hivende jag, lik en ung fole sloppet løs på vidda i kåte sprett.» Sæverud går stadig fremover, skriver Klaus Egge, og uttrykte sin glede over at «norsk musikk er blitt et virkningsfullt representasjonsverk rikere».[302]

Pauline Hall var mer forbeholden, men også hun fornemmet et stilskifte hos komponisten. Hun antydet til og med påvirkning fra såvel impresjonismen som fra annet hold: «Harald Sæverud har lært mye av Bartok, vil jeg tro, han har jo sinnet åpent for tidens musikalske strømninger, men han har sin egen måte å forme satsen på og å fordele rollene innenfor orkestret og fører idet hele sin musikalske frigjøringskamp på en selvstendig måte.»[303]

Bartok. Åpen for tidens strømninger. Kunne man oppfatte Harald Sæverud som en epigon? Det er muligens noe av dette som har ligget og ulmet i ham, for da Bartok-antydninger i enda tydeligere form dukket opp noen år senere, kom det reaksjoner fra komponisten.

Første gang var våren 1953. To amerikanske journalister hadde vært i Norge og intervjuet Harald Sæverud. Samtidig fikk de en kommentar fra musikkdosent Olav Gurvin, kritiker i VG og dr. philos. i musikkvitenskap. Overfor amerikanerne hadde Olav Gurvin påstått at Sæverud var litt påvirket av Bela Bartok, men at han skrev i en enklere stil enn det ungarske forbildet.

Sæverud ble meget fortørnet, og i et langt brev til Olav Gurvin tilbakeviste han det meste av det kritikeren hadde påstått. Punktet om hans angivelige avhengighet av Bartok var det tydeligvis meget viktig å ta avstand fra:

«Påvirkning fra Bartok utelukket!! Jeg så hans Allegro barbaro i 1920 og reagerte straks mot hans *anstrengte* modernisme. Har siden ikke beskjeftiget meg med ham et øyeblikk. Konserten for orkester hørte jeg i London *1948*, den var tom og upersonlig, synes jeg, mens violinkonserten, som jeg hørte iår hjemme hos Klaus Egge virket meget bedre. Som De vil forstå har jeg aldri været i virkelig kontakt med ham, – hvilket jo kan være min feil.»[304]

Gurvin sendte et svarbrev, selv om han syntes Harald Sæveruds skriv hadde vært «nokså spekket med spydigheter». Han kunne ikke skjønne annet enn at Harald Sæverud måtte ha misforstått, og til punktet om Bartok hadde han følgende forklaring:

«Men vi må da ikke glemme at det var da ham som skapte den musikkretning De tilhører, først senere og muligens parallell og uten påvirkning fra Bartok kommer så Stravinskij ... De skjønner sikkert også at jeg finner det best å gå til retningens far i stedet for å begi seg ut på sideveiene».

Harald Sæverud var adskillig vennligere stemt i sitt neste brev, og han måtte medgi at uttalelsen om Bartok hadde slått ned i ham på en helt spesiell måte:

«Jeg tror Deres ord om påvirkning av Bartok må ha reist seg som en mørk sky over det hele i mitt sind, og dette har i øyeblikket virket så forstemmende at jeg har sett litt for sort på svarene som helhet. Når jeg kan opplyse at jeg skrev mine første komposisjoner – helt frem til 2. og delvis 3. symfoni uten at ha hørt eller lest en eneste tone hverken av Bartok, Hindemith eller Stravinsky ... Men både Bartok og jeg har den samme musikalske fortid, så derigjennem kan der naturligvis oppstå tilsynelatende påvirkning fordi vi har reagert på de samme, eller rettere mot de samme tendenser i 'gårsdagens' musikk.»[305]

Han beklaget også reaksjonsformen i sitt forrige brev: «Vi komponister er et farlig folkeferd. Så altfor lett blir vi utsatt for heftige sinds-svingninger og så går det ut over våre mer eller mindre uskyldige omgivelser.»[306]

Freden var tilsynelatende opprettet, men punktet om Bartok-påvirkning må ha vært meget ømt. Året etter dukket det nemlig opp igjen, også denne gang med Olav Gurvin som igangsetteren, men nå var reaksjonen fra Harald Sæverud en ganske annen.

Foranledningen var en norsk konsert i New York i

april 1954. Ambassaden stod som arrangør og ingen ringere enn Leopold Stokowski og hans orkester var leiet inn til å presentere verker som stilmessig strakte seg fra Grieg til Fartein Valen. Av Sæverud stod *Kjempeviseslåtten* og *Galdreslåtten* på programmet.

Konserten i Carnegie Hall gikk som forventet meget godt, men noen dager senere offentliggjorde Verdens Gang en kronikk forfattet av Olav Gurvin. Artikkelen hadde overskriften «Noen refleksjoner etter konserten i New York», og her var han syrlig til det meste som angikk arrangementet. Et avsnitt må ha virket som salt i bergenskomponistens «Bartok-sår»:

«Harald Sæverud var eneste komponist med to komposisjoner: *Galdreslåtten* og *Kjempeviseslåtten.* Hvorfor ikke heller f.eks. *Sinfonia dolorosa*? De to andre er nok populære, men nå opplevet en at *Galdreslåtten* minte en av kritikerne om Saint-Saëns Danse Macabre, og da *Kjempeviseslåtten* ble spilt på en prøve, sa en ungarer ganske høyt: 'Bartok – Men Bartok var først'. Han kjente temaet igjen fra et av Bartoks verker.»[307]

Reaksjonen uteble ikke. Da Morgenavisen i Bergen forela dette for Harald Sæverud, fikk avisen en bastant avvisning av Gurvins påstander i retur:

«Gurvins omtale av *Kjempeviseslåtten* og *Galdreslåtten* … må nærmest karakteriseres som et avlivningsforsøk ved hjelp av leide mordere. En ungarer … skal på en prøve ha kjent mitt tema i *Kjempeviseslåtten* igjen som værende av Bartok, – 'men Bartok var først'. Uten nærmere undersøkelse spredes så dette ryktet ut over alt folket, gjennom Gurvins artikkel. Det er på denne måten en norsk doktor i musikk varetar en norsk komponists interesser! Den påberopte likhet med Bartok kan jeg naturligvis ikke uttale meg om, heller ikke vil jeg nevne noe om når Bartok kan ha skrevet sin melodi, men det må da etter all sannsynlighet være etter meg (27. august 1943), for ellers ville vel denne melodien, behandlet av en mester som Bartok for lengst ha vært kjent av flere enn en ungarer, – for hittil er Gurvins ungarer den eneste.»[308]

Sæverud krevde bevis av Gurvin, «innen et halvt år», ellers måtte han gå til avisene igjen. Dessuten kunne han ikke forstå at doktoren ikke var i stand til å høre forskjell på Danse Macabre og *Galdreslåtten*. «Nei, Gurvin, De får leie bedre mordere neste gang,» avsluttet han.[309]

Olav Gurvin ilte til med en forklaring i Aftenposten. Han rodde så det fosset, nå het det seg at «temaet i *Kjempeviseslåtten* lignet et tema av Bartok», det var med andre ord ikke lenger snakk om et lån. Han hadde bare brakt videre det han hadde hørt i New York, og oppga som kilde Leopold Stokowskis manager Schulhoff.

Nå kunne Sæverud gjennom Morgenavisen opplyse at Andrew Schulhoff var en god venn, og at han neppe visste «at hans uttalelser skulle bli nyttet som nedvurdering».[310] Men noe godt var det likevel kommet ut av debatten syntes Sæverud, for på denne måten måtte enhver ha blitt klar over Olav Gurvins innstilling overfor ham.

Karrierens toppunkt

Harald Sæverud var blitt kjent med Leopold Stokowski og hans manager Andrew Schulhoff under de første Festspillene i Bergen i 1953. Den populære maestro var Festspillenes store trekkplaster, og bare det å få en størrelse av dette format til Norge hadde vært litt av en bedrift. Men bergenserne ønsket å vise for all verden at det var et internasjonalt festspill i ypperste klasse man ville lage, og med kunstnere som Stokowski, Kirsten Flagstad, Yehudi Menuhin og Amadeuskvartetten fikk arrangementet en pangstart. Det var et sus av Hollywood rundt den amerikanske dirigenten, og med den stjernestatus som han nøt, var det ikke annet å vente enn at kontrakten inneholdt vilkår som stod i stil: intervjuer kom ikke på tale, og det var totalt foto- og filmforbud på de to konsertene han ga med Harmoniens orkester.

Stokowskis konsert ble gitt to ganger. Foruten egne Bach-arrangementer dirigerte han klassikere som Brahms og

Mesterdirigenten og Hollywood-stjernen Leopold Stokowski var det store navnet under de første Festspillene i Bergen i 1953. Hans oppførelse av *Kjempevise-slåtten* gikk det gjetord om, og han fremførte også verket flere ganger i USA.

Tsjaikovskij, men han hadde også tatt imot utfordringen om å presentere norsk musikk. Valget var falt på Fartein Valen og Harald Sæverud. *Kjempeviseslåtten* fikk en gnistrende fremførelse av en klangkunstner par excellence, og det var ovasjoner i Koncert-Palæet av en slik karakter at pressen mente de måtte være på høyde med dem som var blitt Ole Bull til del, når han kom på besøk til hjembyen etter sine meritter i utlandet.

New York Times' kritiker Olin Downes var tilstede under Festspillene. I en fyldig oversiktsartikkel hadde han merket seg det norske publikums forbauselse over Stokowskis fortolkning av «the excitement and drama of Harald Sæverud's *Ballad of Revolt*». Fremføringen skal ha vært et av de store samtaleemnene i Bergen. Mr. Downes, som dengang ble regnet blant USAs aller fremste anmeldere, hadde også merket seg Harald Sæveruds status og kalte ham «probably Norway's leading exponent of the modern school».[311]

Stokowski slapp ikke hvem som helst inn på seg, men før han dro, beæret han vertskapet med et besøk på Siljustøl. For virkelig å vise sitt format, så skrev verdensstjernen sin autograf i gjesteboken over en hel side. At festspillbesøket og møtet med norsk musikk må ha virket inspirerende på Stokowski, ser man av noen sympatiske linjer han samme høst sendte til den norske informasjonstjenesten i New York. Han så gjerne at hans ord ble brukt i propagandaøyemed:

«Det var en herlig opplevelse for meg å få dirigere ved festspillene i Bergen fordi Sæveruds og Valens norske musikk var av så høy rang og fordi orkestret spilte den med slik forståelse og publikum mottok den med så stor begeistring. Jeg gleder meg meget til å komme tilbake til det skjønne Bergen.»[312]

Noen måneder senere kom meldingen om at Stokowski hadde satt opp *Kjempeviseslåtten* på sitt program med Minneapolis Symphony Orchestra. Da verket ble fremført under den norske konserten i New York i april 1954, var det med andre ord fjerde gang på under ett år at mesterdirigenten fremførte *Kjempeviseslåtten*.

Stokowskis interesse representerte en voldsom oppmuntring for Harald Sæverud, og falt inn i den popularitetsbølgen han nå fløt på. 1950-tallet skulle på mange måter representere toppunktet i Sæveruds karriere, og æresbevisningene begynte også å komme. I mars 1952 ble han valgt inn som medlem av Kungliga Musikaliska Akademin i Stockholm, en sjelden ære for en utlending. Året etter fant myndighetene ut at nå var det på høy tid å innstille Harald Sæverud til statens kunstnerlønn. Det var en avgjørelse som ga gjenklang i vide kretser og fikk Hans Jørgen Hurum i Aftenposten til å komme med følgende utbrudd:

«Selvsagt! – er det første ord som faller en i pennen. Harald Sæverud er en så selvskrevet kandidat til statens 'komponistgasje' at nyheten bare kan bli møtt med et slikt utrop. Skulle meldingen komme overraskende på noen, måtte det være på dem som trodde at Sæverud forlengst og rettferdigvis hevet sin faste kunstnerlønn.»[313]

Harald Sæveruds ry i USA ga seg også utslag i en smigrende bestilling. Den kom fra Koussevitzky-stiftelsen i kongressbiblioteket i Washington og lød på en fiolinkonsert. Dette var det første av to store oppdrag fra den andre siden av Atlanteren, noen år senere var det staten Minnesota som ønsket seg en symfoni fra Siljustøl.

Harald Sæverud ble også jevnlig oppført i Norden og på kontinentet. I mai 1954 sto *Sinfonia dolorosa* på programmet for Praha-festspillene, og i september samme år fikk danskene for første gang høre Symfoni nr 5, *Motstandsviljens symfoni* på en konsert hvor Isaac Stern var solist i Beethovens fiolinkonsert. Sæverud kunne høste nye laurbær. I Politiken skrev Vagn Holmboe: «Den er lige typisk for sin skaber som for sin titel, ombølget av noget fantastisk i dens norske atmosfære og fantasirig saavel i de musikalske indfald som i instrumentationen … det er en musik der fanger øre og sind.»[314]

I Berlingske Tidende merket man seg at han hadde klart noe som ingen annen norsk tonekunstner før ham,

Den ungarske pianisten Andor Foldes var en entuasiastisk fortolker av Harald Sæveruds klaverkonsert, og han sammenlignet den med Bela Bartoks klaverkonserter.

nemlig å skape en stil på folkemusikkens grunn:«Folkemusikk er ikke et ornament i hans musikk, men gir hans musikk dens mening»[315]

Da *Galdreslåtten* i januar 1955 fikk sin svenske debut i Göteborg, var Bjørn Johansson av en lignende oppfatning: «Her har vi en opprinnelig begavelse som går sin vei gjennom fjellet mot gullet. Han er en norsk Bartok med diabolske ideer, minutiøs teknikk og uuttømmelig fabulering.»[316]

Harald Sæverud hadde nå også fått en fremragende ambassadør i den ungarske pianisten Andor Foldes som særlig hadde et godt øye for klaverkonserten. Knapt et år etter uroppførelsen, i oktober 1951, hadde han spilt konserten i Harmonien. Senere skulle Andor Foldes fremføre den et utall ganger. En nokså dramatisk situasjon fant sted i forbindelse med den tyske førsteoppførelsen i Radio Bremen i januar 1955. Dirigenten møtte ikke til prøven, og Foldes måtte sette det hele i gang med seg selv som dirigent. Han forberedte imidlertid orkestret så godt at radioopptaket gikk som en drøm. Da konserten var «i boks», reiste orkestermedlemmene seg alle som en og applauderte den sporty Andor Foldes.

Dette var den dramatiske ouverture på en serie konserter med Sæveruds klaverkonsert i Tyskland. Midt under turneen var Andor Foldes også en svipptur innom Oslo, og i en samtale med en journalist kunne han avsløre at han, som kunne velge og vrake i verdensrepertoaret, hadde funnet noe helt spesielt med akkurat dette verket:

«Når jeg har bestemt meg for å spille Sæveruds klaverkonsert i det ene musikksentrum etter det andre, er mitt motiv dette: Denne konserten er nest etter Bartok det beste jeg kjenner til i det internasjonale repertoar av klaverkonserter fra vår egen tid. Vær vennlig *ikke* å oppfatte dette som noen tom høflighetsfrase fordi jeg akkurat nå er i Oslo. Jeg *mener* det! Jeg kunne, om jeg ville, funnet tusen unnskyldninger for å la være å spille Sæverud. Men jeg *gjør* det, med dyp og inderlig glede.»[317]

Harald Sæverud var meget på reisefot i disse årene. Oppførelser krevde nærvær, og han var ivrig og dyktig til å markedsføre seg selv. I begynnelsen av 1956 var han en hel måned på de britiske øyer hvor han presenterte sin musikk i London og i en rekke av de større byene. Med seg hadde han den canadiske pianisten Malcolm Troup. Edinburgh-avisen The Scotsman oppfattet ham som «Norges mest navngjetne komponist», og ga en inngående beskrivelse av hans opptreden på en av byens musikkskoler. Sæverud hadde her satt seg fore å besvare spørsmålet «What does a composer's background mean to his art?»

«His was a subtle, very personal, fantasia method of speaking, one of informal reminiscence, parable, near epigram, and of relevant irrelevance laced with quiet humour. If those assembled in the Reid School of Music expected a solemn dissertation on the influence of Norwegian folk music on Saeverud's idiom they were disappointed, but all the same they learnt a good deal about his way of thought.»[318]

«Norges mest navngjetne komponist», ifølge Edinburgavisen The Scotsman. Harald Sæverud var en flittig markedsfører av sin musikk på de britiske øyer på 1950- og 60-tallet, og opparbeidet seg et sterkt navn i britiske musikkretser. Her ser vi ham ved flygelet i arbeidsværelset på Siljustøl.

På reisen var han også til stede og kastet glans over en BBC-konsert hvor klaverkonserten ble overført direkte på radio, og han ble mottatt med mer enn høflig interesse overalt hvor han viste seg. Men senere på året skulle han få erfare at britene slett ikke likte alt han hadde komponert. Da *Siljuslåtten* hadde sin britiske førsteoppførelse i Royal Albert Hall i august 1956, dirigert av ingen ringere enn Sir Malcolm Sargent, var tonen en helt annen i pressen. The Times kunne bare fastslå at «dessverre har Sæverud valgt å skjule temaene i Siljuslaatten bak så støyende og skrikende instrumentbruk at den enkle og naturlige charme nesten ikke var til å spore. Da er Griegs naive 'salong'-nasjonalisme å foretrekke fremfor denne form for forfalskning».[319]

To år seinere reiste han imidlertid selv kjerringa da han dirigerte *Kjempeviseslåtten* med Hallé-orkestret i Manchester som ledd i orkestrets 100-års jubileum. Harald Sæverud var kommet for å høre sitt stykke og hadde latt seg overtale av sjefdirigenten Sir John Barbirolli til å overta dirigentpinnen. At han måtte opptre i smoking og ikke i kjole-og-hvitt, var et poeng avisene kastet seg begjærlig over, og ga en sjarmerende sideeffekt til en tolkning som må ha vært temmelig intens. Ifølge Daily Express hadde han gitt konsertgjengerne deres største opplevelse under hele jubileumsfeiringen, mens Daily Telegraph kalte det «margfullt og rammende».[320]

I april 1958 fikk klaverkonserten sin London-debut med Sæveruds venn Andor Foldes ved soloinstrumentet. Igjen var det The Times som stod last og brast med ham. Her trakk man frem at klaverkonserten hadde vært kveldens høydepunkt, og at Harald Sæverud hadde maktet å assimilere folkemusikalske særtrekk slik at den nasjonale karakteren trådte frem som i *Peer Gynt*-musikken. Daily Telegraph vendte den andre siden ut, og skrev at musikalsk kantethet skjulte for et tamt og begivenhetsløst innhold.[321]

Reaksjonene gikk med andre ord opp og ned, men for de toneangivende i britisk musikkliv fremstod han som Norges fremste på samtidsarenaen. De relativt mange oppførelser på de britiske øyer hadde nok sammenheng med hans gode forbindelser til det britiske musikketablissemen-

Harald Sæverud var helt fra starten en av de sentrale personer i Festspillene. Fra v. direktør Frank Meidell Falch, Edvard Grieg og Per Aabel, og Arne Bjørndal på ryggen av Harald Sæverud – som fjording. Tegning: Audun Hetland.

tet. Dengang som nå er utenlandsoppførelser gjerne knyttet til enkeltkunstnere som finner musikken interessant.

Dirigenten Sir Malcolm Sargent var en av disse. Allerede i 1947 var han første gang kommet i kontakt med Sæveruds musikk da han dirigerte *Salme* med Filharmonisk Selskaps Orkester i Oslo. To år senere kom han tilbake til det samme orkestret og dirigerte *Galdreslåtten* i en forrykende versjon. Sir Malcolm var knyttet til flere av de fremste

Den britiske dirigenten Sir John Barbirolli. Han fremførte ofte verker av Harald Sæverud, som han fant meget interessant og særpreget.

London-orkestrene, deriblant BBC Symphony Orchestra som han i 1956 brakte med seg til Festspillene i Bergen. Da stod *Siljuslåtten* på programmet, og dirigenten uttalte til pressen: «Når vi er ute og reiser, vil vi gjerne spille musikk fra det landet vi gjester – hvis der er noe å finne, da. Her har det ikke vært vanskelig.»[322]

Hallé-orkestrets dirigent Sir John Barbirolli var den andre britiske orkesterleder som skulle bli fortrolig med Harald Sæveruds musikk. Det var han som senere uttalte de kjente ordene om Sæveruds særpreg:

«I have stressed his originality as a musician and a person because I believe this is one of the hallmarks of any man who makes a stamp upon his generation. Whether you like the music of Sæverud or not there is no mistaking who wrote it, and this can be said of few composers of the present day.»[323]

Minnesota-symfonien og USA-oppførelser

Også i USA fikk interessen for Sæveruds verker en topp på 1950-tallet. Den prestisjefylte bestillingen på fiolinkonserten fra Koussevitzky-stiftelsen i 1953 kom neppe tilfeldig. Den var nok et resultat av at Harald Sæverud forlengst hadde opparbeidet seg et navn i de riktige kretser på det amerikanske kontinent. Det var særlig musikken til *Peer Gynt* som hadde bidratt til det. Den var blitt presentert i USA i et radioprogram på CBS den 30. september 1951 i et program om norsk musikk med hovedvekt på Sæveruds og Griegs *Peer Gynt*-musikk. Her ble Harald Sæverud omtalt som «Norway's prominent living composer» av programlederen James Fassett.

Våren 1952 var det duket for nye radiosendinger over 12 amerikanske stasjoner, nå i en programserie om nordisk musikk. Her var stor plass viet Harald Sæverud, og foruten *Peer Gynt*-musikken stod *Sinfonia dolorosa, Galdreslåtten* og

Rondo amoroso på sendeplanen. Det er grunn til å tro at slike fokuseringer i seriøse radioutsendelser også var medvirkende til at han samme år ble invitert til å skrive et korverk til Pittsburg International Contemporary Music Festival. Denne ble ledet av Roy Harris, selv en fremstående symfoniker og på mange måter en amerikansk parallell til Harald Sæverud.

Oppdraget resulterte i korverket *Sjå soli på Anaripigg,* bygget over den norske folketonen med samme navn, og med tekst av hjemstavnsdikteren Engebret Hougen. Moderne diktere hadde Sæverud liten tro på. Da han ble spurt om man nå kunne vente seg flere vokalverker fra Siljustøl, ga han i grunnen svaret på hvorfor han senere aldri kom til å komponere flere korstykker: «Kanskje – hvis bare de norske tekstforfatterne ikke hadde vært så dumme. De er filosofer og setter seg ned og lager avhandlinger i stedet for vers. Kom med grasiøs poesi!»[324]

I det norske Amerika ble han også gjenstand for oppmerksomhet. Sommeren 1953 oppførte symfoniorkestret i Minneapolis musikken til *Peer Gynt,* og gjestedirigent var nordmannen Robert Andersen, dengang gift med Eva Knardahl som var orkestrets pianist. Musikken slo an, og anmelderen i The Minneapolis Star ønsket seg gjenhør med komponistens musikk: «We would like to hear one of Sæverud's larger works, for his ideas and vocabulary seem to have individuality».[325]Et halvt år senere ble ønsket et stykke på vei oppfylt, da Leopold Stokowski dirigerte *Kjempeviseslåtten* for nesten 4000 mennesker i Northrop Memorial Auditorium.

Å erobre New York var imidlertid en hard nøtt å knekke. Det hadde mange fått erfare. Harald Sæveruds navn var forlengst blitt markert i storbyen gjennom den norske konserten med Stokowskis orkester, men fortsatt stod en konsertoppførelse av *Peer Gynt*-musikken for tur. Anledningen bød seg vinteren 1957. The Little Orchestra Society med dirigenten Thomas Scherman var kjent for sin moderne programpolitikk. Hans øyne hadde nå falt på Harald Sæveruds *Peer Gynt,* og 25. februar ble 11 nummer av musikken fremført i Town Hall med sammenbindende tekst av skuespillerne Peggy Wood og Hurd Hatfield.

Sæveruds *Peer Gynt*-musikk ble presentert for det amerikanske publikum i en radiosending i 1951. Seks år senere fant den første konsertoppførelsen sted i Town Hall i New York. Kritikerne var begeistret og berømmet Sæverud for å ha gått sine egne veier.

TENTH ANNIVERSARY SEASON 1956-1957

THE LITTLE ORCHESTRA SOCIETY

THOMAS SCHERMAN, CONDUCTOR

Program Notes

FOR THE SEVENTH CONCERT, February 25, 1957

BY HERBERT WEINSTOCK

Soloists: PEGGY WOOD
HURD HATFIELD
JAN TOMASOW

1. Serenade in G major for small orchestra, op. 95 .... *Max Reger*
   Allegro moderato
   Vivace a burlesca
   Andante semplice
   Allegro con spirito

2. Concerto No. 1 in C major for violin and orchestra *Franz Joseph Haydn*
   Allegro moderato
   Adagio
   Finale: Molto vivace

   Soloist: JAN TOMASOW

INTERMISSION

3. Suite from incidental music to *Peer Gynt*, op. 28 .... *Harald Saeverud*
   An English narration for two voices and orchestra adapted from Ibsen's play by Arnold Sundgaard

FIRST AMERICAN CONCERT PERFORMANCE

Overture: The Devil's Five-Hop
The Bridal Dance
The Threatener
The Troll King's Jog
Hymn Against the Boyg
Mixed Company on the Coast of Morocco
Anitra
Solveig's Song
Twinnan
Here Was My Empire!
Sleep, My Precious, My Darling Boy

Narrator .... PEGGY WOOD
Peer Gynt .... HURD HATFIELD

Konserten vakte stor oppmerksomhet. Selv blaserte New York-kritikere fant dette interessant. Harold Taubman i New York Times betegnet musikken som kraftfull, voldsom og øm på samme tid, den var konservativ i melodikk, sa han, men avslørte opphavsmannens inngående kjennskap til det teatermessige: «This is music for the theatre, and it speaks with a strong dramatic impact.»[326]

Jay S. Harrison i New York Herald Tribune lot seg

begeistre av den intrikate og fargerike orkestrering, dessuten av det varierte rytmiske uttrykket og konkrete billedinnhold i flere av satsene. Her hadde Grieg fått en verdig etterfølger :

«Fortunately, Mr Sæverud has forgotten Grieg altogether and proceded according to his own dictates and in observance of a highly personal and healthy idiom. *Peer Gynt* is fine fun. It tumbles, frolics and grows lyric in direct relation that Ibsen's play does the same.»[327]

Little Society Orchestra fikk pen uttelling for valget av Sæverud, og fremføringens kvalitet ble rost i høye ordelag og bidro på sin måte til suksessen. Norske aviser fulgte opp og gjenga de amerikanske presseorganers superlativer.

Harald Sæverud hadde nå lagt siste hånd på fiolinkonserten for Koussevitzky-stiftelsen i Washington og var ledig for oppdrag. Nok en gang skulle han få en fristende oppgave fra USA, og denne gang var oppdragsgiverne hans venner i Minneapolis. I 1958 skulle det feires 100-års jubileum for opprettelsen av staten Minnesota, og i denne svært så skandinaviske delen av det amerikanske kontinent, ønsket man seg en symfoni av en nordisk tonekunstner.

Arbeidet med saken hadde startet flere år tidligere. Da hadde direktøren for universitetet i Minneapolis, Mr. James Lombard, foretatt en sonderingsreise i Norden. Med seg tilbake til juryen i Minneapolis hadde han noter, bånd og grammofonplater med det beste som var å oppdrive av symfonisk musikk fra de nordiske breddegrader. I sluttfasen ble Klaus Egge og Odd Grüner-Hegge fra Norsk Komponistforening også koblet inn, og det endelige valget falt på Harald Sæverud. Et meget ærefullt oppdrag må man kunne si, og det var en både ydmyk og humoristisk Harald Sæverud som i august 1957 kommenterte saken for Bergens Tidende:

«Jeg begynte med en gang. Fant fram encyklopedien, og det tok ikke lang tid før jeg følte meg på hjemmebane, for Minnesota viser seg å være nettopp de traktene jeg i fantasien ferdedes i som gutt, da jeg opplevet mine første spennende indianerfortellinger. Men det blir selvsagt ikke en indianerhistorie jeg kommer til å skrive. Det var bare så godt for meg at jeg følte meg hjemme i landskapet fra begynnelsen av.»[328]

Han utbroderte det hele med en usannsynlig historie om at han hadde slektninger blant indianerne: to unge piker i familien skal ha blitt røvet av rødhudene, og de var helt sikkert giftet inn i stammen, påstod han.

Harald Sæverud hadde ikke mer enn tiden og veien for arbeidet, verket skulle leveres allerede i september 1958. For første gang ville han også komponere en firsatsig symfoni, og det kom stadig drypp i pressen om arbeidets gang. I april kunne han fortelle at det ville bli et av hans største verker så langt. Han hadde allerede klar satsbetegnelsene for første og siste sats, henholdsvis «Once upon a time» og «Mennesket og maskinen». Men arbeidet var hardt: «Nei, den symfonien er ikke gjort på en ettermiddag. Men jeg har stor tro på symfonien. Oppdraget har inspirert meg sterkt. Slikt gir nye impulser og er i høy grad oppdragende.»[329]

Harald Sæverud holdt innleveringsfristen, og fikk sendt symfonien til Minneapolis i tide. Men så oppstod det komplikasjoner. Notemateriellet forsvant i posten og et fortvilet etterlysingstelegram ankom Siljustøl fra USA. Pakken var blitt liggende på posthuset i Minneapolis, og viktig innstuderingstid gikk tapt. Men med den rutinerte Antal Dorati på dirigentpulten, skulle det vise seg at forberedelsen ikke ble særlig skadelidende likevel.

Harald Sæverud reiste selv over til Minnesota til uroppførelsen, og turen må ha artet seg som den reneste triumfferd. I Minneapolis ble han mottatt som en stjerne. Allerede ankomstdagen var det pressekonferanse med stort oppbud av TV- og radioreportere. Han holdt forelesninger på flere universiteter, og fikk føle amerikansk gjestfrihet på sitt beste. Konserten var det store samtaleemnet på byen, og verdenspremieren på bestillingsverket var det musikalske høydepunktet under jubileumsfeiringen. Han ble gjenkjent og stoppet på gaten av folk som ville hilse på berømtheten fra Norge, og for den slektsbevisste Harald Sæverud var det eks-

4 200 mennesker fylte Northrop Memorial Auditorium under uroppførelsen av Harald Sæveruds *Minnesota-symfoni* i oktober 1958.

tra hyggelig at han fikk møte sin tante, Mrs. Ragnhild Tvedt, som var bosatt i St. Paul, tvillingbyen til Minneapolis.

Harald Sæverud hadde døpt sitt verk *Minnesota-symfoni* og hver av satsene hadde egne titler: «Det var en gang»; «Håp og lengsler»; «En morsom dag»; «Mennesket og maskinen». I den lystige tredjesatsen hadde han tegnet et bilde av en landlig dag med dyr og mennesker i skjønn forening. For å få frem den rette klangen hadde han derfor tatt med seg sauebjeller og honningbokser til å slå som cymbaler, som supplement til orkestrets slagverksseksjon, noe som selvfølgelig vakte ekstra oppsikt.

Den 18. oktober var D-dag for *Minnesota-symfoni.* Konserten skulle finne sted i Northrop Memorial Auditorium som samtidig var Auditorium Maximum for Minneapolis' universitet. I den enorme konsertsalen hadde andre av Sæveruds komposisjoner tidligere vært å høre, men neppe for et like stort publikum. Nå var lokalet fylt til randen av mer enn 4 000 mennesker. Minnesotas guvernør, byens borgermester, den norske generalkonsul og alt som kunne krype og gå av lokale notabiliteter var møtt frem. Sæveruds bror Fridtjof var for

Harald Sæverud hyldes i Minnesota. Fra v. de to kapellmestrene i Minneapolis Symphony Orchestra, Antal Dorati og Gerhard Samuel. Til h. for Sæverud formannen i jubileumskomiteen, Peter Popovich.

anledningen kommet fra New York, hans gode venn Bozidar Jakac som tilfeldigvis oppholdt seg i USA hadde tatt turen fra Cleveland sammen med sin kone. Ved et sammentreff falt konserten på samme dag som komponistens amerikanske tante fylte 90 år.

Harald Sæveruds forventninger var spent til bristepunktet; han var både nervøs og optimistisk før begivenheten. Han hadde fulgt flere av prøvene og gitt råd underveis, men han hadde lite å frykte fra utøverne. Antal Dorati behersket situasjonen til fulle sammen med et topptrimmet orkester, og oppførelsen ble da også en suksess av de sjeldne. Det var stående og taktfast applaus i fire minutter, og komponisten måtte tre ganger frem og motta publikums hyllest. Det ble til og med holdt tale for ham i konsertsalen.

Den ellers så selvkritiske Harald Sæverud var denne gang ganske fornøyd med oppførelsen. Hans kommentarer til pressen etterpå bidro også til å øke sympatien for ham selv:

«Oppdraget som jeg fikk av staten Minnesota har vært det mest interessante i mitt liv. Hele mitt liv har vært en forberedelse til å skrive dette verk. Med kartet over Minnesota over mitt skrivebord og med alle mine tanker og all min innlevelsesevne innstilt på Minnesotas historie dukket jeg ned i et arbeid som viste seg stadig mer fascinerende jo mer det blir klart for meg at det vokste til en hele menneskehetens historie samtidig.»[330]

Også kritikerne fulgte opp begeistringen. John H. Harvey i St. Paul Pioner Press skrev at symfonien var preget av «robust kraft og edel ånd. Den er holdt i en stor form, men dimensjonene er sprunget ut av en tanke og ikke bare av en trang til det storstilte.» Hans kollega Norman Houk i Minneapolis Tribune syntes hovedinntrykket var «følelsen av orkestralt mesterskap kombinert med frodig fantasi».[331]

Harald Sæverud ble i Midtvesten enda en uke, og feiringen av ham fortsatte. Dagen etter uroppførelsen ble symfonien gjentatt på St. Olaf's College med introduksjon av komponisten. Samme kveld var det stor mottagelse hos generalkonsulen. 110 gjester hadde innfunnet seg, med viseguvernør og senator i spissen.

Men det skjedde også oppførelser av hans verker andre steder i USA. Han måtte foreta en liten avstikker til Fort Wayne i Indiana for å kaste glans over en konsert hvor *Sinfonia dolorosa* stod på programmet, og dagene var spekket med intervjuer, mottagelser, selskapelighet, seminarer. Det ble ikke mange ledige stunder på den feterte tonekunstneren. Da han forlot Minneapolis, var det i trygg forvissning om at han hadde gjort rett og skjell for seg overfor vertskapet. At han var blitt utnevnt til æresborger av Minnesota, var et av bevisene han kunne ta med seg tilbake til Siljustøl.

Harald Sæverud hadde det ikke travelt med hjemreisen, og før han satte kursen mot Norge oppholdt han seg i New York i over en måned. Her besøkte han kunstnerkolleger, agenter, konserter og operaforestillinger. Samtidig drev han intens reklame for seg selv og sin musikk. Flere ganger var han på amerikansk fjernsyn, deriblant som gjest i en serie kalt «Mitt land og mitt folk», hvor han fortalte om *Rondo amoroso*, *Peer Gynt*-musikken og sitt syn på musikk i sin alminnelighet.

Han holdt foredrag i den norske klubben i Brooklyn og i den norske sjømannskirken.

En god medhjelper var ambassadens informasjonssjef i New York, Jon Embretsen. Han hadde også tidligere slått mangt et slag for Harald Sæverud og for hjemlandets musikk i USA. Embretsen var en av de hovedansvarlige for den norske konserten med Stokowski noen år i forveien, og hadde opparbeidet seg meget gode kontakter innen amerikansk musikk- og presseliv. Disse kom nå Sæverud til gode.

Men det var en familiær side av besøket som betydde noe helt spesielt for Harald Sæverud, som med årene var blitt mer og mer opptatt av sine slektsrøtter. New York var ikke bare mulighetenes by i musikalsk sammenheng, den var også nest etter Bergen, den byen som kanskje hadde spilt den største rollen i familiens liv. Her var Marie Hvoslef født og vokst opp, og her hadde flere medlemmer av hans egen slekt slått seg ned og gjort karriere.

Broren Fridtjof, som hadde virket i New York i mer enn 30 år, hadde opparbeidet seg et lysende navn innen amerikansk ingeniørkunst. Hans konsulentfirma Severud Associates samarbeidet med tidens fremste arkitekter som Ludwig Mies van der Rohe, I. M. Pei og Eero Saarinen. Fred N. Severuds virksomhet foregikk mange steder i verden, og firmaet var involvert i monumentalbygg som Madison Square Garden, kongresshallen i Berlin og flybasen i Thule på Grønland.

Kanskje nøkkelen til Fred N. Severuds suksess lå i en bedriftsfilosofi som hadde adskillige berøringspunkter med tanker hos hans musikalske bror. Han var overbevist om at en god teknisk løsning skulle være som en vakker melodi. Når han ansatte medarbeidere, var han mindre opptatt av deres karakterer fra ingeniørhøgskolen enn av deres interesser utenfor ingeniørfaget. Kreativitet var ikke noe man kunne lese seg til, mente han, et synspunkt som komponisten til fulle kunne underskrive.

I New York fikk Harald Sæverud også fylt ut blanke ark i slektskrøniken. Her traff han sin siste gjenlevende onkel, Christian Tvedt, yngste bror av Harald Sæveruds mor. Onkelen hadde også slått seg opp innenfor ingeniør-

En entuasiastisk komponist viser fram partituret til *Minnesota-symfonien* under pressekonferansen like etter ankomsten til tvillingbyene St. Paul/Minneapolis.

faget, og hadde nytt å fortelle om komponistens bestefar, Bård Johannesson Tveit; ordføreren, læreren og altmuligmannen fra Samnanger. Bård kunne nemlig lage trommer, et faktum som nærmest virket berusende på hans sønnesønn:

«Tenk en mann som bor i Samnanger og så lage trommer! Han kunne komme opp i en slik ekstase når trangen besatte ham, at de som hørte på, følte det som om en stor prosesjon nærmet seg og drog forbi. Han var 65 år gammel siste gang man hørte ham tromme, så det var langtfra guttestreker.»[332]

Som et resultat av denne åpenbaringen gikk han nå svanger med en «slektssymfoni», som kronen på verket etter så mange musikalske fenomener i ledd etter ledd: «Når slekten har vært så breddfull av musikk, så jamen er det berettiget at jeg er komponist,» sa han til Veronica i Aftenposten.[333]

Her hjemme var det Harmonien som hadde sikret seg førsteretten til å presentere *Minnesota-symfoni*. Norgespremieren fant sted i Bergen den 8. januar 1959, bare noen måneder etter uroppførelsen. Så fulgte Festspillene opp og plasserte verket på programmet for årets avslutningskonsert, og i oktober var det Oslo-publikumets tur til å stifte bekjentskap med det som komponisten omtalte som sitt hovedverk.

I forbindelse med Festspillenes oppførelse, ble Harald Sæverud intervjuet av Aftenposten. Hans stigende grad av løssluppenhet ga seg utslag i en fargerik beskrivelse av *Minnesota-symfoniens* opphav som stod i en viss kontrast til det han tidligere hadde uttalt:

«Selve oppdraget var jo i høyeste grad inspirerende, og så var jeg så heldig med starten av den. Jeg hadde vært på en større fest dagen før og følte at jeg trengte frisk luft. Jeg la meg derfor på rygg oppå kattehustaket – vi hadde så mange katter en tid, – og stirret opp mot det uendelige blå. Plutselig fløy to høker forbi, og litt senere en falk, skåret av den fineste skredder i verden. Fantasien kjentes så løs og ledig, og der lå jeg da og planla hele symfonien med alle de fire satsene. En lykksalig stund var det å ligge der og se opp mot himmelen og skyene og fuglene, og samtidig skape et nytt verk. Det hele var gjort på to, tre timer, men selve den nøyaktige utarbeidelse og instrumentasjonen måtte jeg bruke seks måneder til.»[334]

Symfonien fikk god mottagelse under fremføringene i Bergen, og i Oslo slo den godt an hos publikum. Men kritikerne i hovedstaden var ikke helt overbevist om verkets kvaliteter. Det var et langt sprang mellom den amerikanske hjerteligheten, bergensk sympati og hovedstadens kaldere klima. I Oslo var det også et litt annet kritikerkorps i sving enn tidligere, nå var det til dels yngre anmeldere som møtte opp. Verken Pauline Hall eller Klaus Egge skrev fra konserten.

I Dagbladet ga Øistein Sommerfeldt den fagmessige vurdering, og han syntes komponisten med sin førstesats lovet mer enn han klarte å holde i resten av verket. Den manglet den episke bredden han syntes Sæverud hadde lagt opp til i starten. Instrumental-effekter typisk for opphavsmannen kjente han igjen fra tidligere verker, men dette var «effekter som ikke bør gjentas, fordi de er så aldeles glimrende den ene gang de brukes! Men da har de også gjort sin musikalske 'bon mot'-virkning!»[335]

Finn Benestad i VG var jevnt over meget positiv, og

så frem til gjenhør med verket. «Å bedømme den etter denne ene gangen vil være urettferdig», skrev han. Signaturen EW i Arbeiderbladet, Klaus Egges avis, syntes derimot verket virket «utvendig i ånd og tone», men registrerte forskjellen mellom hans egen og publikums oppfatning gjennom en talende formulering: «... helhetsinntrykket var ikke overbevisende. Symfonien ble mottatt med stormende bifall.»[336]

Helt fersk i faget var den unge Arne Nordheim som skrev i Morgenposten. Hans anmeldelse var meget lang og kritisk. Selve anstøtssteinen for ham var at symfonien hadde et programmatisk innhold. Den unge Arne Nordheims idealer gikk i retning av den absolutte musikk, et premiss han klargjorde i avisen:

«For meg står musikk som en grenseløst uttrykksfull kunstart. Ja, i kraft av sitt vesen makter den ikke engang å inngå forbindelser med så enkle litterære begrep som 'ja' og 'nei'. Derfor må Sæveruds *Minnesota-symfoni* bedømmes rent musikalsk – programbladets ærede anmerkninger til tross.»[337]

Arne Nordheim fant at det musikalske her representerte noe av det beste han hadde hørt hos Sæverud, men i opposisjon til dette stod vulgarismene, det som kom utenfra. Anmelderens problem var at han syntes de to første satsene var meget gode, men når sauebjellene satte inn i tredjesatsen var det slutt:

«Rent musikalsk opphører symfonien å eksistere fra det øyeblikk. Hvorfor? Fordi assosiasjonene velter på og kveler den opparbeidede musikalske spenning. Så lite skal det til når man har med musikk å gjøre. Og dette forfølger symfonien til døren, til siste takt. Sluttsatsen er nemlig også belastet med de bristende krav til musikkens estetiske lover.

Det er grunnen til at jeg satt igjen med en ærlig beundring for en halv symfoni.»[338]

Dette var begynnelsen. Et gryende klimaskifte var på gang i norsk musikkliv, og der skulle Arne Nordheim med årene få en av de mest sentrale plassene.

Siljustøl. Etterkrigstiden.
Sella Hvoslef

Selv om han i perioder kunne være mye på reisefot og så ut til å trives med slike avbrekk i arbeidet, var det likevel Siljustøl som representerte Harald Sæveruds kongerike. Dette var hans musikalske laboratorium, han kunne oppholde seg ute på den flere hundre mål store eiendommen timesvis i strekk. Alltid pertentlig oppdresset med sløyfen på plass, enten han gravde en grøft eller satt ute og komponerte.

Harald Sæverud var meget nevenyttig og la ned et stort arbeid på Siljustøl. Geitene holdt til i et gammelt moldhus, og dette utvidet han selv med høyloft og en stor utepeis i naturstein. Gjennom hard egeninnsats og godt hjulpet ikke minst av den eldste sønnen Sveinung, virkeliggjorde han med årene også sin drøm om et tjern og to fosser. Det måtte jo til for en tonekunstner som hadde hatt en oldefar som hadde hentet trevirke til sine feler fra strøkene rundt fossefall!

Geitene var et kapittel for seg. De var av stor betydning for «matauken» under krigen, og Harald Sæverud tok gjerne et tak med i melkingen. Han hadde også lært seg kunsten å yste ost på gamlemåten, og sørget selv for at det var geitost i huset. Men etter krigen ble det mer mas enn praktisk bruk for geitene. Egenrådige og vanskelige dyr var det også, de stanget seg gjennom gjerdene og var umulig å holde styr på. Likevel beholdt man så mange som 17 geiter til 1949, men da var det også slutt og dyrene ble solgt.

I en klasse for seg stod Bukken Bruse. I flere år fungerte geitebukken som Siljustøls vaktbikkje. Den var meget effektiv i utøvelsen av sitt embete, og bygdens store skrekk. På sin røffe måte var dyret naturlig nok familiens kjæledegge, men til slutt måtte også Bukken Bruse bøte med livet til stor fortvilelse for guttene. For å overbevise dem om at dette var nødvendig, måtte Harald Sæverud bruke adskillig kløkt og overtalelsesevne:

«Jeg forklarte småguttene at den ikke lenger kunne være sammen med oss. Men dere vet jo at når man spiser, legger man maten på seg, og vi skal drikke blodet og suge marven og spise kjøttet, slik at vi legger Bukken Bruse på oss, sa jeg. Så har vi den med oss bestandig. Det syntes guttene var klok tale, og det var det jo. –

– Men hvordan tar du livet av den, far? spurte den eldste gutten.

– Jeg slår den fort i hodet, forklarte jeg.

– Å nei, å nei, sa gutten, – skal vi ikke heller sage den.»[339]

Det var behov for mange tjenestefolk for å drive et hus som Siljustøl. I tillegg til drengen hadde man lenge fem hushjelper, av disse bodde tre i en egen tjeneravdeling i huset. De andre kom fra de nærmeste gårdene. En av hushjelpene var «guvernante» for guttene. Når Harald Sæverud var opptatt med komponering, fikk ikke guttene lov til å slippe inn i hovedbygget. Da måtte de holde seg i fløyen med barnerommene hvor det også var et eget barnekjøkken.

Men hver ettermiddag var det samling med far i stuen eller i Hulen, som lå ved foten av trappen opp til annen etasje. Et mørkt, spennende lite rom med egen peis, sofakrok og et lite bibliotek. Det var tid for opplesingsstund med Harald Sæverud i hovedrollen. I mange år var dette daglig rutine, og fra eventyr og bøker av typen Greven av Monte Christo, tok han steget over i den norske nasjonal-litteraturen, dag etter dag, med en voldsom innlevelse. Ble han særlig beveget, var ikke tårene langt unna.

Når svigermor Sella var i landet, deltok hun alltid i opplesingsstundene, kvinnen som muliggjorde så mye av det som skjedde på Siljustøl. Ikke bare hadde Sella Hvoslef betalt for hus og eiendom, hun hadde også subsidiert driften av stedet, som må ha vært et gigantisk pengesluk. Utgiftene til tjenestefolk var solide, men strømregningene må ha vært i en klasse for seg. Harald Sæveruds system for takvarme krevde så store mengder energi at familien på Siljustøl sannsynligvis var blant de største bidragsyterne til det lokale kraftverk.

Levestandarden ellers var det heller ikke noe å si på. Kun det beste var godt nok. Skulle man noe sted, var det som

Det var ikke bare Harald Sæverud som utfoldet seg kunstnerisk på Siljustøl. Marie var både en habil pianist og en talentfull billedkunstner.

regel bare å ta drosje. Da guttene i lang tid hadde tryglet og mast om å få se en bjørn, tok han dem like godt med seg på drosjetur til Vassfaret. Han leiet sin faste drosjekusk fra Fana og dro som turist gjennom Hardanger til bjørnens rike. Her bodde de i en primitiv skogshytte og voktet på bamsen som ikke kom. Men en morgen ropte Harald Sæverud i overstadig begeistring: «der så jeg skyggen av bamsen, den labbet godmodig forbi i skogbrynet».[340] De halvvåkne guttene lot seg overbevise, de syntes så menn at de også hadde fått et glimt av Bamse Brakar, og så var det å begi seg glad og fornøyd på hjemturen i drosjebil.

Sella Hvoslef kom på besøk fra Baltimore til Bergen flere ganger årlig, og ble nærmest fast inventar på Den Norske Amerikalinje. Den 150. turen fikk hun gratis, det samme

Sella Hvoslef fotografert ombord i amerikadamperen på en av sine tallrike reiser til gamlelandet. Tilsammen krysset den myndige damen Atlanterhavet 173 ganger.

med den siste som foregikk i urne i 1955. Da hadde hun krysset Atlanteren tilsammen 173 ganger. Mor og datter gikk meget godt overens, men Sella Hvoslef kunne være en streng dame som nok var av den mening at barn kunne sees og helst ikke høres. Men guttene likte henne godt likevel. Forholdet til svigersønnen kunne i perioder være anstrengt, de var begge ganske bestemte personligheter, men det var Harald Sæverud som forlangte oppstilling og inspeksjon av guttene før middag, og ikke hun. Sella, liksom den oppofrende Marie og resten av familien, bidro maksimalt til at Harald Sæverud kunne få arbeide så konsentrert som mulig med sine komposisjoner. Han slapp stort sett å beskjeftige seg med daglige trivialiteter, og kunne dyrke sin kunst og sine særegenheter i fred.

En viss forskjell inntrådte etter 1955 da Sella Hvoslef

døde. Året etter gikk også Harald Sæveruds mor bort. Hun hadde da bodd på Siljustøl de siste seks årene. Marie Sæverud var enearving etter Sella Hvoslef, og fikk som kontantarv ca. kr 200 000, hvilket skulle tilsvare flere millioner 1997-kroner. Resten av sitt liv mottok hun en årlig avkastning av et amerikansk trust-fond. Dette var familiens økonomiske basis.

Utbetalingen til Norge var prisgitt avkastning og dollarkurs, og i perioder svingte kursen voldsomt. Med det pengeforbruket man var vant til, var det perioder hvor det virkelig knep med midler. For å komme over økonomiske kneiker måtte man derfor selge ut verdier. En gang gikk en ekte van Gogh på auksjon, og mange av Marie Sæveruds smykker gikk samme veien. I en periode var situasjonen så anstrengt at en del av eiendommen ble overlatt Fana tomteselskap. Det må ha smertet dypt, for det var Harald Sæveruds mål å holde eiendommen så intakt som mulig med tanke på fredning engang i fremtiden, tanker han hadde gjort seg helt tilbake til 1937.

Marie Sæverud var også Siljustøls perfekte vertinne. Da Harald Sæverud på begynnelsen av 1950-tallet igjen ble medlem av Harmoniens programutvalg og litt senere av det tilsvarende i Festspillene, økte antallet besøkende i deres hjem. Marie Sæverud så betydningen av å pleie mange forbindelser, og var den som i første rekke tok seg av gjestene. Hun var blendende vakker og uhyre representativ, dessuten hadde hun en internasjonal bakgrunn, store språkkunnskaper og innsikt i de ulike kunstarter som gjorde at det tydeligvis var en fryd for de mange gjestene å avlegge Siljustøl et besøk.

Marie Sæveruds overbærenhet med ektemannens ideer var stor. Hun elsket blomster og så for seg en bugnende hage, men møtte liten forståelse. Da hun engang hadde fått plantet pinseliljer utenfor huset, var han ikke sen med å beordre dem bort. Slikt hørte ikke hjemme på «stølen», mente han. Liljene ble imidlertid stående, og Harald Sæverud måtte etter hvert medgi at de ikke var så verst likevel.

Harmonien som husorkester

I 1948 hadde Harald Heide forlatt Harmonien som selskapets kunstneriske leder. Da hadde han vært ansatt i institusjonen i 41 år, og stått i spissen for det reorganiserte symfoniorkestret i 29 av dem. Ingen hadde tidligere virket som Harmoniens sjefdirigent så lenge, det var i landsmålestokk også en ganske enestående bedrift. Myndig og ordknapp hadde han drevet sine musikere fremover, ikke alltid elsket for de kompromissløse kunstneriske krav, men alltid respektert. Han ble etterfulgt av den temperamentsfulle Olav Kielland som ledet Harmonien i en tre-års periode, og etter et kort interregnum på to år, finner man den første utlending i dette århundret på den viktige dirigentposten: ungareren Carl Garaguly.

For Harald Sæverud hadde Harmonien fungert som det reneste husorkester. Ikke bare var alle hans orkesterverker blitt oppført med de lokale symfonikere, han hadde også gang på gang fått slippe til på dirigentpulten. Fra 1923 til 1943 ledet Harald Sæverud Harmonien på ikke mindre enn 22 konserter, og han skaffet seg dermed uvurderlig orkesterinnsikt som kom ham til nytte i det skapende arbeid.

Etter krigen gikk det lengre tid mellom hver gang han dirigerte orkestret, derimot kom han sterkere med i selskapets styre og stell. I 1953 finner vi ham igjen som medlem av Harmoniens programkomité etter et opphold på 10 år, og samme år gikk han inn i den tilsvarende komité i Festspillene. Slik de musikalske forholdene artet seg i Bergen var det ingen tette skott mellom institusjonene akkurat. Harmonien var allerede fra starten en av hovedpillarene i Festspillene, og må krediteres mye av farskapet for den nye institusjonen. Av åtte konserter på Festspillenes hovedarena Koncert-Palæet i 1953, stod Harmoniens orkester for fem. Tordenskjolds soldater vandret mellom styrer og programutvalg i de to institusjonene, og Harald Sæverud var nå en av dem. Samtidig trappet han ned sine tillitsverv i Oslo. Etter ISCM-festen i 1953 hadde han frasagt seg gjenvalg i styret i Ny Musikk. Dermed ble hans oppmerksomhet ytterligere konsentrert om hjembyens musikkliv.

Carl (von) Garaguly var Harmoniens sjefdirigent i årene 1952–58. Harald Sæverud hadde stor sans for den temperamentsfulle ungareren som ofte satte hans verker på programmet, og han tilegnet ham orkesterverket *Vade mors*.
Tegning: Øivind Tønnessen

Sæverud hadde sans for fyrige dirigenter og Carl Garaguly var en av dem. Ungareren hadde startet sin musikalske karriere som vidunderbarn på fiolin, og før han kom til Bergen hadde han arbeidet som kapellmester i Stockholm. Den kortvokste energibunten kastet ikke akkurat bort prøvetiden. «Spela, inte prata!» var hans motto. Garaguly hadde knapt etablert seg i Bergen, før *Galdreslåtten* stod på hans program i januar 1953. Under Festspillene samme år dirigerte han *Sinfonia dolorosa*, og tidlig på høstparten fikk Harmoniens publikum høre hans tolkning av Symfoni nr 7, *Salme*. Tre av Harald Sæveruds viktigste orkesterkomposisjoner i løpet av 10 måneder, det avslørte en sjelden interesse for den lokale tonekunstneren. Det var ikke rart at Sæverud ble begeistret for den nye dirigenten.

Det neste orkesterverket, *Poema eroica,* ble tilegnet Carl Garaguly. Det var nyheten under Harmoniens første besøk i Oslo i 1955. Da hadde musikerne seilt kysten rundt og opptrådt i by etter by, men til konserten i Universitetets Aula hadde man spart *Poema eroica*. Det ble en hovedstadsdebut for Harmonien som virkelig slo an, og Sæveruds stykke fikk en opp-førelse som ifølge Klaus Egge i Arbeiderbladet, var både «frenetisk og fandenivoldsk».[341]

Så lenge skulle ikke verket få beholde sin tittel. Til

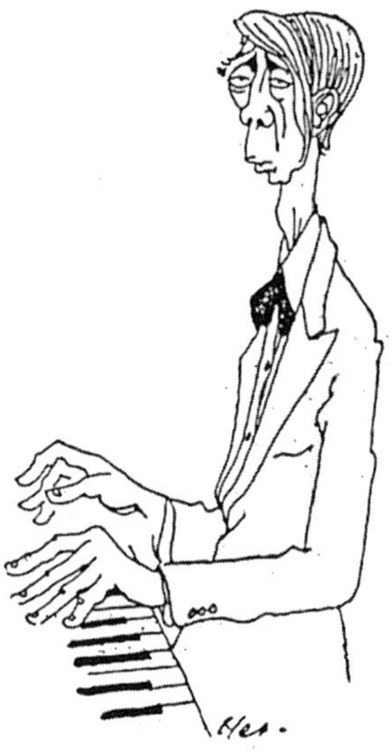

En betuttet Harald Sæverud, skal man dømme etter Audun Hetlands tegning. Den forekom i en artikkel om problemene rundt Sæveruds orkesterverk *Poema eroica*. I pressen ble stykket nesten konsekvent omdøpt til «Poema erotica», og komponisten så seg til slutt nødt til å skifte tittel til den mer nøytrale *Vade mors* (Vik fra meg død!)

irritasjon for komponisten klarte ikke avisene alltid å holde «eroica» fra «erotica», og i spaltene dukket det opp overskrifter som «Sæverud skreddersyr poetisk erotikk til Harmoniturneen» eller «Sæveruds erotiske musikkverk». Veien ut av problemet gikk via nytt navn. Året etter oppstod stykket under sin nye tittel *Vade mors*, og med ledsagende norsk oversettelse for sikkerhets skyld: «Vik fra meg død!».

Til sin 50-årsdag i 1947 var Harald Sæverud blitt beæret med en hel konsert i Harmonien med ham selv som dirigent. Da han fylte 60, kunne han lene seg tilbake på sin faste plass i Koncert-Palæet og nyte en aften med egne verker, men denne gang dirigert av Arvid Fladmoe, Harmoniens neste kunstneriske leder. Til jubileumskonserten hadde han også komponert et større orkesterstykke, en sinfonia concertante kalt *Allegria*, som ble førsteoppført.

Allegria var tilegnet Harmoniens styreformann Fredrik Skancke Andersen, som i sin tur utropte Harald Sæverud til æresmedlem av Musikselskabet Harmonien. Samme år skulle Harald Sæverud også bli utnevnt til ridder av første klasse av St. Olavs Orden. Men båndene til Harmonien ble enda sterkere, for i 1960 lot Harald Sæverud seg overtale til å bli selskapets styreformann, mens Skancke Andersen gikk inn i stillingen som Harmoniens direktør. Men styrevervet var ikke akkurat noen ønskejobb for komponisten, og mange år senere beskrev han sin innsats i lite rosende ordelag:

«Jeg var en meget dårlig formann. Avbrøt folk som ville holde taler, og så viste det seg at det manglet 18.000 kroner i kassen. Jeg fant frem til 11.000 av dem, men fikk bare spørsmål om hvor det var blitt av resten. Aldri noen takk. Nei, det var en forferdelig tid. Det var Skancke Andersen som fikk overtalt meg til å påta meg vervet, over en kopp kaffe og et halvt rundstykke med sveitserost. Han hadde det vanskelig og trengte hjelp. Han var først styreformann og ble siden direktør. Et godt menneske. Det var han som forsto at vi måtte ha Grieghallen. Han hadde visjoner, men var dessverre ikke så viljesterk … Jeg kastet bort fire år av mitt liv.»[342]

Han trakk seg fra vervet i 1964, såret og skuffet over mye av det som hadde skjedd. Men i hans formannstid hadde man oppnådd viktige ting for selskapet. I 1963 var Harmonien således på sin første utenlandsturné. Den gikk til København med konsert i Falconer Centret med både det danske kongeparet og vår egen Kong Olav i salen. Arvid Fladmoe dirigerte og avsluttet med *Kjempeviseslåtten*, og i Berlingske Tidende fanget anmelderen opp begeistringen fra publikum: «Sæverud blev stærkt hyldet efter konserten sammen med det sympatiske orkester og dets dygtige dirigent.»[343]

Han engasjerte seg også i Grieghall-saken som nærmest hadde stått i stampe i et tiår. «Gi oss tomten og vi setter igang i morgen den dag –» uttalte han til avisene i 1963. Det dreide seg riktignok om en annen tomt enn den bygget skulle reise seg på senere, men prosessen var i gang. To år senere kom arkitektkonkurransen som fikk fart på konsert-husbyggingen. En annen avgjørelse som skulle få langsiktige konsekvenser, var ansettelsen av Karsten Andersen som selskapets kunstneriske leder. Som Harald Heide kom også Karsten Andersen fra Fredrikstad. Han var utdannet fiolinist med bakgrunn som orkestermusiker fra Filharmonisk Selskaps Orkester i Oslo. Før han ble kallet til Bergen, hadde han stått i spissen for symfoniorkestret i Stavanger samt Stavangerensemblet i NRK. I mer enn 20 år skulle han lede utviklingen av Harmonien til et moderne symfoniorkester.

Selv om Sæverud forlot vervet som styreformann med både lettelse og skuffelse, så var nok følelsene mer knyttet til enkeltpersoner enn til institusjonen som sådan. Da Musikselskabet Harmonien i 1965 kunne feire sitt 200-års jubileum, stod han i første rekke blant gratulantene og deltakerne i festlighetene. Sporene fra fjorårets depresjon var tydeligvis strøket av hans panne da han ble spurt om hvilken betydning selskapet hadde hatt for ham:

«Jeg er Harmonien enorm takk skyldig – og da først og fremst Harald Heide. At jeg har fått lov til å uroppføre mine orkesterverker i Harmonien, har for meg hatt den aller største betydning. Ja, jeg må være takknemlig for den direkte skole Harmonien har vært for meg, her hvor det ellers er så vanskelig med utdannelse for komponister. Så den utvikling man muligens kan spore hos meg, den skylder jeg for en stor del Harmonien takk for.»[344]

Nå var Heide en spesiell person som ikke åpnet seg så lett. Heller ikke Harald Sæverud hadde for meget av den egenskapen. Derfor ble det aldri noe egentlig nært vennskap mellom komponisten og dirigenten, selv om de ofte var på tur i Heides motorbåt og i perioder hadde meget med hverandre å gjøre. Men på ett punkt var Harald Sæverud aldri i tvil: «Den støtte han gav meg er noget helt enestående.»[345]

1960–1970

Festspillene i Bergen. *Ridder Blåskjeggs Mareritt*

Det kunne ha sine fordeler å befinne seg i den indre krets i Harmonien og Festspillene. Bekjentskapene med navn som Leopold Stokowski, Sir John Barbirolli og Andor Foldes var oppstått gjennom deres besøk til Bergen. Et annet navn som skulle få betydning for Harald Sæverud var den brasilianske komponisten og dirigenten Eleazar de Carvalho.

På slutten av 50-tallet gjestet de Carvalho Harmonien flere år på rad. Han ble godt kjent med sin bergenske kollega, og på en av sine konserter dirigerte han *Galdreslåtten*. Han kom også borti andre Sæverudverker, og det mest aktuelle i akkurat denne perioden var *Minnesota-symfoni*. Brasilianeren fattet så stor interesse for symfonien at han tok den med seg tilbake til sitt hjemland, og ledet den første søramerikanske oppførelse med sitt orkester i Rio de Janeiro. Det skjedde i mai 1960, og for Harald Sæverud var dette en gyllen anledning til å besøke et kontinent han aldri før hadde satt sin fot på. Da *Minnesota-symfoni* lød i karnevalenes hovedstad, satt derfor komponisten i salen, og norske aviser kunne fortelle at han ble hjertelig hyldet av 2000 mennesker og fikk touche fra orkestret.

Men reisen til Rio var ledd i en større rundtur til den andre siden av Atlanteren. I forkant av Brasil-besøket hadde han oppholdt seg i New York i flere uker. Han ville overvære en oppføreise av den første *Peer Gynt*-suite i Carnegie Hall med selveste Philadelphia-orkestret og sjefdirigenten Eugene Ormandy. Også han en «gammel» bekjent fra Festspillene. Den amerikanske dirigenten hadde flere ganger besøkt Bergen, siste gang var i 1958 i spissen for sitt eget orkester. Nå var Philadelphia-orkestret på en miniturné på den amerikanske østkysten og konserten i Carnegie Hall var turneens clou. Umiddelbart før var musikken til *Peer Gynt* blitt oppført i Philadelphia og i New Brunswick.

Dette var første gang scenemusikken til *Peer Gynt* ble presentert i New York i ren konsertform, forrige gang hadde vært med sammenbindende tekst. Men Sæverud kunne ta det hele med ro, under Ormandys taktstokk gikk fremførelsen storartet og komponisten måtte flere ganger frem på det tradisjonsrike podium og takke for applausen som publikum og orkester overøste ham med. Reaksjonene i pressen varmet også, og norske aviser refererte villig vekk. Verdens Gang gjenga et resyme av Harold C. Schoenbergs anmeldelse i New York Times, som fant at Sæverud hadde skrevet en musikk

«... som er så fjernt fra Griegs høflige victorianismer som vel mulig. Formodentlig har Sæverud med hensikt gått så langt han har kunnet i motsatt retning ... Han har vidd, og han kjenner orkestret fra innerst til ytterst. Han er kort sagt en komponist med virkelige ideer, og har tydeligvis en utpreget sans for å skape beskrivende musikk.»[346]

Også Jay S. Harrison i New York Herald Tribune var interessert i forholdet mellom Grieg og hans yngre kollega: «Sæveruds 'sterke, hvasse og maleriske' musikknummer står 'merkelig nok' ånden i Ibsens dramatiske dikt nærmere enn Griegs Peer Gynt-suite. De er ikke så poetiske, men avspeiler mer av personligheten i Ibsens fantasidrama.»[347]

Først New York, så Rio. En overveldet Harald Sæverud ilte tilbake over Atlanteren for å rekke Festspillene i Bergen, og venner og kolleger fra inn- og utland. Men han ankom en uke etter at de hadde startet. Dermed gikk han glipp av urfremførelsen av sitt nyeste stykke *Entrata regale,* som første gang var å høre på Festspillenes åpningsseremoni. Dette «Kongelig inntog» var tilegnet H. M. Kong Olav.

Men Festspillene hadde også en annen oppegående monark, en musikalsk en med navn Harald Sæverud, om man tolker Morgenavisen i Bergen riktig. Han hadde ikke før forlatt amerikaflyet på Bergen lufthavn, så var avisen på pletten for å bringe nytt om den fortapte sønn:

«Harald Sæverud er tilbake igjen i Festspillenes Bergen hvor man har savnet ham meget. Han er blitt etterlyst på mange tungemål. For musikere i mange land identifiserer ham med det aktuelle musikklivet i Edvard Griegs by. Og de som har møtt ham her tidligere synes at byen mangler noe når han ikke er til stede. Gina Bachauer som for tiden holder på å innøve hans klaverkonsert var nestet ulykkelig over ikke å finne ham hjemme. Colin Davis som har oppført flere av hans orkesterverker i England, hadde en rekke ting å diskutere med ham. Rudolf Firkusny gikk omkring og spurte etter ham under sitt korte opphold her. I det hele tatt. Han har vært etterlyst.»[348]

Med ett unntak hadde Harald Sæverud vært representert på samtlige festspillprogrammer fra starten av. Ved siden av Grieg var han derfor nærmest en slags permant festspillkomponist. Mange av hans mest sentrale verker hadde vært å høre innen festivalens internasjonale ramme: *Kjempeviseslåtten, Galdreslåtten, Sinfonia dolorosa, Salme, Peer Gynt*-musikken, *Minnesota-symfoni, Poema eroica, Entrata regale.*

I 1961 skulle han legge mer beslag på de festspillbesøkendes oppmerksomhet enn noen gang tidligere. Da kunne publikum oppleve balletten *Ridder Blåskjeggs Mareritt* fire kvelder på rad i et gjestespill med Den Norske Operas Ballett. Uroppførelsen hadde funnet sted i Oslo høsten i forveien.

Dette var Harald Sæveruds første ballettverk, men han hadde tumlet med ballettplaner tidligere. Fröken Julie var det aldri blitt noe av, men da han fikk forespørsel om *Ridder Blåskjeggs Mareritt,* var han faktisk i ferd med å skissere en ballettversjon av Peer Gynt. Den skulle heller aldri se dagens lys, men med frist på bare noen måneder og en god idé av den svenske koreografen Ivo Cramér, drysset han ut notene til *Ridder Blåskjeggs Mareritt.*

Fra Den norske Operas oppsetning av *Ridder Blåskjeggs Mareritt* i 1960. Bildet viser Donald Barcley i rollen som ridderen, mens Edith Roger gestalter den trettekjære Querelanta. Ivo Cramér var ansvarlig for koreografien og Guy Krohg for scenografi og kostymer.

Emnet var kjent og brukt av mange. Franskmannen Charles Perraults beretning om ridderen som tar livet av sine syv koner etter tur, hadde også kommet i flere musikalske tapninger, en av de mest aktuelle var Bela Bartoks bloddryppende operaversjon fra 1911. Cramér var imidlertid opptatt av en viss rehabilitering av den fryktede koneplager. Kanskje ikke mannen hadde det så lett? Kanskje fruene rett og slett ble tatt av dage ved de reneste tilfeldigheter?

Emnet tiltalte også Harald Sæverud, og han var helt på linje med Ivo Cramérs forståelse for ridderen. Som han sa det i et brev til denne bokens forfatter:

«Hvor meget skal en litt oppfarende ridder måtte tåle av koneklynk og sutring … Pedantia – hun som egler seg inn på ham med saks i hånd for å stusse hans praktfulle bart må jo tilslutt bli stukket ihjel med saksen, – og den utålelig selvbeundrende Vanitasia, som har levet det meste av sitt liv foran speilet, – hun blir kvalt av sitt eget deilige hår og slengt med avsky tvers gjennom det. Kanskje litt fælt dette, men tenk også litt på den arme ridder!»[349]

Et forsonende trekk er det naturligvis at ballettens handling foregår i ridderens hode i form av en drøm. En mardrøm riktignok. Sæveruds oppgave var i toner å understreke og illustrere ridderens forbindelser til de mer eller mindre fantasifulle dødsfall. Dette tok han meget bokstavlig. Musikalsk sett representerer musikken noe av det letteste og mest ørefallende som er kommet fra Harald Sæveruds hånd. Her er det en rytmisk og melodisk snert som tangerer det fargerike uttrykket man for eksempel kan finne i Prokofievs ballettverker. 100 dager hadde det tatt komponisten å produsere 166 partitursider med til sammen 36 minutter musikk. Det må være fartsrekord for et større Sæverud-opus.

Foruten *Ridder Blåskjeggs Mareritt* stod to eldre balletter på programmet den 4. oktober 1960: Bendik og Årolilja med musikk av Gunnar Sønstevold og William Waltons Façade. Men oppmerksomheten var i første rekke knyttet til *Ridder Blåskjegg;* en norsk ballettpremiere var ikke akkurat hverdagskost. Forventningene var deretter, ikke minst når det stod personer som Harald Sæverud, scenograf Guy Krohg og koreograf Ivo Cramér bak. Eva Krøvel i Aftenposten var ihvertfall meget begeistret: *Ridder Blåskjeggs Mareritt* var en utvilsom suksess, «en ballett fyllt av overraskende innfall og et barokt humør. Det er slett ikke utenkelig at den blir populær også utenfor våre grenser». Det makabre emnet til tross, hun kunne bare konstatere at «dette blir en nærmest humoristisk ballett».[350]

Hennes kollega i avisens musikkavdeling, Hans Jørgen Hurum, lot seg også rive med. «Sæverud i valsetakt» var hans overskrift, og anmeldelsen konkluderte med at her stod en annen Sæverud frem enn den man forlengst var fortrolig med. Hurum mente at komponisten avslørte en musikalsk tilpasningsevne som var forbløffende:

«... hele tonen i denne ballettmusikken, som er skrevet i intim forståelse av dansens krav, er en fremmed Sæverud for det store publikum. Han eksellerer i myk og grasiøs bevegelse, iblant utsetter han seg likefrem for å bli populær! Tre-fire valsesatser satt som skudd. Og aldri har Sæverud boltret seg friskere i instrumentasjonens kunst.»[351]

Erling Westher i Arbeiderbladet var mer forbeholden og reagerte på musikkens ensartethet, og i Dagbladet fulgte Pauline Hall denne skepsisen opp. Hun kunne ikke forstå at en så fin artist og spøkefugl som Sæverud, kunne fremstå såpass tung på labben som her. Noen kostelige detaljer sporet hun riktignok, som «Blåskjeggs innsmigrende lille 'frieri' til Querelanta og musikken der han befrir seg fra det plagsomme kvinnfolket». Hun finner også at scenene med Vanitasia og Gerosina er tatt helt på kornet: «her klinger underfundige toner.» Men Pauline Halls avslutningsord er ikke altfor oppløftende: «Ellers dominerer en til dels ganske tung valserytme alt for mye – etter mitt skjønn, den behersker fire av opptrinnene, til dels også finalen. Følelsen av for liten avveksling i rytmen blir forsterket ved at det ikke er klare nok kontraster i de førende stemmer.»[352]

Harald Sæverud var likevel fornøyd. «Dette skal bli verdensballett», sa han til Morgenavisen i Bergen, og ga en kort kommentar til det musikalske forløp: «– Man kan ikke skrive kald, interessant og idiotisk musikk til dette handlingsforløp. Sensuell må musikken være. Det eneste spennende for meg er om min instrumentasjon tilfredsstiller meg, og det gjør den.»[353]

En måned senere kunne bergenserne bli kjent med musikken i konsertutgave i Harmonien, og i mars og april var det svenskenes tur til få oppleve «den nye» Sæverud. Den Norske Opera gjestet både Stockholm og Göteborg med ballettprogrammet i kufferten. Carl Bergs anmeldelse i Dagens Nyheter viser med all tydelighet at den Sæverud man kjente fra før, nå opptrådte med en helt annen musikalsk maske:

«Att norrmannen Harald Sæverud kunde skriva så rolig musik som han har gjort til 'Riddar Blåskäggs mardröm hade jag svårt att tänka mig. Ett steg för långt mot parodin och det hela skulle ha blivit klumpigt. Men Sæverud och Cramér håller stilen tillsammans. Denne ballett var verkligen spirituell i sin förvrängda aspekt på Blåskäggs problem med de många hustrurna … deras porträtt i toner hade Sæverud varierat på ett briljant vis.»[354]

Festspillene i Bergen ble i 1965 beæret med besøk av Herbert von Karajan og hans verdenskjente filharmonikere fra Berlin. Harald Sæverud, som dengang satt i Festspillenes programutvalg, mente imidlertid at programmet var «forstemmende banalt», og episoden ble opptakten til hans endelige brudd med Festspillene. Tegning: Sverre Bø.

Ridder Blåskjeggs Mareritt var med andre ord en innkjørt festspillforestilling da den gikk over tilje på Den Nationale Scene i Bergen i slutten av mai 1961, og Sæverud kunne glede seg over at balletten ble en ny seier for ham i hjembyen.

Det var særlig forholdet til norsk musikk, gjerne av nyere dato, og av norske utøvere, som opptok ham som medlem av Festspillenes programkomité. At man kan finne en god porsjon norske samtidsverker i programmene i den første perioden var Sæverud medansvarlig for. Og han kunne synge ut dersom det ikke ble som han hadde forestilt seg.

Da Berlin Filharmoniske Orkester med selveste Herbert von Karajan i spissen skulle åpne Festspillene i 1965, tok Sæverud, som satt som medlem av programkomiteen, bladet fra munnen. Åpningsprogrammet kalte han for «forstemmende banalt». Det bestod utelukkende av klassikere som Beethoven, Schubert og Richard Strauss, ikke norsk musikk i det hele tatt. Det var hovedankepunktet. Hva ville han selv ha foreslått? «Hindemiths Philharmonisches Konzert, som ovenikjøpet er tilegnet dette orkester, en norsk avdeling, kanskje Klaus Egges 2. klaverkonsert, og et eller annet som Karajan kunne velge selv. Sånn skulle det ha vært, for svingende.»[355]

Året etter var han på ny på kollisjonskurs med institusjonen. Da ønsket han seg en norsk pianist til å spille Griegs a-mollkonsert på Festspillenes avslutningskonsert. Han stilte til og med kabinettspørsmål på saken. Da komiteen valgte en utlending var begeret fullt, og han tok sin hatt og gikk fra Festspillene for godt.

Morgenavisen i Bergen utba seg en forklaring på reaksjonen: «Fordi jeg blir sintere og sintere med årene, og man må jo bruke tiden så godt som mulig når man er så gammel som jeg er.»[356]

Avantgardkunst og provokasjoner

På Ny Musikks generalforsamling i 1959 hadde det funnet sted en kraftig utskifting av styrets medlemmer. Av de gamle var det bare Pauline Hall og konsertmester Ernst Glaser som ble sittende. De som kom inn var pianisten Kjell Bækkelund, komponistene Egil Hovland og Finn Mortensen, og på varamannsplassene komponistene Arne Nordheim og Knut Nystedt. Dette innvarslet også et generasjonsskifte i norsk musikkliv for øvrig, Ny Musikk skulle vise seg å bli en rekrutteringssentral for mange tillitsverv i offentlige og kunstnerstyrte råd og utvalg.

Gjennom disse personene skjedde det en markant radikalisering av Ny musikks styre, for de representerte langt på vei den europeiske avantgardismen som nå skulle få et fotfeste også i Norge. Med utgangspunkt i den tyske byen Darmstadt hadde det etter krigen oppstått nærmest en flora av moderne «ismer» og retninger. En av de mest innflytelsesrike var serialismen, som var en videreføring av den atonale stil og av tolvtoneteknikken slik Arnold Schönberg og Anton Webern hadde utviklet den.

Med serialismen opphørte nærmest enhver form for tradisjonell komponeringsmetode. Melodikk, rytme, klangfarge og form ble presset inn i skjematiske, undertiden matematiske formler. På lydteknologiens område fant det også sted en rivende utvikling, og et av resultatene var den elektroniske musikken med ulike skoleretninger. Tilfeldighetsteknikker, musikalsk teater, provokative retninger, klangfargekomposisjon inngikk alle i det konglomerat som avantgardismen utgjorde. I Norge hadde dette sine utløpere gjennom spydspissen Ny Musikk. Tendensene nådde oss sent, men effekten var til dels voldsom.

I 1961 hadde Pauline Hall trukket seg fra Ny Musikks styre for godt, og serialisten Finn Mortensen overtok. Tre år senere var det Arne Nordheims tur til å sette seg i foreningens formannstol. Han var da allerede etablert som Norges fremste skaper av elektroniske verker, og musikk med hovedvekt på klangflater. Ny Musikks oppgave var å formidle aktualiteter fra resten av verden, men det norske publikum var i liten grad forberedt på det de hørte. Sjokkbølger kunne nå langt utenfor det etablerte musikklivet.

Karlheinz Stockhausen og hans elektroakustiske komposisjoner i 1960 kunne man til nød tåle. Noe helt annet var koreaneren Nam June Paik som i september 1961 inntok Oslo og snudde opp-ned på de fleste forestillinger om musikk. Hans «konsert» artet seg som et sammensurium av pianoknusing, innsåping av tilhørere, ertekasting på publikum og klipping av Ny Musikks formanns slips. Skandalepressen boltret seg, publikum var rystet, og Ny Musikk fikk store problemer med å bli tatt alvorlig som en seriøs formidlingsinstitusjon. I lange tider var selve begrepet «ny musikk» nærmest totalt diskreditert.

Sjokkbølgene nådde også Siljustøl. En moderne tradisjonalist som Sæverud opplevde naturligvis Stockhausen og Paik som symptomer på musikkens totale oppløsning. På 1930-tallet hadde han riktignok selv definert musikk som «lyd satt i system», men begrepsinnholdet adskilte seg nok radikalt fra det som avantgardismen la i uttrykket «organisert lyd» tredve år senere. Ved uroppførelsen av Harald Sæveruds «amerikanske» fiolinkonsert i Bergen i 1961 med ungareren André Gertler som solist, ga han derfor publikum en orientering i det trykte program under overskriften «Skeptiske tilhører!»:

«Konserten har den vanlige tre-deling med en hurtig, en langsom, og en meget hurtig sats. I første sats er alle tre temaer sangbare, men første tema opptrer også i konsentrert form som 'byggemotiv'. Den innlagte kadenz er skrevet av Gertler …

Violinkonserten inneholder ikke en tone eksperimentmusikk, som er det fæleste som fins. Jeg har tvertimot forsøkt å skrive en 'klassisk' konsert, med så vakre melodier som mulig. Hvor mange av tilhørerne som vil oppfatte dette ved første gangs høring, er en ganske annen, og formodentlig sørgelig sak.»[357]

Komponisten Arne Nordheim i sitt rette element på 1960-tallet. Vår foregangsmann for den elektroniske klangkunst var som konsertanmelder ofte kritisk til Harald Sæveruds musikk. Hans bergenske kollega var ikke mindre skeptisk til avantgardismens ulike ytringer, og uttalte at elektronisk musikk «kan være underholdning for roboter».

Dette var formulert to uker etter den herostratisk berømte Paik-seansen. Men Harald Sæverud hadde ikke lagt skjul på sine synspunkter tidligere heller. Hans grunnfestede skepsis til atonal musikk var viden kjent, og han benyttet villig vekk enhver anledning til å gjenta den. Da oppslagsverket Musikkens Verden kom i ny utgave i 1963, sendte han ut følgende melding: «Atonal musikk? – alle 12 toner likeverdige? Sementsmørje – dødt materiale! La meg få minne om den ubønnhørlige formel: 'Null og uendelighet er lik hinannen'»![358]

Arne Nordheim anmeldte Musikkens Verden i Dagbladet. Her var leststoff både til lærdom og til underholdning, skrev han, og gjenga Sæveruds uttalelse som han «uten tvil» henregnet til siste kategori. På mange måter skulle Harald Sæverud og Arne Nordheim fremstå som motpoler. De var begge sterkt profilert hver på sin kant. Harald Sæverud hadde i lang tid vært den udiskutable mesteren, nå fremstod disse fremfusne, unge billedstormerne og rakket ned på det etablerte. Ham selv inkludert.

Selv om Harald Sæverud kunne gi inntrykk av noe annet, var han sårbar for kritikk. Arne Nordheims synspunkter gikk neppe hus forbi. Selv hadde han bidratt til at det unge talentet fra Larvik hadde fått muligheter. I 1961 var Arne Nordheim blitt tildelt den første Festspillprisen i Bergen, og Harald Sæverud var med og fattet beslutningen. Det medførte også bestilling på det første orkesterverk fra klangkunstneren. Men deres musikksyn stod så fjernt fra hverandre som vel mulig. Det ser man tydelig i Arne Nordheims kritikker av Sæverudverker.

Allerede i omtalen av *Minnesota-symfoni* i 1959 var motsetningen blottlagt. Sæveruds programmatiske utforming av de fire satsene hadde falt Arne Nordheim tungt for brystet. Men det programmatiske var etter hvert blitt en del av Harald Sæveruds musikalske utgangspunkt, derfor måtte det også skurre i deres synspunkter.

Fra og med høsten 1963 var Arne Nordheim å finne som kritiker i Dagbladet, og i de påfølgende årene finner man mange eksempler på hans skepsis overfor Sæveruds musikk. Da den ferske fagottkonserten stod på Filharmonisk Selskaps program vinteren 1965, ga han solisten Jan Høye meget pen omtale, men overskriften lød «Intet nytt fra Sæverud», og verket fikk følgende ord med på veien:

«Harald Sæveruds Konsert for fagott og orkester bærer ikke på noen måte preg av fornyelse. I melodisk, klanglig og rytmisk henseende følger konserten kjente veier i komponistens seinere produksjon. Harald Sæveruds skrivemåte, hvor enkle melodier hele tida spinner seg rundt en nesten enstemming orkestersats, og hvor instrumentasjonen mer er et middel til fordobling enn til koloritt, tåler *stoffet* vanskelig de større utviklingsspenn. I denne fagottkonserten var det da heller ikke den organiske vekst som preget spillet. Det var mange fine og rike detaljer underveis, men disse fantasifulle momenter ble etter min mening ikke smeltet sammen til konsentrasjon i det formskapende arbeid.»[359]

Med unntak av Arbeiderbladets Erling Westher var de øvrige anmeldere positive. Komponist-kollega Johan Kvandal hadde merket seg «den pregnante tematikk og den orkestrale fantasi, sansen for aparte farver, for de små fine poenger. Det er et rent yrende tematisk liv i orkestret».[360]

Heller ikke Symfoni nr 5 finner nåde for Nordheims ører da han hører den under Harmoniens 200-års jubileum i oktober samme år. Han påpeker komponistens klo, men savner konsentrasjon om idé og stoff. Det er et glimrende oppslag, synes han, og en spennende utvikling et stykke på vei, men så går det nedoverbakke, og fortsettelsen er ikke bra:

«Etter en stund gjør savnet av elementært kontraststoff seg såpass gjeldende at symfoniens forløp mot slutten virker kjedelig. Harald Sæveruds Symfoni nr 5 er et ujevnt verk, et verk hvor mange gode detaljer dessverre etter hvert forsvinner i en grå og kantet klang uten profil.»[361]

En skikkelig salve kommer etter avslutningskonserten under Festspillene i 1966 hvor Sæveruds siste symfoni blir urfremført. Arne Nordheim omtaler i vennlige ordelag kollegaens evne til å forme stemningsfulle orkestrale skisser i orkestret, og innrømmer at det her flimrer øyeblikk «av betagende naturmystikk forbi». Men innvendingene er likevel adskillig kraftigere, og han har store problemer med å akseptere at verket i det hele tatt kan bære betegnelsen symfoni:

«Ingen av satsene har den konstruktive fasthet som en slik musikkform faktisk krever, og de relativt mange velformede episoder får av den grunn ingen symfonisk kontinuitet. En lettere anklage for smakløshet får også Harald Sæverud tåle; særlig slo disse egenskaper ut i symfoniens 2. sats, formet som flakkende valser. Valse-elementene var her bortimot direkte nedskrevet, og uten transformasjoner er det umulig å kunne akseptere slike som annet enn billige klisjeer. – Av dette skulle det gå fram at Harald Sæveruds nye symfoni er lite vellykket. Hva den hadde på et festspillprogram å gjøre, er en av årets mange gåter.»[362]

Audun Hetlands versjon av Peer Gynt-komponist Harald Sæveruds forsøk på å innta Edvard Griegs sokkel, med Duke Ellington hengende i frakkeskjøtet. Ellingtons friske fortolkning av Griegs Peer Gynt-musikk var stadig en «torn i øret» på adskillige, ikke minst i Festspillbyen Bergen. Festspill-direktør Åsmund Oftedal geleider Grieg ned fra sokkelen.

Nå var ikke Nordheim alene om å knytte kritiske merknader til denne symfonien, men det var særlig fra Oslo-hold at skepsisen rådet. Nordheims meningsfelle Kjell Bækkelund stilte seg også spørsmålet hvorfor Festspillene kunne plassere det han kalte «et så innlysende dårlig verk» på sin avslutningskonsert: «For ingen kan nå tro at denne symfonien er representativ for verken komponisten selv eller norsk musikk overhodet?» Han benyttet også anledningen til et generelt oppgjør med Festspillene under tittelen «Quo vadis, Festspillene?».[363]

Men alt fra hovedstaden var ikke like ille. Hans Jørgen Hurum i Aftenposten registrerte nok ujevnheter, men hovedinntrykket var likevel at her var det kvaliteter som kunne måle seg med det beste i Sæveruds symfoniske produksjon: «Derfor skulle det ikke undre om *9. symfoni* ble stående ved siden av *Dolorosa-symfonien* som Sæveruds beste og mest anslående symfoni.»[364]

Utfallene fra musikklivets radikale fløy forbauset nok ikke Sæverud. Han hadde forlengst gjort seg opp en mening om de estetiske kvalitetene fra det hold, og han flagget villig vekk sine synspunkter på modernismen og dens representanter. «Det nye har ingen verdi fordi det er *nytt*», hadde han hevdet i Aftenposten foran Festspillene 1965,

«Det er personligheten i musikken som teller. Det nytter ikke å eksperimentere seg frem til ånd. Men for å glede dem som halser fremover har jeg tenkt å legge inn denne lyden i mitt neste verk: Pipp! … Moderne musikk er blitt mer og mer slagverk og larm. Støyen har tatt overhånd. Man glemmer at det ene og alene er melodien som kan gi karakter til tonen.»[365]

Samtidig gjorde han – en av pionerene i Ny Musikk – et poeng av at han nå var utmeldt av foreningen: «Jeg fant ut at det kanskje kunne hjelpe noen unge at en eldre som meg tok avstand fra de mest opplagte utskeielser.»[366]

Debatten om Musikkhøgskolen

En av de viktige debattene i musikkretser på begynnelsen av 60-tallet, dreide seg om plasseringen av en norsk musikkhøgskole. Lokaliseringsspørsmålet dukket for alvor opp i 1962 gjennom en innstilling fra Statens Musikkråd. Her ble det anbefalt at skolen måtte ligge i Oslo. En rekke bergenske kulturinstitusjoner fikk utarbeidet en alternativ innstilling som var en begrunnelse for at Vestlandets hovedstad måtte være stedet. Bergensinnstillingen var holdt i et avveiet og akademisk språk med solid argumentasjon.

Så kom Harald Sæverud inn på arenaen med et avisinnlegg hvor tankeflukten beveget seg mot de visjonære høyder, og språket hadde en helt annen fargeprakt enn den offisielle innstilling vestfra. Hans begrunnelse for at stedet måtte være Bergen hadde sitt utspring i hans syn på den nasjonale kultur, og argumentasjonen må også et stykke på vei leses på bakgrunn av hendelsene i Ny Musikk like før. Sæveruds hovedpoeng var at skolen måtte utvikles til en *nasjonal* musikkhøgskole:

«Tenker man over hvilken betydning en musikkhøyskole kan få for utviklingen av norsk tonekunst i motsetning til en mer anonym og rotløs internasjonalisme, blir man snart klar over hvor avhengig dens trivsel må være av selve vokstergrunnen. Norge er etter folketallet regnet for et lite land, men det har en natur som kan mane til dåd og være en enorm stimulator for de skapende krefter i folket.»[367]

Han skisserte opp landskapet med fjorder og fjell og hvordan ekkoet hadde forplantet seg via hardingfelens understrenger til «de følsomme sinn i folket». Dette var grobunnen for en musikk som hadde fått verden til å lytte. Men hvorfor akkurat Bergen?:

«Bergen har fra gammelt av vært musikkbyen her i landet, med Vestlandet og Telemarken som det frodige musikalske oppland. Det var ut fra det bergenske miljø Ole Bull og senere Edvard Grieg kunne fremstå, som frukten av en utvikling 'da timen var inne'. Og stedet hvor vårt nasjonalinstrument Haringfelen oppstod skyldtes heller ikke noen tilfeldighet. Det var en hel landsdels drømmer og lengsler som fødte den, – det ble 'Fruktblomstringen i Hardanger' musikalsk sett!»[368]

Han fant også at langt de fleste norske tonekunstnere hadde sine røtter på Vestlandet!

Flere av synspunktene var velkjente. De var et ekko av den artikkelen han skrev i 1930 om det norske i musikken. Dengang var også Telemark-musikken et utgangspunkt. Herfra hadde «den kunstneriske stamme» utvandret til det han kalte «Norges hjerte», Hardanger. Her fantes nemlig summen av den skjønnhet de hadde lengtet etter. «Maken til nasjonalromantisk sludder møter man heldigvis ikke hver dag,» var Arne Nordheims reaksjon. – «Skal vi aldri bli ferdig med denne Dovregubbe-mentaliteten her i landet!»[369]

Men Nordheim hadde også en hilsen til andre deler av norsk musikkliv. Særlig fikk Geirr Tveitt gjennomgå. Hans bearbeidelser av hardingtonene var ikke «stort mer enn virkningsfulle arrangementer. Det er det samme som den dyktige Monn-Iversen gjør på sitt felt».[370]

Den unge modernisten angrep det han mente var «lettkjøpt utnyttelse av folklore som hadde ridd norsk musikkliv som en mare», og han fortsatte: «Blant annet har det ført til en svermerisk holdning til musikkens håndverksmessige side, slik at vi ennå ikke har fått den musikkhøyskole som forlengst burde vært en realitet.»[371]

I utgangspunktet var det tale om et stedsvalg, men egentlig kom debatten til å dreie seg om en nasjonal tonekunst kontra det mye omtalte «åpne vindu» mot Europa. I en bredt anlagt artikkel i Berlingske Tidende, København, trakk Kjell Bækkelund de store linjer om tilstanden i norsk musikk. Diagnosen var heller nedslående: man gikk i de gamle spor, og mye av skylden lå på mangelen av en musikkhøgskole. Fra den eldre garde kom det ikke særlig nytt, mente pianist/skribenten: «Harald Sæverud lever, åbenbart i bedste velgående, men nogen fornyelse kommer … ikke fra hans hånd.» De som tenkte nytt var stort sett Bækkelunds egne kolleger fra Ny Musikk-styret i 1959, pluss noen til.[372]

Klaus Egge blandet seg etterhvert inn i debatten. I en serie på tre artikler i Arbeiderbladet våren 1964 gjorde han forsøk på å bringe inn noen nyanser i diskusjonen om det nasjonale kontra de utenlandske impulser. Grieg hadde slett ikke hatt det snevre nasjonale i tankene når han komponerte, mente Egge, – derfor var det betimelig med en liten advarsel til bergenserne, og altså Harald Sæverud som fremstod som deres uoffisielle ansikt utad. Egge syntes de tøyde forbindelsen Grieg – Troldhaugen – Bergen altfor langt: «Tenker vi på Griegs forhold til norsk natur, spilte han nok på et rikere forestillingsregister enn å sitte der i sin komponisthytte nede ved vannet og oppleve det hele via naturen i bergensområdet.»[373] Dessuten var Grieg selv internasjonalist, fremholdt Klaus Egge, han stod i en vekselvirkning med kontinentet:

«Grieg bygde sin musikk fra det nasjonale og til det internasjonale, og så ble han i høyeste grad europeer i selve den kunstneriske målsetting. Noen trangsynt nasjonal-norsk sjåvinist ble han ikke, nei. Hans krav til kunstnerisk kvalitet brakte bergenserne til raseri da han ga blaffen i lokalpatriotisk sjåvinisme og engasjerte utenlandsk orkester til den første, store musikkfesten i Bergen i 1898.»[374]

Harald Sæverud avsluttet sin del av debatten med «et ørlite svar til Klaus Egge». Det var like kort som Egges artikler hadde vært lange:

«I. Klaus Egge mener jeg har tatt munnen for full når jeg fremhever Vestlandet som litt av et komponistenes arnested. Og full måtte jo munnen bli når jeg kunne ta Klaus Egge med, – slekten hans er jo vestlandsk og kommer fra Nordfjord.
II. Med hensyn til Telemark skulle det jo være kjent hvilken intim kulturell forbindelse denne landsdel gjennom tidene har hatt med Hardanger.
III. Oslo er en hovedstad og først og fremst av den grunn er den automatisk blitt utstyrt med det ene og annet, – ikke nettopp på grunn av en indre trang. Der må gjerne også komme en musikkhøyskole i Oslo, men noen større tro på dens betydning for norsk skapende tonekunst har jeg dessverre ikke.
IV. Og kapp så hodet av meg!» [375]

Meningsbrytningen mellom de to vennene stakk neppe særlig dypt, ihvertfall gjorde Klaus Egge et poeng av det i sin siste kommentar: «Jeg er i Bergen og har det koselig – også sammen med min venn Harald Sæverud. Hans morsomme svar til meg markerer bare vår unntakstilstand m.h.t. Musikkhøgskole.»[376]

Og sine vestlandske røtter anså Klaus Egge som helt

irrelevante i forhold til den pågående debatten, – med vennlig hilsen til Harald Sæverud.

Syv år etter Klaus Egges artikkelserie avga Stortinget sin innstilling om «Provisorisk musikkundervisning på høgskolenivå», og i 1973 kunne slik virksomhet begynne i det gamle musikkonservatoriet i Oslo. I 1977 kom vedtaket om opprettelsen av Norges Musikkhøgskole. Med Griegakademiet, som startet i Bergen i 1996, ser man realiseringen av noen av ideene fra bergenskomiteen fra 60-tallet. Så får tiden vise om det er grobunn for Harald Sæveruds mer poetiske fortolkning av virkeligheten for det vestlandske musikkakademiet.

Grand Old Man

På 1960-tallet ser man hvordan den yngre generasjon gradvis spiser seg inn på programmene i Filharmonisk Selskaps Orkester, NRK, Harmonien og Festspillene i Bergen. Det er tydeligvis grenser for hvor meget samtidsmusikk det er plass til på repertoarene. Derfor skjer dette til en viss grad på bekostning av dem som ofte hadde vært fremført i de siste tiårene: David Monrad Johansen, Klaus Egge, Ludvig Irgens Jensen og Harald Sæverud. Særlig i Filharmonisk Selskaps Orkester var tendensen for Harald Sæverud tydelig. Mens han på 1950-tallet som oftest var representert med 2–3 verker pr sesong, går dette på 1960-tallet ned til ca ett verk i året.

I Harmonien var derimot Harald Sæverud stadig vekk å finne på førsteplass, noe som selvfølgelig hadde sammenheng med hans suverene stilling i det lokale musikkliv. Dessuten fantes det i Bergen dirigenter som interesserte seg spesielt for hans verker. Med Karsten Andersen som kunstnerisk leder for Harmonien skulle han bli sikret både hyppige og vel gjennomarbeidede presentasjoner i lang tid.

Men om oppførelseskurven kunne ha en nedadgående tendens visse steder, så var hans ry som tonekunstner grunnfestet. Han var blitt norsk musikklivs «grand old man», nærmest en uangripelig institusjon i seg selv. Flere av hans komposisjoner hadde sikret seg en plass i det norske fellesrepertoar og hadde oppnådd en lignende status som Edvard Griegs mest folkekjære stykker. Det er ingen stor overdrivelse å si at *Kjempeviseslåtten, Rondo amoroso,* og deler av *Peer Gynt*-musikken allerede var å betrakte som allemannseie.

Harald Sæverud var også et yndet intervjuobjekt, frittalende, ukonvensjonell og kreativ. Med årene eksponerte han stadig sterkere sine personlige sider, og humoristen kom stadig sterkere i forgrunnen. Det vakte nok en viss oppsikt da han i 1954 opptrådte som juryformann i Miss Bergen-konkuransen. I en av bergensavisene kunne man lese at: «Harald Sæverud har også talent for deduksjon av kvinnelig talent». Under missekonkurransen bar han til og med den fløyelskragen som viste at han var medlem av det ærverdige Svenska Musikaliska Akademin!

I de store fødselsdagsintervjuene kunne man spore en viss forutsigbarhet, ofte som variasjoner over et grunnsett med historier: kirkegårdsfødselen, Carl Nielsens støtte, den felebyggende oldefaren, det daglige glass med sjøvann som helsebringende kosttilskudd, inspirasjonen som den viktigste drivkraften og melodien som musikkens bærende element. Med årene kom det stadig sterkere angrep på modernistene, og naturens innvirkning på den kreative prosess gikk som en rød tråd gjennom mange av portrettintervjuene.

Men han kunne også være et mareritt for journalister. Han insisterte på å lese gjennom alt de hadde skrevet, for så å skrive produktene om. Slik sett er jo mye av intervjustoffet svært etterrettelig, men den kreative journalist med aspirasjoner om en original vinkling, stod ribbet tilbake.

En gang presterte han til og med å skrive fødselsdagsintervju med seg selv, og han fikk det også på trykk i Bergens Tidende! Det var til 70-års dagen i 1967. Avisens portrettspesialist og elegantier, Alf Madsen, var som ventet blitt tildelt oppdraget, og ved sin side hadde han tegneren Audun Hetland. I utgangspunktet den perfekte kombinasjon. Alf Madsen hadde lørdagsportrettert omtrent alt som fantes av kjentfolk og berømtheter, mens Audun Hetlands utallige Sæverud-avbildninger var et kapittel for seg. Under hans tusj-

Til v.: Norsk musikklivs «grand old man».
Over: 70-års jubilanten Harald Sæverud svinger gaffelen over en del av sine venner og kolleger under kunstnerfesten i Bergen 17. april 1967. Fra v. Harmoniens styreformann Henrik Fasmer, komponisten David Monrad Johansen, forlagsdirektør Harald Grieg, komponistene Klaus Egge (på stolen) og Sverre Jordan, skuespiller Claes Gill, festspilldirektør Åsmund Oftedal og skuespiller Gisle Straume.
Tegning: Audun Hetland

penn hadde komponisten fremstått fra fjording og fugleelsker til munk og gitarist med Beatles-parykk.

Men dette oppdraget var noe helt utenom det alminnelige. Her var det ikke nok med timer. Det måtte dager til. Selv ikke det hjalp. Det endte med at komponisten tok over, og intervjuet fikk av avisen den talende tittel: «Harald Sæverud om Harald Sæverud», samt en forklarende innledning:

«Komponisten Harald Sæverud fyller 70 år mandag 17. april. I den anledning ville BT bringe et intervju med ham. Det skulle ikke gå slik. Intervjuet fant riktignok sted og foregikk med kortere og lengre avbrudd i løpet av tre døgn. Men Harald Sæverud nektet å godta det, som den perfeksjonist han er. Så det var ikke annet å gjøre, enn å la Sæverud skrive intervjuet selv.

Et intervju skal ikke være lengre, sier han. Og her har Harald Sæverud intervjuet Harald Sæverud.»

Oppslaget var forsynt med følgende kreditering: Tekst: Harald Sæverud. Dekorasjon: Hetland. Tilhører: Alham (Alf Madsen. Forf.). Begynnelsen av det lyder:

«Innledningsmåltidet på 'De Små Hjem' gikk heller ikke knirkefritt fordi Sæverud, som var klar over at han, ved denne anledning var hovedpersonen, – til tross for at også Audun Hetland var tilstede, – med hård hånd tok ledelsen i alle avgjørelser om mat og drikke.

For det første, begynte han, må vi ta hensyn til Bergens Tidendes renommé, og derfor må regningen bli så stor som mulig. Som rødvin tar vi Patriarch, for den er den dyreste, men den er også god.

– Frøken, hva kan De anbefale. Vi skal iallfall ikke ha torsk, for den er stekt ser jeg og det er alltid bevis på at den er gammel.

Marinerte dyrekoteletter sier De? Og De anbefaler dem sterkt? Det er vågelig. Skal vi bli enig om at hvis de ikke er gode så gir jeg Dem et klask på baken?

Hun tok imot utfordringen (og om noen tviler på det så bare ring 32 515). Mine to medspisere erklærte seg fornøyet, så jeg foretok meg ikke noe da jeg jo var part i saken. En skuffelse var det at hverken Hetland eller Alham var klar over at der skal spises i 6–7 minutter før man rører vinen.

En gang da jeg så å si måtte holde både Garaguly og den daværende operasjef Joel Berglund i bisselet og tvang igjennom at der først ble spist i 7 minutter før vi rørte rødvinen, vant jeg en smukk seir. Fra Stockholm sendte operasjefen meg et hyllingsbrev på ekte pergamentpapir og takket meg for at jeg hadde gjort ham en ny nytelse rikere.

Men tilbake til vårt dyrebare måltid, – desserten ble selvfølgelig crepe suzette.

Men la oss ikke lenger prate om traktering, for nå har vi vel tatt nok hensyn til Bergens Tidendes renommé. – Enig.»[377]

Feiringen av 70-års dagen var en begivenhet i særklasse, verdig en musikklivets ener. Her hadde de bergenske institusjoner gått sammen om en storslått festforestilling på Den Nationale Scene med Harmoniens orkester på podiet, skuespillere, kor og solister. For anledningen var også fødselsdagsbarnets egen *Marcia solenne* å høre for første gang.

Marie og Harald Sæverud i kongelosjen på Den Nationale Scene under feiringen av komponistens 70-årsdag.

Under forestillingen ble han oversådd med gaver og utallige blomsterhilsener fra fjern og nær, deriblant et festskrift fra 500 gratulanter. Etterpå toget jubilant og gjester til kunstnerfest på Grand.

Den rørte Harald Sæveud sendte etterpå ut sin takk for oppmerksomheten i form av et innlegg i avisene:

«Jeg var så uheldig å bli gammel forleden dag, dessverre. 70 år – har man hørt på maken.

Så gjerne ville jeg få takke hver og en som gledet meg med sin hilsen, men uten adressene er det meg umulig å nå frem til alle. Derfor ber jeg avisen om å formidle min foreløpige takk – inntil den inspirasjon all denne hyldest gav meg, får finne sin tonende form.

Harald Sæverud.»[378]

Festskriftet til 70-års dagen er faktisk den første bokutgivelsen med Harald Sæverud som emne. Det var venner og kolleger som her førte pennen. Hovedartikkelen var skrevet av hans gode venn fra ungdomsårene, Sigmund Torsteinson, som på anekdotisk vis tegnet et bilde av den motsetningsfylte naturdrømmer og symfoniker. Så stod de frem på rekke og rad, personer som hadde spilt en rolle i hans liv, for å hylde denne særegne planten i musikkens hage. Bergenske venner med pianisten Jan Henrik Kayser i spissen, norske kolleger som Sparre Olsen, Klaus Egge, Eivind Groven, Olav Kielland og Øistein Sommerfeldt. De nordiske kollegene var å finne blant de fremste i sine respektive hjemland: islendingen Jon Leifs, Sveriges Gösta Nystrøm og dansken Knudåge Riisager. Her var også pianister som hadde fått mang en «hård nøtt å knekke» som Ingebjørg Gresvik uttrykte det, mens Kjell Bækkelund beundret ham og ble irritert av ham, og oppfattet ham som original «på det beste og verste». Her finner man også den berømte karakteristikken, lagt i munnen på den britiske dirigenten Sir John Barbirolli, om at ingen kunne være i tvil om opphavsmannen når man hørte et verk av Harald Sæverud.

Et festskrift innbyr mer til hyldning enn til kritisk gjennomgang av den omskrevnes meritter. Dette dannet intet unntak, hvilket ikke falt i helt god jord hos han som stadig fremstod som norsk musikklivs «sinte unge mann», Arne Nordheim. Til selve åremålsdagen hadde han i Dagbladet gitt en ganske sympatisk vurdering hvor han beskrev Sæverud som «ganske ensom i norsk musikk», og hvis originalitet må søkes i «musikkens mulighet til å vokse ut fra minimale klingende strøtanker». Av verker han fremhevet var de to krigssymfoniene *Sinfonia dolorosa* og *Salme*, *Lucretia*-musikken og samlingene med *Slåtter og stev.*[379]

Hans anmeldelse av festskriftet føles derimot som en utdypelse og fargelegging av tidligere kritiske vurderinger, om enn i en mer indirekte form denne gang. Overskriften «Sæverud igjen» lød nærmest som en beklagelse, og jubilantens kollega lot sin ironiske form få utløp:

«Få har vel unngått Harald Sæveruds 70-års dag som for et par uker siden ble feiret i Bergen og omegn. Hans legendeskapende person stod rank i intervjustormen, og atter en gang måtte man beundre hans evne til å holde liv i sine egne gamle anekdoter. Harald Sæveruds verbale meddelelser skal helst nytes på nært hold og på det muntlige plan. Så snart hans enkle filosofi slår ut i trykksaker synker interessen og man tviler på dens gyldighet. Den trykksak som nå foreligger i form av et festskrift er heller ikke overvettes interessevekkende. I løpet av bort imot to hundre sider hilses Harald Sæverud av venner og kjente fra nær og fjern. Festskriftet følger den linje av jubileumshygge som saken krever, og den som leter etter en inngående og kritisk vurdering av Harald Sæveruds livsverk leter forgjeves.»

Etter å ha opplevet mengden av «gode minner og lykkeønskninger», trekker Arne Nordheim den konklusjon at festskriftets beste sider befinner seg i verklisten og i litteraturhenvisningene: «Øystein Gaukstads bibliografi virker presist ført og bør derfor betraktes som festskriftets desiderte høydepunkt.»[380]

1970–1992

«Klassiker». Kammermusikalsk raptus. Grieghallen

Selv om han nå hadde fylt 70, fant Harald Sæverud ingen grunn til å legge inn årene. Frekvensen av noter var ikke den samme som før, men bestillinger medvirket til å holde maskineriet i gang. Da Bergen i 1970 skulle feire byens 900-års jubileum, hadde Harmonien sikret seg et nytt verk av ham til orkestrets innledningkonsert i jubileumsåret, *Fanfare og hymne*. I programkommentaren fortalte Harald Sæverud at han her i sine tanker hadde forflyttet seg 900 år tilbake i tiden:

«Den gang sprang fossene fritt i dalene, mennesker og dyr var ett med naturen. (Fan fare! – og måtte han fare langt!)

Hymnen er en stor, mollstemt melodi. Jeg skriver om dette på min salig mors hundreårsdag, og hun var også mollstemt av natur. Og det var i høyeste grad min bestefar. Min oldefar kan jeg såvidt skimte, – etter alt å dømme ble vi – nedover i slekten – alle dypt beveget når noe stort hadde hendt.

Og derfor: Bergen 900 år! – stor hymne i moll!»

Men det var også et annet utgangspunkt for verket. Inspirasjonens gnist kunne ha så mange kilder hos galgenhumoristen Harald Sæverud, og i dette verket var også finansministeren innblandet: «Fanfaren slo ned i meg som et lyn i et øyeblikks intens forbitrelse da tankene en dag svinget innom denne hersens progresjonen, og ellers til alt det som slavebinder individene i vår tid.»[381]

Dette virket kanskje ikke særlig seriøst, ihvertfall ikke sett på bakgrunn av det gravalvor som preget så meget av samtidskunsten omkring 1970, men det var ganske typisk for Harald Sæveruds innstilling til den skapende prosess. Fjernt fra Siljustøl raste Vietnamkrigen, og kravet om engasjement hvilte på mange.

Men Harald Sæverud levde i sin egen musikalske verden. Den mest outrerte avantgardisme begynte imidlertid å bli historie også på våre breddegrader, nyere og vennligere toner var igjen blitt tillatt i de bestemmende kretser. Å henvise til skatteprogresjonen som kreativt element, var vel å strekke engasjementet i en uvanlig retning i kunstnerisk henseende, men det var også noe Sæverud kunne tillate seg. Prisen var selvfølgelig at han risikerte å bli tatt mindre alvorlig av forståsegpåere. Det så imidlertid ikke ut til å tynge ham nevneverdig.

Om han ikke engasjerte seg i de verdenspolitiske sakene, så var han levende opptatt av målsaken. Han engasjerte seg like godt på begge sider av gjerdet, og var samtidig medlem av Riksmålsforbundet og Ivar Aasen-Sambandet, den mest kompromissløse gruppering på nynorsksiden. Her ble det kjempet for å verne om Ivar Aasens språk mot «uppblanding, uppløysing og avgløyming».[382] På årsmøtet for Noregs Mållag i Ålesund i 1970 var han en av delegatene fra Vestlandske Mållag, og var med i gruppen som marsjerte ut av møtesalen i protest mot flertallsvedtaket. Deretter brøt de med Noregs Mållag. «Det jeg kjemper for er et rent i-mål og et rent riksmål,» sa han dengang til Sunn-mørsposten, og forklarte nærmere sitt syn på Ivar Aasens i-mål:

«Da jeg hadde hatt mitt innlegg for i-målet på det forrige årsmøtet, var det en som passerte meg og som mumlet så pass høit at jeg skulle høre det! 'Men vi er flest'! Javisst, de var også flest de som bestemte at stavkirkene skulle nedrives! Og de er også flest de som med sin sprogpolitikk i dag høster de bitre fruktene av å ha sveket Ivar Aasen ... Hvordan enn nynorsken forandrer seg, må det skje så klassisk som mulig. Lager man et sprog så blir resultatet dødt. Det er bare det skapte som er levedyktig. Og til å skape trengtes et geni – og det fikk vi i Ivar Aasen.»[383]

Hans engasjement på Nei-siden i EF-saken i 1972 kan godt

betraktes som en forlengelse av språksaken og det nasjonale engasjement. Han forbød Ja-siden å bruke *Kjempeviseslåtten* i sin propaganda, fordi et standpunkt i EF-saken var en personlig sak. *Kjempeviseslåtten* hadde i sin tid sprunget ut av en kamp på liv og død. «Nei, la oss gjøre som kong Sverre og 'tale Roma midt imot'», var hans standpunkt.[384]

Men det politiske representerte bare et sidetema for ham. Den muntre fanfaren som innvarslet det bergenske byjubileum, signaliserte også et tiår hvor kammermusikken for alvor kom til å få en plass i verklisten. Så langt hadde den nærmest vært renset for komposisjoner for mindre besetninger, når man ser bort fra klaverstykkene. Nå fikk han, for å låne et uttrykk knyttet til Holberg, sin kammermusikalske «raptus». Allerede i mars 1970 kunne Bergens Kammermusikkforening presentere den første av tre strykekvartetter som skulle bli til i løpet av dette ti-året.

Han startet kvartett-rekken med et kort og fyndig verk, ensatsig i formen og programmatisk i opplegget. Tittelen *De to rivalers serenade* antyder innholdet, og det er bratsjisten og cellisten som står mot hverandre. For riktig å understreke dette er det foreskrevet at antagonistene skal sitte fremst på podiet, mens sekundantene, fiolinistene, må ta til takke med de tilbaketrukne plasser. Så kan den musikalske turen i skogen begynne, og dermed også striden mellom de to rivaliserende instrumenter om hvem som skal få fremføre sine serenader. Denne uskyldige historien driver det melodiske forløpet i kvartetten fremover, avbrutt av små, musikalske naturbeskrivelser.

Harald Sæverud hadde hatt planer om kvartetter meget tidlig. Allerede i en skisse fra ca. 1915–16 er et tema til en kvartett antydet, men den dominerende interessen for orkestret gjorde at kvartettplanene ble skjøvet i bakgrunnen. Det er merkelig kanskje med tanke på hans begeistring for Joseph Haydn. Østerrikeren var ikke bare symfoniens far, han utviklet også den klassiske kvartettformen. Men når Sæverud først begir seg ut i kvartettens verden, så er det altså ikke gjennom en firsatsig komposisjon i klassisk innramming. men med et ensartig tonebilde.

Mens Harald Sæveruds verkliste frem til 1970 så å si er renset for kammermusikk, skulle han utvikle denne siden av sitt talent i de kommende tiårene. Resultatet var bl.a. tre strykekvartetter og to blåsekvintetter.

Denne pendling mellom det programmatiske og det strengt formelle finner man i flere av verkene fra 1960–70-tallet. I fiolinkonserten sporer man nok en klassisk form, men det var også en liten hilsen til hans musikalske oldefar gjennom bruken av løse strenger i den tredje satsen. Symfoni nr 9 var skåret over en firsatsig lest, og i førstesatsen anvender han den klassiske sonatesatsformen, ispedd en passacaglia i den tematiske bearbeidelse. De øvrige satsene følger også som hovedprinsipp det klassiske mønster, med en rolig annensats og en tredjesats (opprinnelig 2. sats) i tredelt rytme som en parallell til menuetten eller scherzoen hos formens forgjengere.

I finalen som har fått tilnavnet *Klokker i fjellet*, kommer programmatiske trekk til syne. Den er et forsøk på å nedtegne noe av landsdelens stemninger, sier Sæverud:

«Men det er mer det trolske i Vestlandets natur og gjenklangen i vårt eget sinn som har spøkt i min bevissthet under arbeidet med satsen … Mine klokker i fjellet er ekkoet som svarer malmfullt når jeg roper på det, og som jeg ofte har prøvet mine melodier på. Hvor spent har jeg ikke lyttet til svaret!»[385]

Når flere ved uroppførelsen slakter symfonien og verken finner dekning for komposisjonsbetegnelsen eller verkets plass på det daværende festspillprogram, virker kritikken malapropos. Ikke minst sett på bakgrunn av den frihet som mange har omgått den symfoniske form med i dette århundret. I det perspektivet vil man her finne en meget stram formell utvikling hvor det programmatiske spiller en underordnet rolle. Den varierte instrumentasjonen bidrar til et kraftfullt uttrykk, og deler av tematikken er også dristigere enn den man ofte finner hos Harald Sæverud, førstesatsens hovedtema inneholder således skalaens tolv toner.

Et slankere uttrykk og adskillig nærmere sine klassiske forbilder er *Mozart-Motto-Sinfonietta*, komponert for Filharmonisk Selskap i Oslo og uroppført i februar 1972 under ledelse av Miltiadis Caridis. Caridis, som fikk verket tilegnet, hadde vært medskapende i den forstand at han hadde foreslått en ramme for komposisjonen: besetning som i Mozarts Jupitersymfoni, og et lite sitat, et motto, fra denne symfoniens finalesats.

Den ferdige komposisjon ble en sprudlende, ensatsig sinfonietta med en tredelt inndeling, allegro-andante-allegro. Sæveruds egen tematikk ligger nær den intervallstruktur man finner i det Mozart-motiv han hadde valgt å innlemme. Han siterer også et motiv fra sin egen fagottkonsert. Under komponeringsarbeidet hadde han nemlig oppdaget tematiske likheter mellom fagottkonserten og den melodikk han hadde utviklet for *Mozart-Motto-Sinfonietta*, og han kunne ikke mostå fristelsen til å låne av seg selv.

Mottagelsen i Oslo var hjertelig, også i pressen. Aftenpostens anmelder Thoralf Norheim konstaterte at *Mozart-Motto-Sinfonietta* var et verk preget av stor fantasi og kresne kunstneriske virkemidler. I Dagbladet fant Finn Mortensen at komponisten hadde levert et fint verk «med et fantasifullt motivarbeid,» som han skrev, og la til: «Instrument-behandlingen er virtuos. Det kogler og sprudler i orkestret av fine kombinasjoner, og verket er i det hele tatt spenstig og spennende og sprunget ut av et ungdommelig sinn».[386]

Mozart-Motto-Sinfonietta fikk sin bergenske førsteoppførelse noen måneder senere, da Musikselskabet Harmonien feiret komponistens 75-årsdag med et rent Sæverud-program. Men denne gangen stod det også en annen Sæverud på programmet, komponistens yngste sønn Ketil som fikk sin trompetkonsert uroppført på farens jubileumskonsert.

Ketil Sæverud hadde gått i sin fars fotspor, og var begynt å skrive musikk allerede som 6-åring. Da han var 12, ble han oppdaget av avisene og presentert som en av landets yngste komponister, og det var ikke uten en viss stolthet at Harald Sæverud dengang fortalte om sin sønn som satte Mozart og Bach på topp. Hvordan var forholdet til farens verker, ville journalisten vite?:

«Å joda. Det mangler forresten ikke på gode råd fra gutten. Da jeg forleden dag hadde spilt en av mine siste komposisjoner for ham, ble han sittende helt taus noen sekunder, men så kom det spontant og overbevisende: 'Den derre va'kje go, far!' Så nå er jeg spent på hvordan kritikerne og det øvrige publikum reagerer på dette stykket, smiler Sæverud.»[387]

Nå stod de side om side på det samme konsertprogrammet, norsk musikklivs nestor og den tidligere rockemusikeren som hadde skaffet seg komponistutdannelse i London og Stockholm. Noen år senere skiftet han navn fra Sæverud til Hvoslef. Det hadde ikke minst praktiske årsaker, for det var ikke alltid like enkelt for omgivelsene å holde styr på K. Sæverud og H. Sæverud.

Etter *Mozart-Motto-Sinfonietta* vendte Sæverud tilbake til kammermusikken. I 1975 kom den andre strykekvartetten, adskillig mer abstrakt og dristig i uttrykket enn *Rivalene*. Så gikk det tre år, og han fullførte den tredje og siste kvartetten. Musikalsk sett står denne nærmere nr 1, for her beveger han seg igjen mot programmusikken og gir satsene konkrete titler: 1. «søkende»; 2. «pastoralt hvilende»; 3. «det siste ord». Også ved denne anledning var det Bergens Kammermusikkforening som stod som bestiller, og etter uroppførelsen i 1979, fattet danskene interesse for kvartetten. I flere år besøkte Harald Sæverud Lolland og Falster kunstforening, og her sørget man for at kvartetten ble presentert for det danske publikum.

I forlengelsen av kvartettbølgen ble han som 83-åring overtalt til igjen å komponere for scenen. Det var musikk til stykket «Ut med deg, skitne madam» av Torunn Ystaas, basert på Amalie Skrams brever, som skulle settes opp på Den Nationale Scene i Bergen. Formatet var lite, nærmest et kammerspill. Musikken ble tilpasset dette gjennom bruk av bare fiolin og cello. Men Harald Sæverud klarte å trekke imponerende mange nyanser ut av de to soloinstrumentene. Da han ble spurt om sitt forhold til Amalie Skrams bøker, kunne han opplyse at han særlig hadde vært opptatt av Hellemyrsfolket: «En gang jeg var på reise til Paris med båt leste jeg hennes Lucie. Den grep meg så sterkt at jeg kastet den ut koøyet!» [388]

Som en foreløpig krone på denne kammermusikalske utblåsning, kommer de to verkene han komponerte for Bergen Blåsekvintett. Solobläserne fra Harmoniens orkester klarte å tenne hans interesse for den særegne klangtypen som finnes i kvintettbesetningen, og som et første skritt laget han i 1981 et arrangement av hefte nr 1 av *Slåtter og stev fra Siljustøl.* Det ga mersmak. Tre år senere hadde han ferdig en femsatsig kvintett.

Harald Sæverud var meget tilfreds med samarbeidet med disse musikerne som hadde fått ham på nye tanker:

«Det var faktisk Bergen Blåsekvintett som ga meg frisk vind i seilene slik at jeg vekslet kurs. Min første kvintett demonstrerte at jeg fortsatt var i live. Etterhvert som de fem blåserne og jeg kom hverandre nærmere inn på livet, rent menneskelig sett, fikk jeg følelsen av at dette var med på å belive min fantasi og gi verket dets atmosfære av nærhet.»[389]

I 1967 hadde byggingen av Grieghallen i Bergen startet. Seierherre i arkitektkonkurransen var den danske arkitekten Knud Munk som hadde levert et forslag til et konserthus formet som et flygel i glass, betong og jern. I flere år gikk arbeidet fremover, og alt så lovende ut. Men så satte pengemangel en stopper for ferdiggjøringen utover den såkalte «forretningsdelen». Sarkasmene haglet over de som stod i spissen for prosjektet. En Oslo-avis skal ha utropt den halvferdige mastodonten til «symbolet på bergensk stormannsgalskap». I 1975 kunne imidlertid arbeidene igjen fortsette, og til Festspillene i mai 1978 stod bygget ferdig med en storslått konsertsal som var ideell for symfonisk musikk, og med en akustikk som det går gjetord om utenfor landets grenser.

Harald Sæverud hadde levet og åndet for prosjektet, og ble meget beæret da han i 1976 ble forespurt om å skrive et verk til Grieghallens åpning. Raskt hadde han planene for en ouverture i det store format klar. Til oppdragsgiver, styret for Musikselskabet Harmonien, kunne han derfor meddele følgende:

«Spørsmålet (så å si med kniven på strupen) om verkets type, dets lengde (minutter og sekunder) og om der vil være solist, kan jeg (til min egen forbløffelse) allerede svare på:
Tittel: *Overtura* («åpning av») *monumentale* (monumentalbygg (også i overført betydning)) avhenger av om verket blir i den grad vellykket som jeg inderlig håper (med en inspirasjon som denne) det må bli.
Typen: Symfonisk sats: a) Storstilet plan b) arbeid, motgang, arbeid, håp, arbeid c) triumfen til slutt.
Varighet: mellom 10 og 12 minutter pluss 15 sekunder (Edvard Griegs fødselsdags-tall). Solister: Ingen, uten det at alle musikerne – hvis verket blir det jeg håper – skal spille som førsterangs solister, hver og en!

Undskyld mitt – for anledningen – gode humør!
Vennlig hilsen

Harald Sæverud.»[390]

Han traff ganske godt. Offisiell lengde på verket er 11'15", og han bommet heller ikke på publikum under uroppførelsen til festspillåpningen den 24. mai 1978. 81-åringen hadde vist at han fortsatt hadde krefter igjen til å gi seg i kast med symfoniske konstruksjoner som kunne slå an.

Karsten Andersen og Harmoniens orkester

Harald Sæverud hadde gjennom hele livet vært begunstiget med utøvere som entusiastisk sloss for hans sak. De dirigentene som stod ham nær i første del av hans liv er forlengst nevnt. Fra midten av 1960-tallet var det Karsten Andersen som skulle bli hans fremste fortolker av orkestermusikken. Da kapellmesteren i 1985 fratrådte Harmonien etter 21 år som selskapets kunstneriske leder, uttrykte en takknemlig Harald Sæverud noe som sikkert kom fra hjertet: «Du står for oss som symbolet på den lykkeligste periode i Harmoniens historie. Og jeg vil takke deg sammen med mine kolleger for alt det du har gjort for norsk musikk».[391]

Karsten Andersen kom fra et lite orkester i Stavanger, og utviklet seg sammen med det bergenske som i hans kunstneriske ledertid gikk gjennom den kraftigste ekspansjonsperiode i selskapets mer enn 200 årige historie. Harmonien hadde vært på omkring seksti musikere da han kom, og da han gikk fra borde, var de blitt mer enn åtti. I de mellomliggende årene hadde Harmonien markert seg både på platemarkedet og gjennom turneer i inn- og utland. Sæverud kunne derfor glede seg over et stadig sterkere klangbilde i Grieghallen, noe som kom hans verker til gode. Og hans musikk, og iblant han selv, var med på turneene til Sovjet, USA, og Tyskland.

Når Harald Sæverud også takket Karsten Andersen på vegne av sine kolleger, var det ikke uten grunn. Som få hadde nemlig Karsten Andersen maktet den vanskelige balansegangen mellom det nyskrevne og standardverkene, mellom norsk musikk og det internasjonale repertoar. Derfor må det ha vært i nærheten av nasjonal rekord den mengden norsk musikk som fant veien til Harmoniens sesongprogrammer i hans periode, som oftest med ham selv på dirigentpulten. I 1975 kunne han derfor motta Norsk Komponistforenings kunstnerpris for sin innsats for samtidsmusikken.

Karsten Andersen fremførte de fleste av Sæveruds orkesterverker, og fikk også ansvaret for å holde flere av dem

Som kunstnerisk leder av Harmoniens orkester, var Karsten Andersen i mer enn 20 år den fremste fortolker av Harald Sæveruds orkestermusikk.

over dåpen: Symfoni nr 9, *Fanfare og Hymne, Sonata Giubilata* (1970) og *Overtura monumentale*. Han uroppførte dessuten de nye versjonene av flere av de større komposisjonene som Harald Sæverud reviderte. Som oftest dreide det seg om mindre inngrep fra komponistens side, men hans rastløse fantasi fikk ikke ro før han følte at de siste notene var helt på plass.

Harald Sæverud må ha vært meget krevende der han satt på første benk og fulgte årvåkent med på prøvene. Komponisten hadde jo selv dirigenterfaring og meget bestemte oppfatninger om hvordan alt skulle klinge, og slik fikk han det stort sett også. Under Karsten Andersens tålmodige taktstokk kunne han lete seg frem til den ideelle løsning, og trekke veksler på kapellmesterens praktiske orkesterefaring. Det gjaldt særlig tekniske forhold som strøk og frasering. Harald Sæverud stod i en helt særegen situasjon i forhold til Harmonien, han ble nærmest orkestrets huskomponist.

Det musikalske selskap tildelte Harald Sæverud sine gjeveste æresbevisninger. Allerede i 1957 ble han utnevnt til æresmedlem, og i 1975 kunne han motta Harmoniens høyeste utmerkelse: Fortjenstmedaljen. Men Harald Sæverud ble også tatt vare på på andre måter. Fra og med 50-årsdagen markerte Harmonien hans runde år med konserter viet hans verker. Orkestrets siste hyldning av Harald Sæverud ble minnehøytideligheten i anledning begravelsen i 1992.

Av pianistene var Dagny Solheim den første som ante komponistens format. Hun gikk i bresjen for Harald Sæverud helt fra de tidligste år. Det samme gjorde Inge Rolf Ringnes som Sæverud i en periode var sammen med under studietiden i Berlin. På en måte skulle både Dagny Solheim og Inge Rolf Ringnes stå for førstefremføringer av g-moll sonaten, – hun i Bergen, han i Kristiania og på turné i Tyskland og Østerrike. Men denne merkelige klaverkomposisjonen kom til å føre en heller anonym tilværelse før Ringnes tok den opp igjen flere tiår senere, da han inkluderte den i sitt program på sin come-back-konsert i Aulaen i Oslo. Han mintes at noen av kritikerne fra 1920-tallet syntes sonaten manglet melodiøse temaer. «Det kan jeg nå ikke riktig forstå, jeg syns til og med det er riktig mange slike,» sa han til VG.[392]

Ved siden av den ungarskfødte Andor Foldes som på 1950-tallet ble den reneste handelsreisende i klaverkonserten, var det særlig Walter Hautzig av de utenlandske pianistene som skulle bli en ivrig Sæverud-interpret. Amerikaneren som var født i Østerrike, kom i 1948 til Bergen for å holde konsert. Sæverud ble så begeistret for hans Chopin-spill at vennskapet mellom utøver og skaper deretter ble beseglet over tre flasker champagne. Det endte med at Hautzig tok med seg en bunke Sæverud-noter, og han satte flere av stykkene på sitt turnérepertoar.

Senere tok Walter Hautzig også opp klaverkonserten, og han var ansvarlig både for den canadiske og den amerikanske førsteoppførelsen. Sistnevnte fant sted i Kansas City i 1962. Året etter hadde han klaverkonserten med seg til New York, og gjorde der, ifølge avisene, en glimrende fremførelse i Carnegie Hall. Det ble imidlertid ikke den samme suksessen for komponisten. Den slo ikke an på samme vis som *Peer Gynt*-musikken noen år i forveien. New York Herald Tribunes anmelder var riktig slem og mente at klaverkonsertens melodikk både var flakkende, springende og forslitt, og at det meste kunne improviseres på stedet av en rimelig talentfull musiker. New York Times la seg midt i mellom og sporet betydelig kunstferdighet og innsikt i orkesterbruk, men savnet helhet. Kritikeren fra World Telegram and Sun var nærmest overbegeistret og mente at «Sæveruds konsert strutter av originale ideer og vendinger … Jeg ser ingen grunn til at våre ledende orkestre ikke skulle ta imot den norske nyhet som en gavepakke».[393]

Jan Henrik Kayser

Hans fremste klavertolker var likevel Jan Henrik Kayser, bergenspianisten med studier fra Wien, Brüssel og London som i 1961 gikk til topps i konkurransen om Prinsesse Astrids Musikkpris. Han debuterte i Aulaen i Oslo i 1953 i tre verker for klaver og orkester akkompagnert av Filharmonisk Selskaps Orkester. Dengang skrev Klaus Egge i Arbeiderbladet: «Det er ikke ofte en debuterende pianist seirer i første omgang takket være en overbevisende musikalitet. Jan Henrik Kayser er nemlig en ekte musikkformidler.»[394] To år senere var han solist i David Monrad Johansens klaverkonsert da den ble uroppført på det samme podium. Men Kaysers interesse for norsk musikk skulle særlig komme Harald Sæveruds klaververker til gode.

Hvorfor akkurat Sæverud? Fordi hans musikk ble en klangbunn for pianistens tanker og følelser, skrev han i Feststskriftet til Sæveruds 70-års dag. Det Kayser fant fascinerende var et «sprudlende oppkomme av ekte, vakre melodier, poetisk nerve, varm følsomhet, intensitet, humor, en sår, gjennomtrengende undertone og stadig skiftende stemninger fra fandenivoldske sprell til edle, opphøyde partier. Alt i en personlig, fantasifull og konsentrert form.»[395]

Kayser var blitt kjent med Harald Sæverud på slutten av 40-tallet, mens pianisten enda var i tenårene. Det skjedde hos familien Hjertholm, Harald Sæveruds nærmeste venner fra ungdomsårene. Senere ble Jan Henrik Kayser Hjertholms svigersønn, så forbindelsen med Harald Sæverud kom derfor til å gå på flere plan. Den dype profesjonelle kontakten de hadde, bevirket at Jan Henrik Kayser etter hvert fikk et enestående innblikk i komponistens klaververker.

Som regel foregikk innstuderingen planmessig over tid, men ikke alltid. Kaysers første møte med Harald Sæveruds klaverkonsert hadde dramatikkens skjær over seg. Den var satt opp på en radiokonsert i NRKs store studio, men solisten, Robert Riefling, var blitt syk. Kayser hoppet inn på kort varsel, men den hodestupse debuten ble kronet med hell, og medvirket til at han ble en meget etterspurt tolker av denne konserten.

Kayser var den første norske pianist som våget å holde en ren Sæverudaften. Det var i Aulaen i februar 1966, og Sæverud kunne ikke dy seg for en liten kommentar:

«Når en ung pianist som Jan Henrik Kayser – med kone og to barn å forsørge – virkelig er villig til å risikere en helaften med mine komposisjoner, synes jeg det var passende å begynne med *Kristi-Blodsdråper*, folk ville bli så forskrekket om han åpnet med capricci'ene.»[396]

Man stilte seg jo lagelig til for hogg på denne måten. Det var ikke mer enn tre uker siden Kayser hadde presentert et rent Griegprogram i hovedstaden, så det var naturlig at anmelderne hadde denne konserten i bakhodet. Men de kunne begge innkassere en pen seier. Aftenpostens utsendte, Dag Winding Sørensen, berømmet pianisten for å ha klart å holde publikums interesse fanget gjennom hele programmet: «Det er enda vanskeligere enn i et Grieg-program, for Sæveruds intime miniatyr-lyrikk er både i musikalsk stil og i klaversatsen mer asketisk, og gir mindre variasjonsmuligheter å spille på.»[397]

Nå hadde anmelderne en unik situasjon for vurdering av Sæveruds samlede klaverproduksjon, for konserten inneholdt et tverrsnitt av hans klaverstykker fra opus 1, capricciene, til de aller seneste, det siste heftet med *Slåtter og stev*. Alt falt ikke i like god jord. Kveldens svakeste innslag, ifølge kritikerne, var sonatinene. «Villet, komponert,» sa Winding Sørensen om dem. Finn Mortensen i Dagbladet fant at de inneholdt for mye småplukk basert på bestemte, avgrensede formler. Det var i capricciene og i *Slåtter og stev* at komponistens fineste kvaliteter kom til syne, mente hovedstadens anmeldere.

De hadde et utall konserter sammen, interpreten og toneskalden. Det var pianistens oppgave å illustrere de stadig mer utbroderte historiene som Sæverud krydret seansene med, for anekdotene var sjelden identiske fra gang til gang. I 1972 gikk turen til London, til Purcell Hall i Royal Festival Hall-komplekset. Etterpå stod det i Daily Telegraph at «bak musikkens tilsynelatende fordringsløse og enkle ytre fornemmer man alltid en dyktig og oppfinnsom kunstner som får den minste detalj til å gi den største virkning». Anmelderen fant også sammenfallende egenskaper mellom musikken og Harald Sæveruds avvæpnende personlighet: «... et skarpt, men likevel varmt og generøst vidd som plutselig bryter gjennom tankefulle melankolske trekk.»[398]

To år senere vakte de oppsikt i Stockholm og København med denne særegne «Lecture Recital», og presentasjonsformen ble kommentert i Svenska Dagbladet:

«Att en komponist i själva konsertsituationen generöst bidrar med kommentarer, analyser, skisserer bakgrunder och praktisk demonstrerar – kort sagt är en sorts integrerad medagerande, hör inte till de vanligare inslagen i det offentliga konsertlivet. Nog skulle åtskilliga konserter kunna bli mer givande om komponister då och då vågade ställa upp och tala om sina verk.»[399]

Året etter var de invitert av Festspillene i Ljubljana, og den ble for dem begge en helt spesiell opplevelse med Harald Sæveruds gode venn Bozidar Jakac tilstede.

Innstudering med Harald Sæverud kunne fortone seg som de reneste festforestillinger. Syngende og gestikulerende understreket han det han var ute etter. Den klanglige nyansering var han særlig nøye med, det fordret avansert pedalbruk og en serie ulike anslagsarter. Dette markerte han også i notebildet som iblant kunne bli så komplisert at de færreste pianister maktet å få med seg alle subtilitetene. Iblant måtte Jan Henrik Kayser sette foten ned, og protestene kunne føre frem.

Bergens Tidende ville en gang vite hvilke Sæverudverker Jan Henrik Kayser satte særlig pris på, og svaret var vel ikke helt uventet:

Harald Sæverud og hans favorittpianist Jan Henrik Kayser i London i 1972. «Ingen annen pianist er jeg i den grad skyldig min varme takk.»

«Man vil vel kanskje smile når jeg nevner *Kjempeviseslåtten* og *Rondo amoroso*. For meg har terpingen på disse populære stykkene ikke berøvet deres verdi. *Fuglefløytvariasjonene* som jeg fikk den glede å uroppføre, er også en perle. Den sjelden spilte *Draumeslåtten* må nevnes, og *Vindharpeslåtten* er rett og slett genial.

Når jeg øver på Sæveruds ting sitter jeg ofte med klump i halsen – om det kommer av den såre undertonen i musikken eller det er fordi den er så vanskelig å spille, vet jeg faktisk ikke.»[400]

Med en slik nærkontakt med komponisten var det ikke til å unngå at det ofte oppstod situasjoner som kunne kalle på smilet. Engang hadde Kayser spilt inn en Sæverud-plate på det svenske selskapet BIS, og komponisten hadde produktet til gjennomhøring. Plutselig klokken ni søndag morgen ringer pianistens telefon. Sæverud er på tråden, meget opphisset:

– «Alt er ødelagt! Platen må stoppes! Ta en drosje og kom hit ut med en gang. Jeg betaler regningen.»

Jan Henrik Kayser ilte av sted og ble mottatt av en meget ilter Harald Sæverud.

– «Det går da ikke an å spille så nervøst og oppkavet. Hadde du tatt narkotika?»

Kayser skjønte ingen ting. Han hadde jo gått gjennom alle stykkene med komponisten og spilt dem inn så trofast som det var mulig å gjøre det. Kanskje feilen lå et annet sted? Det var en normal LP-plate for 33 omdreininger, mens grammofonen på Siljustøl var innstilt på 45.

– «Har grammofonen stått innstilt slik lenge?»

Joda, det kunne Sæverud bekrefte. Kayser knakk fullstendig sammen i latter, mens den oppkavede Sæverud plutselig fikk andre ting å tenke på. Han styrtet ned i kjelleren for å hente drikkevarer. Her måtte det en større forsoning til.

– «Duallverden! Nå må jeg revidere min oppfatning av alle Haydns symfonier. Og jeg som alltid har klaget på at Harmonien spiller dem for langsomt!» kom det innrømmende fra en både lattermild og tankefull Harald Sæverud. Han glemte å betale for drosjen.

Mesteren og hans elev – Harald Sæverud og Jan Henrik Kayser i storstuen på Siljustøl.

Selv om perfeksjonisten Harald Sæverud sjelden ble helt fornøyd med andres fremføringer, så var det ingen tvil om at han betraktet nettopp Jan Henrik Kayser som den som kom nærmest hans egen oppfatning. I komponistens etterlatte papirer lå en kladd til et anbefalingsskriv som forteller meget om den betydning han tilla Kayser:

«Å gi en anbefaling til J.H.K. er nesten det samme som å gi en anbefaling til meg selv, for ingen annen pianist er jeg i den grad skyldig min varme takk for hans fremragende tolkning av min musikk og strålende resultater … Høyest når Kayser som solist i min klaverkonsert, hvor bare de betydeligste pianister makter å nå helt til tops. Måtte han ofte få anledning til å vise seg der.»[401]

Festspillkomponisten. 90-årsdagen

De begynte å falle fra etter hvert, hans venner og kolleger. I 1974 gikk David Monrad Johansen bort, en av dem han på mange måter hadde følt seg tettest knyttet til. Han var meget generøs overfor sin uheldige venn som vel aldri kom over hendelsene under og etter krigen. Han inviterte ham til Siljustøl og tilbød seg å betale reisen. «Hva du har måttet gjennomgå er blitt en skam for alle oss som kom helskinnet igjennom krigen,»[402] skrev han til ham i 1964, og tilegnet Monrad Johansen sin 9. symfoni.

I 1979 var det Klaus Egge som la ut på den siste reise, de hadde også fått et nært vennskap. De hadde meget til felles, begge var symfonikere og foretrakk de store musikalske former, et annet fellestrekk var interessen for et norsk musikalsk uttrykk. «Et fremmelig barn» kalte Harald Sæverud ham i sin festskriftartikkel da Komponistforeningens fargerike formann gjennom 28 år fylte 70 år i 1974. Tilslutt var det nesten bare Marie og han selv igjen av deres generasjon. Men den 12. mars 1982 gikk Marie Hvoslef Sæverud plutselig bort.

«Glansen over Siljustøl svant hen,» skrev han i husets gjestebok, – «Begravelsen var gripende med Trond spillende H.S. musikk ut over oss oppe ved orgelet – *Elegie*, *Salme mot Bøygen* – … tilslutt min fineste, triste duettmelodi. Kisten

En nyslått og synlig stolt kommandør av St. Olavs Orden, og en ikke mindre beundrende Marie. Da hans store støtte gjennom nesten 48 år plutselig gikk bort fem år senere, skrev Harald Sæverud i husets gjestebok: «Glansen over Siljustøl svant hen.»

dekket helt i hvitt, liljer fremtredende. På Siljustøl bakefter, men glansen og smilet var borte. –»[403]

Når han likevel kunne fortsette å bo på Siljustøl, skyldtes det ikke minst at den eldste sønnen Sveinung flyttet tilbake i 1982. Av sønnene var det han som hadde interessert seg mest for Siljustøl. Nå hadde han skaffet seg utdannelse som lærer og agronom, og han tok opp igjen kultiveringen av Siljustøl. I 1983 startet han musikkskole i huset, så det ble igjen liv og røre omkring den aldrende tonekunstneren.

I slutten av august 1985 kom meldingen om at Harald Sæverud var blitt utnevnt til festspillkomponist for i Bergen for 1986. Han var den fjerde i rekken. Tidligere hadde Egil Hovland, Arnold Schönberg og Olav Anton Thommessen fått brettet ut sin produksjon i konsentrert form for det bergenske, norske og internasjonale publikum. Nå var det byens egen sønn som stod for tur. Blant dem som sterkest støttet hans kandidatur i Festspillenes programutvalg, var en av hans tidligere kritikere, Arne Nordheim.

Han var 88 år gammel på dette tidspunkt, og kunne makelig ha nøyd seg med en retrospektiv presentasjon. Men det var fortsatt flere noter igjen i fyllepennen. Komponisten ville ikke nøye seg med puslerier; nei, orkesterverk måtte det være. Harald Sæverud aktet å fullføre musikken til Ibsenstykket Kejser og Galilæer som han hadde begynt på på slutten av 1940-tallet. Det ble dengang aldri noe av den planlagte forestillingen på Den Nationale Scene, men Harald Sæverud hadde fått ferdig to av avsnittene: *Kejser Konstantins sørgemarsj* og *Pikene synger og danser.* I oktober 1951 hadde han selv dirigert urfremførelsen av dem med Harmonien. Disse stykkene kunne han bruke som utgangspunkt for sitt nye orkesterverk.

I seks måneder arbeidet Harald Sæverud med *Kejser og Galilæer*. Han stod gjerne opp klokken 7 om morgenen og kunne holde det gående til over midnatt. Egentlig ville han trenge to år på oppgaven, mente han, nå måtte han nøye seg med en fjerdedel av tiden, men det så likevel ikke ut til å ha vært et handikap. «Det har vært de rikeste månedene i mitt liv,» uttalte han i festspillprogrammet. *Kejser og Galilæer* ble et verk i fire symfoniske bilder, nærmest en

Harald Sæverud i vinden som i de gode gamle dager. Den 89-årige festspillkomponisten var i sitt ess under den brede markeringen av ham i 1986. Her er han fotografert under presentasjonen av den såkalte «mediepakken» som inneholdt bok, plate og video.

en suite, og de eksisterende delene inngikk hovedsaklig i innledningssatsen som fikk navnet *Kejser Konstantins sørgemarsj – Lovsang i kirken.* De øvrige bærer titlene *Stridende krefter; Folkeliv og bakkanal* og *Øksen ligger ved treets fot.* I tillegg til orkester var det med kor. Noen av skissene fra slutten av 1940-tallet ble innlemmet, men det meste av stoffet var likevel nytt. Komposisjonen, som varer nesten en halvtime, var et synlig bevis på en ganske utrolig kraftprøve fra den nå nesten døve Harald Sæverud. Han var meget optimistisk på verkets vegne og nølte ikke med å si at *Kejser og Galilæer* var en av hans mest innholdsrike komposisjoner.

I forkant av Festspillene var han pressens yndling. Avisene brakte overskrifter som «Ustoppelig urkraft»; «Festspill i kjempeviseslåttet»; «Utrolige Sæverud»; «Vårkåt 90-åring på Siljustøl», og han lot seg fotografere halvt liggende på sofaen i arbeidsværelset idet han funderte over noen av temaene i *Kejser og Galilæer*, eller stående barføtt ute i snøen. Han kunne fortelle journalisten at undersåttene ble renere av snø enn av vanlig vaskevann. Han uttrykte også klare syns-

Harald Sæverud og Aldo Ceccato – skaperen og gjenskaperen av *Kejser og Galilæer* – foran Harmoniens orkester under Festspillene i Bergen i 1986. Festspillkomponisten fikk vist at høy alder var ingen hindring for hans skaperevne, og Jarle Sørå i Verdens Gang fant et verk som boblet av ungdommelig vitalitet.

punkter på fenomenet alder: «Presset på hjernen har simpelthen gjort meg yngre. Det er derfor folk ofte dør når de blir pensjonister, de gjør ikke bruk av hjernen mer.» Og så tilføyde han at han følte seg like oppfinnsom og opplagt som i yngre dager.[404]

Festspillperioden ble nok en stor triumf for norsk musikklivs desiderte nestor. Men dette var ikke slutten. Til Kong Olav kunne han fortelle at han aktet å bli 96 år, hvorpå monarken ville vite hvorfor han ikke like godt strakk det til 100. «Vi liker ikke å overdrive i vår familie,» repliserte komponisten med kledelig beskjedenhet.

I floraen av Sæverudverker som gikk som en rød tråd gjennom festspillprogrammet, var det knyttet særlige forventninger til *Kejser og Galilæer*. Uroppførelsen var lagt i hendene på Harmoniens relativt ferske sjefdirigent, italieneren Aldo Ceccato, som gikk inn for oppgaven med liv og sjel. Det nye verket fikk en entusiastisk mottagelse.

Noe av begeistringen skyldtes komponisten selv. At en 89-åring kunne skrive noe slikt var jo i seg selv en sensasjon. Men *Kejser og Galilæer* inneholdt flere kvaliteter enn som så. Johan Kvandal i Aftenposten fant et verk hvor opphavsmannens personlighet gjorde seg gjeldende i hver takt fra først til sist, mens Ståle Wikshåland i Dagbladet mente at dette var adskillig steilere og striere musikk enn det som på lenge var kommet fra Sæveruds hånd. VGs Jarle Sørå syntes komposisjonen boblet «av ungdommelig vitalitet og skaperglede». Kjell Leikvoll i Bergens Tidende mente at Sæverud her hadde utviklet en av sine fineste melodier innenfor den symfoniske rammen.

Festspillkomponisten ble også beæret med en grammofonplate hvor et utvalg av hans klaver- og kammerverker var innspilt av unge utøvere, og hans liv og levnet ble belyst og eksponert i en «mediepakke» som inneholdt plate, videofilm og biografi. Perfeksjonisten oppdaget straks feil i boken, og forlangte revisjon og nyutgave. Ellers var det lite malurt i begeret, og festspillkomponisten var vennligheten selv, og stilte mer enn villig opp overalt hvor det skjedde noe som hadde med hans verker å gjøre.

Punktum for presentasjonen ble satt under festspillenes avslutningskonsert med BBC Symphony Orchestra dirigert av Paavo Berglund, og Bergens to store musikalske sønner på programmet. Harald Sæverud med Symfoni nr 7, *Salme*, Grieg som vanlig med klaverkonserten. Det lå faktisk en viss symbolbetydning i dette, for all viraken omkring festspillkomponisten Harald Sæverud hadde vist at han på hjemmebane stod i en særstilling blant sine samtidige. Ingen annen nålevende seriøs tonekunstner kunne vise til en lignende folkelig appell, kanskje ikke så ulikt den som må ha blitt Edvard Grieg til del i hans samtid.

Oppmerksomheten rundt 90-årsdagen det påfølgende år ble nærmest som en repetisjon av medienes festspilldekning, med en stadig opplagt komponist som midtpunkt. Helsides artikler og intervjuer i fleng, og en Harald Sæverud som delte rundhåndet ut sine favorittemner til kulturskribenter og medierepresentanter. Men han hadde nye momenter å anføre også, blant annet at han likte popmusikk når den ikke bestod av grums, støy og bråk laget av maskiner. Den skulle ha klare linjer. Han erklærte også at han ble lykkelig når han hørte en melodi som «Drifting along with the Tide» med Benny Goodman på klarinett. For sine yngste kolleger ville han gi et råd som var helt i tråd med dette: «Ikke lag musikk med all slags ytre midler, skap den.»[405]

Han var bortreist på selve dagen 17. april. Det var en langfredag, den tyngste dagen i året gjennom hele hans liv. Men denne gangen skulle han slippe å sitte hjemme og føle tristesse og melankoli fylle sinnet. Han var invitert av Tysnes kommune for å feire dagen i naturskjønne omgivelser på denne vakre øya sør for Bergen, et sted han ofte hadde besøkt og var blitt så begeistret for, at han året i forveien hadde satt melodi til Tysnessangen. Nå ble han hentet på Siljustøl i helikopter, og mottatt av sin unge venninne fra Tysnes, Åsne Agathe Sunniva Søreide, som jubilanten med et muntert glimt i øyet omtalte som sin kjæreste. Hun hadde vært hans store inspirasjonskilde de siste årene.

Åsne Søreide hadde vært Harald Sæveruds ledsager under feiringen av festspillkomponisten året i forveien, og hun var født på nøyaktig samme dato som sin berømte venn. Til sammen var de nå 104 år, og under deres felles geburtsdagsselskap på fasjonable Godøysund Fjordhotel satt 90-åringen rak som en søyle midt på en rekke av syv ungpiker. Her var komponisten i sitt ess, han hadde jo alltid hatt sansen for det skjønne.

Etter en kaskade av prolog, taler, gaver og hilsener, den gjeveste kom fra Kong Olav, måtte jubilanten medgi at det fortsatt var adskillig liv i ham:

«Hadde det ikke dét vært, hadde jeg vært slått i svime av alle disse ordene. Men jeg elsker eventyr, og det er eventyrene som gjør at jeg aldri blir voksen. Det var som en åpenbaring den gang en 10 år gammel eventyrpike kom med en orkidé som hun skjenket meg, og satte seg på mitt fang, da jeg hadde en av mine tyngste perioder. Uten henne hadde jeg aldri greid å få nok inspirasjon til å gjøre ferdig festspillverket *Kejser og Galilæer*. Det er de mest besynderlige ting som skjer, om vi lar eventyret slippe løs i livet.»[406]

To uker senere var det musikklivet som feiret 90-åringen, med jubileumskonsert i regi av Musikselskabet Harmonien, og tre av hans kjæreste komposisjoner på programmet: fiolinkonserten tolket av sønnesønnen Trond Sæverud, *Sinfonia dolorosa* og *Minnesota-symfoni*. Det skulle bli den siste store konsertmarkeringen av mesteren fra Siljustøl.

De siste årene

Kilden var på ingen måte tom, men alderen hadde begynt å tynge for alvor, og helsen skrantet. Men det var også oppmuntrende hendelser i tilværelsen, f.eks. at unge musikere for alvor hadde begynt å oppdage hans musikk. I mange år hadde han gledet seg over sin sønnesønn Trond Sæveruds entusiastiske tolkninger av hans komposisjoner. Oslo-pianisten Einar Henning Smebye spilte inn de aller fleste klaverstykkene hans, mens hans kollega i Bergen, Einar Røttingen, tok mål av seg til å fremføre hele Harald Sæveruds klaverproduksjon. Alt som på dette tidspunkt var tilgjengelig fikk Einar Røttingen fremført i 1989, deriblant den meget modernistisk inspirerte klaversuiten fra 1930.

Nesten 60 år skulle det altså gå før dette besynderlige verket nådde frem til publikum, og Einar Røttingen fikk også æren av å førsteoppføre en rykende fersk *Scène Macabre*, satt sammen av materiale fra tidligere år. Her hadde mesteren fått en læregutt som han kunne instruere i de mest subtile klaverfinesser som hans musikk er så spekket med. I 1996 forelå sluttproduktet av deres samarbeid i form av den aller første komplette innspilling av klaververkene.

Enda en originalkomposisjon så dagens lys på Siljustøl, en sonatine for bratsj og klaver. Det var den unge debutanten Are Sandbakken som dristet seg frempå med en forespørsel. Han hadde gått til topps i Rikskonsertenes konkurranse for unge talenter og var lysten på nye toner for sitt instrument. Gjennom århundrer hadde bratsjen ført en heller anonym tilværelse mellom fiolin- og cellogruppene i orkestret, men nå seilte instrumentet i medvind. Sæverud ville gjerne påta seg oppgaven, ikke fordi det var populært å skrive for bratsj, det var jo hans favorittinstrument, kunne han fortelle den unge strykeren.

Et fall i trappen på Siljustøl gjorde ikke situasjonen enkel for komponisten, men i slutten av april 1989 var han i gang med arbeidet. Da hadde Are Sandbakken vært på sitt første besøk på Siljustøl. Om beina ikke var så stødige, så var Harald Sæveruds hode krystallklart, og han tok nesten luven av den unge bratsjisten med sin ustoppelige, melodiske fantasi. På stedet formulerte han hovedtemaet til sonatinens første sats, den opprinnelige tanken hadde vært å bruke noe fra 5 *Capricci.* Hadde Harald Sæverud dermed hatt et ønske om å la livsverket tone ut med toner fra sitt første gjeldende opus? Det er fristende å tenke tanken, men særlig dypt har den i så fall ikke stukket hos 92-åringen.

Etter ytterligere tre besøk av Are Sandbakken, kunne Harald Sæverud med sirlig håndskrift, som nesten ikke synes å være farget av den høye alderens naturlige, små vibrasjoner, sette sluttstrek for et merkelig stykke musikk. Gjennomsiktig i strukturen, nesten bare to stemmer gjennom det hele, men med stor intensitet i linjespillet mellom bratsj og piano. Han hadde jo alltid skydd de tykke akkorder, fyllekalken, musikkens polstring. To instrumenter, to stemmer. Her var skoleeksemplet. Etter uroppførelsen i Aulaen i Oslo høsten 1989 roste kritikerne ham for ungdommelig, morsom og vár musikk.

Bratsjsonatinen var et resultat av nitid musikalsk utprøving med kabalen som dommer. Særlig i det siste tiåret av hans liv ble syv-kabalen en viktig konsulent når Harald Sæverud komponerte Gikk kabelen opp når han spurte den om råd om det som stod på notearket, kunne han gå videre med verket. Lot kabalen seg ikke løse måtte han arbeide videre med komposisjonen.

Etter sonatinen prøvde Harald Sæverud å komponere mer, men kreftene var i ferd med å ebbe ut. Han gjorde et siste forsøk på å skrive en fiolinsonate for sin sønnesønn Trond, som nå var konsertmester i Sønderjylland Symfoniorkester.

Fiolinisten Trond Sæverud, Harald Sæveruds sønnesønn som uroppførte *My Ancestors,* komponistens aller siste verk.

I ti år hadde han oppfordret sin farfar til å komponere et slikt verk, og Harald Sæverud ville forsøke. Han fant at han kunne kombinere ønsket med en bestilling fra ISCM-festivalen som skulle gå av stabelen i Oslo høsten 1990. *My Ancestors* het det firsatsige verket som ble uroppført under verdensmusikkdagene av Trond Sæverud og pianisten Einar Røttingen. Kritikkene var blandet. Dette var ikke Harald Sæverud på det beste.

My Ancestors var ingen originalkomposisjon. Den var satt sammen av eldre materiale og Trond Sæverud måtte forestå den endelige utarbeidelsen. I den første satsen finner man stoff fra musikken til Håkonshallens gjenåpning, i den neste et tema som opprinnelig ble komponert til en dansk orgelimprovisator. Tredjesatsen er bygget over pianostykket *Vals til en liten pike*, mens finalen er satt sammen av den nesten 80 år gamle *Elegie* for fiolin og piano, med en brå fortsettelse i temaet i *Li-tone* fra første hefte av *Lette stykker for klaver*, spilt unisont av fiolin og klaver i meget langsomt tempo. Den enklest mulige utforming, men av intens musikalsk virkning. Denne siste komposisjonen hvor Harald Sæverud hadde hatt en avgjørende innvirkning, ender i et pust fra den pure ungdom, og en melodi sprunget ut av liene på Siljustøl. Nå var den musikalske ringen sluttet.

Før han gikk i gang med *My Ancestors* hadde han hatt et opphold på Haukeland sykehus i Bergen. Han var meget dårlig og ønsket at han skulle dø. Men den gamle kjempen fikk livsgnisten tilbake og reiste seg litt etter litt. Det var sønnesønnen Trond som i sin tid hadde anslått at han ville bli omkring 95–96 år gammel. Gjentatte ganger hadde han fortalt dette i intervjuer, og man skulle jo ikke skuffe barna, hadde han lagt til. Løftet til Kong Olav kunne han jo heller ikke svikte!

Men det gikk gradvis nedover med helsen, og tilslutt var han blitt så fysisk svekket at han måtte ha kontinuerlig pleie. Det siste året av sitt liv tilbrakte han på Mildeheimen i Fana, hans gamle hjemkommune. Hodet var imidlertid krystallklart, og han ønsket seg en annen situasjon. «Jeg venter på et lynnedslag,» kunne han si, men det kom ikke. Likevel hadde han helt til det siste en god porsjon av sitt gode humør igjen, og iblant kunne galgenhumoristen slå ut i full blomst. Som da han følte at han kanskje kunne trenge litt oppmerksomhet og karet seg ut i sykehjemkorridoren med sin store kunstnerhatt på. Med rungende røst ropte han «Brann! Brann!», og de ansatte styrtet til som om den røde hane var løs. Det ble mang en god latter da årsaken kom for en dag, og han kom i rampelyset for en stakket stund.

Han var takknemlig for hjelpen han fikk på Mildeheimen, og ga også uttrykk for det. «Jeg har det som en fyrste,» sa han ofte. Når han fikk besøkende, ble det servert kongereker og champagne. Da det led mot det siste, ble han overflyttet til Haukeland sykehus for mulig videre behandling, men han syntes selv det var meningsløst. Han ville tilbake til Mildeheimen. Om kvelden den 27. mars 1992 sovnet han stille inn. «Kjempen falt, mesteren lever» var overskriften i en av bergensavisene. Hadde han levet i tre uker til kunne han ha feiret sin 95-års dag.

Begravelsen – hans siste opus

Harald Sæverud ble gravlagt mandag 6. april 1992. Han var den første musiker på 40 år som fikk gravferden bekostet av staten. Den forrige var Fartein Valen i 1952. Minnehøytideligheten i Grieghallen ble overført direkte i NRK-fjernsynet, noe som ellers er forbeholdt kongelige personer og statsministre i Norge. Man kan godt si at seremonien var Harald Sæveruds siste komposisjon, for programmet var i store trekk lagt opp av ham selv.

Det ble en vakker minnestund. Foran kisten stod kransen fra Kongen og Dronningen, ellers var det blomsterhilsener og kranser fra en lang rekke kulturinstitusjoner: Norsk Komponistforening, Musikselskabet Harmonien, Troldhaugen, Den Nationale Scene, Festspillene i Bergen, Ny Musikk for å nevne noen. Hvitt og gult som gjennomgående farger ga høytideligheten et lyst preg.

De store musikalske innslagene var med Bergen Filharmoniske Orkester, som ble dirigert av Karsten Andersen. En siste hilsen fra et orkester som siden 1921 hadde vært den viktigste formidler av Harald Sæveruds musikk, og ledet av dirigenten som de siste 25 årene hadde hatt det tetteste samarbeid med tonekunstneren som betraktet orkestret som sitt fornemste uttrykksmiddel.

Minnestunden ble innledet med Harald Sæveruds sjette symfoni, *Sinfonia dolorosa*, skrevet i fortvilelse over krigen og dens meningsløse brutalitet, og tilegnet minnet om vennen som måtte bøte med livet i kampen for friheten foran en eksekusjonspelotong. *Gravsalme* fra *Peer Gynt*-musikken var en ytterligere påminnelse om tilværelsens forgjengelighet.

To kunstnere som i særlig grad hadde stått Harald Sæverud nær, ga musikalske nærbilder av hans komposisjoner i det mindre format. Pianisten Jan Henrik Kayser, hans faste følgesvenn gjennom 42 år, fremførte tre stykker som representerte et tverrsnitt av hans rike produksjon for klaver: *Kristi-Blodsdråper*, *Kjempeviseslåtten* og *Rondo amoroso*. Noen av hans mest folkekjære komposisjoner, og stykker han selv hadde hatt et særlig sterkt forhold til. I *Elegie* for solo fiolin med sønnesønnen Trond Sæverud som fortolker, ble linjene trukket tilbake til den ungdommelige «Sturm und Drang», intens og lidenskapelig. Allerede her finner man spor av de særtrekk som skulle vise seg å være typiske for så mange av Harald Sæveruds modne komposisjoner.

Kulturminister Åse Kleveland la ned krans fra regjeringen og takket på vegne av det offisielle Norge. I talen understreket hun storheten i Harald Sæveruds kunst og hans mot til å stole på sine egne ideers bærekraft. Han var en ener og «et skapende menneske som levde i nærheten av de brå vendinger i sitt sinn.» Hans musikk er allerede en del av den nasjonale kulturarven, men for å bli allemannseie er det av stor viktighet at den også fremføres om igjen, var hennes budskap.

Bergens ordfører Bengt Martin Olsen pekte på den betydning Harald Sæverud hadde hatt som et kulturelt kraftsenter for byen og regionen, og på viktigheten av å hegne om

Siljustøl som et fremtidig kultursentrum. Musikselskabet Harmoniens styreformann, Steinar Molland, minnet om det nære samarbeid mellom Bergen Filharmoniske Orkester og Harald Sæverud. Det gjaldt ikke bare komponisten Harald Sæverud, i Harmonien hadde han også debutert som dirigent med sin 2. symfoni, nesten 70 år tidligere.

En siste hilsen og takk fra Norsk Komponistforening ble fremført av formannen Håkon Berge. Han trakk frem Harald Sæverud som arvtageren og fornyeren av en nasjonal kunst, men også at hans kunst inneholdt de brå kastene, innfallene og en livsbejublende galskap som kilte seg fast i virkeligheten:

«Den manet frem gleden ved det nye og annerledes, fryden ved det uventede og stillheten i alvoret. For Harald Sæveruds liv var først og fremst alvor – overfor sitt kall, overfor sine evner og overfor sin kunst ... Han bar fanen høyt og stolt: Musikken hans bærer den samme fanen videre med inskripsjonen: Først av alt er Mennesket sjel og ånd!»

Høytideligheten tonet ut med *Fanfare og hymne*, en av Harald Sæveruds mindre fremførte orkesterkomposisjoner. Utadvendt og kraftfull musikk som kunne gi assosiasjoner til helt andre begivenheter enn en gravferd. Men det lå nok en dypere mening i det fra Sæveruds side, en oppfordring om at livet tross alt går videre. Vi kan stoppe opp et øyeblikk til ettertanke og refleksjon, men vi må se optimistisk fremover på de gledelige tingene i tilværelsen. Så ble Harald Sæveruds kiste båret ut av Grieghallen av sønnene Sveinung, Tormod og Ketil og sønnesønnene Erlend, Jon og Trond, og ført til Siljustøl hvor han etter eget ønske skulle begraves.

Seremonien på Siljustøl var forbeholdt den nærmeste familien og et fåtall venner fra ungdomsårene. Gravstedet befinner seg noen hundre meter vest for huset på Siljustøl, og fungerende prost Gunnar Nesse innledet begravelsesseremonien med kirkegårdsinnvielse av den jorden Harald Sæverud skulle ligge i. Harald Sæverud hadde bestemt salmene som ble avsunget under jordfestelsen. To av dem er vanlige ved gravferder: Sorgen og glæden de vandrer tilhobe og Deilig er jorden. Den tredje, Barn Jesus i en krybbe lå, er derimot en salme som hovedsakelig hører julehøytiden til.

Men Barn Jesus i en krybbe lå hadde en helt spesiell betydning for Harald Sæverud, idet den sammenfattet to viktige elementer i hans liv: Ludvig Mathias Lindemans koraler, og julaften. Samtidig bringer den bud om noe gledesfylt som nettopp julaften og julen representerer, og Harald Sæverud ønsket ikke at hans begravelse skulle være en sorgtung begivenhet. Når familien etter gravferden skålte i champagne, var det helt i tråd med komponistens ønske.

Gravstedet

Harald Sæverud hadde selv pekt ut sitt gravsted. Det skulle ligge i en spesiell vinkel i forhold til huset, slik at man fra graven kan se opp til arbeidsværelset hvor så mange av hans komposisjoner var blitt sirlig nedtegnet. I flere år før han åndet ut var graven klargjort, men da Harald Sæverud skulle inspisere arbeidene var det noe som ikke stemte. Vinkelen til arbeidsværelset var gal. Her var det lite rom for kompromisser, som i så mange andre sammenhenger var det kun det perfekte som var gyldig. Det var ikke annet å gjøre enn å flytte graven den nødvendige halvmeteren, et omfattende og dyrt merarbeid i den harde fjellgrunnen. Alt sammen ble betalt av egen lomme.

Var det også en liten hilsen tilbake til onkel Andreas på Bømlo? I barndomserindringene gir Harald Sæverud en levende skildring av farbrorens begravelse. Onkel Andreas hadde valgt ut noen fine eikematerialer som skulle bli kisten hans, men da snekkeren fikk se dem, ble han helt fra seg og mente at det fikk være måte på. Slikt edelt treverk var altfor fint til en kiste, emnene passet mye bedre til møbler: «Det må da være det samme for din far om han ligger i furu eller i eik, vel?» Familien lot seg motstrebende overtale. Onkelen ble lagt i den gale kisten, men da salmene var sunget

Den store granittsteinen som står på toppen av Harald Sæveruds gravsted.

og presten hadde talt, var det uråd å få lokket igjen. Det var ikke annet å gjøre enn å utsette begravelsen til den riktige kisten var ferdig: «Og denne gang gikk lokket på! Jo, – han fikk det som han hadde bestemt. Både i liv og død var han makeløs! 'Bravo, onkel Andreas!'»[407]

En viss porsjon galgenhumor er det også knyttet til hans eget gravsted. Nøyaktig hvor han ligger begravet er en liten hemmelighet. Selve gravstedet er smykket med tre store granittsteiner som Bergenshalvøens Kommunale Kraftselskap ga i gave til Harald Sæverud. De ble hentet med helikopter fra et av fjellene på Osterøy utenfor Bergen, ruvende blokker som er blitt fraktet langveisfra med isen. Familien tok seg av transporten til Siljustøl, og da steinene ankom stedet, skal Harald Sæverud ha vært fra seg av begeistring. Mannen som elsket stein.

Den ene granittblokken har form nærmest som silhuetten av et ansikt, og er plassert som en bauta på toppen av gravstedet. I en liten skråning med lyng og gress nedenfor ligger en flatere utgave, og de fleste besøkende tror nok at selve graven befinner seg under denne. Men der tok komponisten det siste stikket. Sannsynligheten er nemlig stor for at han befinner seg like under føttene deres når de står og betrakter stedet. På flaten foran dem er Harald Sæverud stedt til hvile, slik at alle må spasere over ham. Men nøyaktig hvor, er det ikke mange som vet i dag. Og slik ville han at det skulle være. Et viktig poeng er at graven ligger der den gamle kirkeveien i området tidligere gikk.

Etterord

Like etter krigen ble Harald Sæverud spurt av en journalist hva julebudskapet hadde betydd for ham. Svaret fikk overskriften «Julen er Guds smil til jorden»:

«Aldri er vel vi mennesker nærmere dette 'å være som barn igjen' enn i julen! Den er selve Guds smil til jorden, og ethvert kunstnersinn, som jo på bunnen har så meget av barnet i seg, varmes av den særegne skjønnhet som stråler ut i julenatten. Både av ordene og av de skjønne scenene. 'Og okse der og asen stod'– er der noe så rørende vakkert som i dette bilde hvor barn Jesus i krybben gjenspeiles i det tålmodige, umælende dyrs fuktig-milde øyne!

Jeg har så ofte studert på om det er juleevangeliet som gjør at vi synes julens melodier er vakrere enn alle andre, eller om de virkelig er mer inspirert. Jeg kan fremdeles ikke finne svar på dette.»[408]

Sitt eget religiøse syn berørte han sjelden. Han kunne kokettere med at han hadde blotet, det var vel heller at han hadde drukket blod da en kalv ble slaktet hos naboen. På hans seng var det skåret inn et omvendt kors, men det hadde intet med antikrist å gjøre. Hans forklaring var at dersom den onde skulle dukke opp, så ville han gjøre det fra dypet. Dermed ville han se korset den riktige vei. Selv om han kunne spøke med det, så hadde det kristne symbolet en viss betydning for Harald Sæverud. Da han i 1979 ble bedt om å si noe om hva han så for seg etter dette livet, ga han følgende svar: «Det vet jeg ingenting om. Men dét vet jeg, at er det noe mere, skal jeg med glede ta imot.»[409]

Han var overbevist om at det var krefter som lå utenfor oss selv som påvirket ham i den kreative prosess:

«Når jeg senere har antydet at *Rondo amoroso* ikke er skapt av meg alene, tenker folk 'Fydda'. Det jeg mener er at det må være en ordnet kraft utenfor oss, bare vi har et åpent sinn å ta imot med. Jeg lever i den tro at Vår Herre har lekt med min aura, som en mor gjør med sitt barns lokker.»[410]

Som svar på spørsmålet om leveregel sa han engang at han forsøkte å være en tonende gjenklang av naturen, og han la ikke skjul på sin beundring for Jesus-figuren:

«Elles vil eg seia at det største som åndeleg sett hev hendt her på jordi, er Jesu liv. Det er vel noko alle må bøye seg for, anten dei stend i statskyrkja eller ikkje. Men elles er den Gud eg trur på i mitt hjarta, ein Gud som råder over ljos og skugge, og både dei gode og dei vonde gjerningane til menneski. Og det er mi tru … at tek ein det vonde bort, kva vert det då att av dei gode gjerningane? … Det vonde er til for at det gode skal stride mot det, og Gud – han er herre over det heile.»[411]

Det var de store kontrastene som behersket Harald Sæveruds liv. Han gjorde alltid et stort poeng av sin melankoli og sitt tungsinn, hvor kirkegårdsfødselen dannet forklaringen. Det er et faktum at mye av hans musikk går i moll-tonearter, det antatt triste modus til forskjell for den glade dur. Men samtidig flammet han iblant opp i de muntreste valsetakter, og det er ikke så langt mellom stykkene hvor det utadvendte og nesten galgenhumoristiske dominerer.

I sitt miljø var han outsideren, gutten som hadde andre interesser enn sine klassekamerater, og som ofte ble kalt «Liket» på grunn av fremtoningen. Han følte seg best når han kunne trekke seg unna og konsentrere seg om tonenes verden, eventyrene, kunstnerisk virksomhet i det hele. Hva farens konkurs, rettssak og fengselsopphold, sammen med familiens sosiale degradering har hatt å si her, er vanskelig å fatte. At det har preget familien sterkt er høyst sannsynlig, det må ha sveiset medlemmene sammen på en forunderlig måte.

De fleste av søsknene bodde hjemme til de var langt oppi årene, og det er tydelig at Harald ble hegnet om som den sjeldne planten han var. Ikke minst hans bror Bjarne var generøs med sin støtte av økonomisk og moralsk art, og moren, den alltid svartkledde Cecilie Bårdsdatter med salmesangen stadig på sine lepper, må Harald Sæverud ha forgudet som en madonnaskikkelse. At hun også hadde det samme navnet som musikkens skytshelgen, Santa Cecilia, fikk en spesiell symbolsk verdi for ham.

Med årene ble han også mer og mer opptatt av slekten og forfedrene, og trakk gjerne fram berømtheter og fargerike innslag i slektstavlen. Han mente at han selv var et resultat av gener som hadde fart vidt og bredt, og et visst belegg for det hadde han også, ihvertfall når det var tale om grener til Skottland og Danmark:

«Det viser seg at vår slekt ikke har vært så ensidig norsk som jeg tidligere trodde, men har fått betydelige innslag utenfra, helt langt tilbake i Middelalderen. En hovedgren kan følges over Danmark, Brandenburg, Sachsen, Ungarn, og over Jylland tilbake til Norge. En annen gren kommer fra Skottland, en tredje fra Spania.»[412]

Med tiden er nok arvestoffet tynnet betraktelig ut, men bevisstheten om hva som kunne ligge der må ha fascinert ham sterkt. Fra de nærmeste ledd var det ikke minst felebyggeren fra Samnanger, Johannes Bårdsson Tveit, han følte en musikalsk samhørighet med. Iblant kunne forfedrenes betydning gi seg utslag i mytedannende erindringsforskyvninger, som da han skulle tidfeste datoen for den offentlige komponistdebuten. «Den tolvte i tolvte nittenhundreogtolv!» fastslo han i godt moden alder, og debutverket skal ha vært *Elegie* for fiolin og piano.

Både moren og bestefaren kunne feire fødselsdag på denne dato, men det magiske tallet var også knyttet til bestemoren som nynnet «toll-toll, toll-toll, toll-toll» i takt med vuggen hvor Harald og hans søsken lå. Derfor stemte det meste, mente han, når debuten måtte finne sted på denne dato: «Med bestefars tolvte i tolvte, og mors tolvte i tolvte, og nu med mitt tolvte i tolvte i tillegg? Jo, fint.»[413]

Men her har nok mesteren pyntet litt på historien, for selv om datoen var den riktige, så fant hans offentlige debut først sted tre år senere, uten at fiolinelegien stod på programmet. Det gjorde derimot *Huldredans* og *Nocturne* fra suiten *Jonsoknat*. *Elegie* ble først presentert flere måneder senere. Men det ble jo en mer dramatisk historie på hans måte, og dramatikk elsket han i alle livets sammenhenger.

Hans forhold til musikkhøgskolen i Berlin er gåtefullt. Akkurat som Edvard Grieg hadde understreket hvor lite konservatoriet i Leipzig hadde hatt å si for ham, så avfeide nærmest Harald Sæverud sitt Berlin-opphold som en liten, ubetydelig parantes. Han studerte ved høgskolen i to år, men i biografiske artikler er oppholdet som oftest redusert til ett, og han gjorde selv få poenger av betydningen av Berlin-tiden.

I brevene fra Berlin fremgår det imidlertid at han hadde utbytte av arbeidet i den tyske hovedstad, og at han ble tatt godt vare på av sin lærer Friedrich E. Koch. Han forteller til Mowinckel jr. og Gerhard Schjelderup hvordan han konsentrerer seg om å løse oppgavene han blir pålagt, og det håndverket han annammet har nok også gitt ham et viktig grunnlag han kunne bygge videre på. Understrekingen av at han som komponist hovedsakelig var autodidakt, må derfor tas med en viss klype salt.

Men da han i 1977 ble bedt om å fortelle om sin utdannelse, var det ikke akkurat musikkhøgskolens betyd-

«Naturen er *mitt* miljø. Når fjell svarer fjell og ekkoet synger som understrengene på en hardingfele, – da er miniatyrorkestret ikke langt borte.»

ning han trakk frem: «Ja, det er fort gjort. De vesentligste studier kom jeg igjennom på en behagelig måte. Det var partiturene til Haydn, Mozart og Beethoven som var den spennende detektivlitteratur på sengen hver kveld … Joseph Haydn er fortsatt min hovedlærer i instrumentasjon.»[414]

Klassikerne ble hans idealer ganske tidlig, og av de norske trakk han ofte fram Rikard Nordraak. Samtidig stod han i en brytningstid hvor senromantikken fortsatt hadde et fotfeste, og noe av denne retningens kraftige emosjonelle uttrykk finner man også i Harald Sæveruds tidligste opus. Retningens programbeskrivende trekk, som etterhvert skulle komme i bakgrunnen i hans verker til fordel for en mer abstrakt, symfonisk utvikling, er imidlertid påfallende i den første symfonien. Det komme tydelig til uttrykk i et brev til Gerhard Schjelderup like i forkant av uroppførelsen av symfoniens første del i Kristiania i 1920:

"Som motvægt til den oprevne 1ste del er 2den del mer sluttet i formen … 1ste del skildrer 'Ynglingen' i brytningstiden; 2den del skildrer 'Mandens' mer målbevisste kamp. Grundtanken gjennem hele er Ibsens: 'Seirens seir er alt at miste.' Dessverre passer ikke dette motto helt når 1ste del opføres alene. Hele verket kommer antagelig at hete: Symfoni i 2 symfoniske digtninger.»[415]

Avgjørende for hans selverkjennelse var de ordene Carl Nielsen i 1924 uttalte om hans *5 Capricci*, der dansken sammenlignet tonespråket med Bach, men i vår egen tid. Derigjennom hadde Harald Sæverud øynet særtrekk han senere skulle utvikle nærmest til perfeksjon: «For meg er den levende linje langt viktigere enn hva som helst av harmonier, – han lærte meg å oppdage hvilken vei som var – og hele livet igennom ble min egen.»[416]

Carl Nielsens betydning for den unge og søkende Harald Sæverud kan ikke vurderes høyt nok. At han fikk støtte av denne symfonienes stormester gjorde at han kunne motstå adskillig kritikk på hjemmebane. For Carl Nielsen fortonet denne Sæverud-begeistring seg som litt av en gjengjeldelse til Norge: da han hadde vært langt nede, hadde Edvard Grieg trådt støttende til. Nå var det hans tur til å oppmuntre et ungt norsk komponisttalent. «Like så norsk som Edvard Grieg, men på sin egen måde,» sa han om Harald Sæverud.

Sæveruds forhold til folkemusikken er interessant. Han betraktet den som en av sine viktigste inspirasjonskilder, men anvendte uhyre sjelden folketoner i egne komposisjoner. Det tidligste eksemplet i verklisten er første del av Symfoni nr 1, som innledes av en stevtone. … Ellers er det bare i korverket *Sjå soli på Anaripigg* at et folkelig melodisk materiale er utgangspunktet for en komposisjon. Men det er tydelig at han i sine ungdomsår var svært opptatt av folkemusikken som ideal for egne komposisjoner.

I et intervju fra 1943 utdyper han sin nærmest dragende distanse til folkemusikken: «Jeg har aldri hatt trang til å etterlikne spesialitetene i denne, men ånden i folketonene har jeg forsøkt å suge i meg, som en norsk komponist som vil leve på god norsk kost for å bli sund og frisk og skrive sin egen norske musikk. Folketonene er så ekte, så vokset fram av naturen.»[417]

Kanskje dette er årsaken til at han ikke var så opptatt av Edvard Griegs folketonebearbeidelser, særlig i de mindre formater. Strykekvartett i g-moll anså han imidlertid som et av Troldhaugmesterens aller fremste verker. Her gir Grieg seg i kast med sonateformen som han skulle ha hatt et problematisk forhold til, men Sæverud synes derimot de lyriske stykkene kan ha et kjedelig, forutsigbart preg i sammenligning med den dynamikken han finner uttrykt nettopp i kvartetten:

«Kraften måtte hentes fra samme kilde som han øste sine temaer av, for her skulde ikke et skjema fyldes, her skulde bygges. Det måtte bli et enten eller, og hvor slog ikke pulsen heftig av begeistring for hvert et skridt som førte nærmere målet, seiersrusen avlet nye inspirasjoner, tanken blev overmodig og vovet nye og dristige sprang. Resultatet blev storartet … I virkeligheten er det her Grieg har nådd sin største høide som helt igjennom norsk komponist.»[418]

Nå gikk han ikke helt fri for modeller Harald Sæverud heller, det er enkle mønstre som preger *Slåtter og stev fra Siljustøl*, men formene er likevel ikke statiske med slaviske repetisjoner. Det musikalske stoff er i kontinuerlig utvikling. Innholdet i stykkene er som oftest inspirert av ytre fenomener, men blomstene, dyrene og naturopplevelsene fungerer mer som gnisten som antenner prosessen enn som forbilder som skal tegnes i detalj. Det er det *musikalske* som er avgjørende for utviklingen, med inspirasjonen som en kraft i den skapende prosess:

«Når et motiv slår ned i meg, forsøker jeg å la det spire og gro i min underbevissthet ... Temaets iboende kraft bør selv få bestemme sin vekst og form, like selvfølgelig som at et blomsterfrø vokser opp til en blomst, – en eikenøtt til en eik.»[419]

«I min musikk forsøker jeg å være så klassisk som mulig, men på min egen måte»,[420] uttalte han i 1966. I internasjonal forstand var Harald Sæverud en moderat komponist som bygget videre på historiske mønstre som han behandlet ganske fritt og tilførte sitt særpreg. I et norsk perspektiv ble han ikke minst i mellomkrigsårenes nokså konservative musikkmiljø, oppfattet som en tonekunstner som befant seg på grensen til en ganske utfordrende modernisme. Dette var imidlertid i større grad tilfelle i Bergen enn i Oslo hvor kontakten med de kontinentale musikktendenser var sterkere, og miljøet mer på bølgelengde med det som skjedde på den internasjonale arena. Det var særlig i symfoniene at hans daværende milde radikalisme stod frem, og en indikator kan man finne i verkenes hovedstruktur, satsbygningen.

Allerede fra starten av nekter han å la seg binde av det firsatsige symfonimønstret som skulle forbli en norm for denne verksjanger også i dette århundret; riktignok med mange avvik. Når han omkring 1920 konstruerer sin første symfoni i to satser, foregriper han faktisk sitt store ideal Carl Nielsen med flere år. Først i 1922 avviker Nielsen fra standarden og reduserer satsenes antall til to i sin femte symfoni. Sibelius var i så henseende dristigere, allerede i 1907 hadde han komponert en symfoni i tre satser.

I Harald Sæveruds symfoniske produksjon på ni, finner man et varierende satsmønster: 2-3-3-1-1-1-1-4-4. Først på slutten av rekken, fra og med *Minnesota-symfoni* i 1958, tyr han til det klassiske formskjema. I de to siste symfoniene er han også mest beskrivende på det musikalske innholdsplan, selv om man i flere av de øvrige kan finne inspirasjonskilder av ikke-symfonisk art. Men uansett er det de musikalske krefter som har styrt verkenes utvikling.

Når Harald Sæverud ikke fant noen interesse i den nasjonale dreiningen på 1920-tallet med tilbakeskuing til middelalder og saga-romantikk, kan det rett og slett ha sammenheng med at han betraktet musikk primært som et abstrakt uttrykk. Den kunne riktignok ha muligheter for å gjenspeile følelser, men var neppe et utgangspunkt for grovkornet programmatisk beskrivelse. Vokalmusikk som mye av den nasjonale retningen også produserte, var han overhodet ikke interessert i. Det eneste forhold han synes å ha hatt til sagatiden og de påfølgende århundrer, var i tilfelle i hvilken grad han kunne finne noen berømte slektninger derfra.

Når han fremstår som en nasjonal komponist, er det på et ganske annerledes grunnlag enn de kollegaene som lot seg beruse av mytologi og vikingtid, eller som hentet tonemateriale direkte fra folkemusikken. Han var heller ikke i nærkontakt med Oslo-miljøet hvor debatten om «det norske» foregikk, selv om han nok på avstand har fulgt med i tankeutvekslingen. Men som den individualist han var, ble det å gå i takt med en moteretning ikke hans sterkeste side akkurat.

Hans melodikk inneholder trekk som kan minne om folkemusikk, særlig slåttemusikken, gjennom de korte motivenes betydning, repetisjonene, de rytmiske særegenhetene. Men igjen og igjen bedyrer han sitt indirekte forhold til denne musikken: «Jeg har trukket frem ... to momenter – kirkegård og sommernatt – for å understreke at min musikk vokser opp av norsk jord og landskap, – ikke av vår folkemusikk. At jeg er norsk og derfor også taler med norsk tunge i min musikk, er en ganske annen sak.»[421]

Han tviholder med andre ord på sitt særpreg, og det er også ganske udiskutabelt, for Sir John Barbirolli hadde utvilsomt et poeng da han hevdet at man sjelden tok feil av komponisten når man hørte en komposisjon av Harald Sæverud. Dette, sammen med en karakteristisk og ofte ørefallende melodikk, et rytmisk driv og følelsesmessig engasjement har nok vært sterkt medvirkende til den populariteten flere av hans komposisjoner nyter. Gjennom *Kjempeviseslåtten* og *Rondo amoroso* som de ypperste eksempler, har han truffet noe i det norske folkelynnet som har gjort dem langt på vei tidløse. I en tid hvor teknologi og elektronikk lenge har vært tidens guder, hadde han mot til å stå på sitt og på den kraften han kunne hente ut av naturen. Her ligger det karakteristiske i Harald Sæveruds kunst, noe i retning av en grønn, permanent revolusjon.

Det var ikke så lite av Askeladden i Harald Sæverud. Han holdt seg lenge ved gruen, og som folkelitteraturens helt var han også omgitt av gode hjelpere: Gerhard Schjelderup, Johan Ludwig Mowinckel jr., Harald Heide, Olav Kielland, Andor Foldes, Karsten Andersen, Jan Henrik Kayser for å nevne noen. Han møtte også prinsessen og fikk gjennom henne et godt stykke av kongeriket, i tillegg til et hjem som skulle bli det ideelle stedet for skapende virksomhet. Men det materielle representerte bare den ene siden av tilværelsen. I Marie Hvoslef fikk han også en livsledsager som skulle bli hans uvurderlige støtte gjennom 48 år. «Akk, så modig av en sosietetsdame å ofre sitt tidligere liv og gifte seg med en tredjeklasses komponist,»[422] sa han i forbindelse med sin 90-årsdag. Marie og de tre guttene skulle forløse sider i hans kreative verden som frembrakte noen av hans mest folkekjære verker.

Den 29. mai 1984, på det som ville ha vært deres gullbryllupsdag, signerte Harald Sæverud sitt testamente. Her ble det slått fast at Siljustøl etter hans død skulle omdannes til en stiftelse: «Marie Hvoslef og Harald Sæveruds Stiftelse til fremme av norsk musikk og billedkunst.» Siljustøl ble stiftelsens eiendom, likeledes en fjerdedel av inntektene fra hans komposisjoner. Bergen Kommune er senere blitt overdratt det meste av eiendommen og er ansvarlig for driften av Siljustøl som et offentlig museum.

I de siste årene av sitt liv var Harald Sæverud nærmest hevet over tid og sted. Andre hadde inntatt samtidsmusikkens trone, men han var klassikeren. «Jeg blir gammel når det passer meg,» kunne 90-åringen si. Ved den samme anledning ga Arne Nordheim sitt syn på en kollega han ikke alltid hadde vært på bølgelengde med, men som han likevel næret stor respekt for: «Han har det streif av gammeldags geni som kjennetegnes av en lidenskapelig uttrykksintensitet som forplanter seg fra de enkleste forsiringer i en pianosats til de store utløp i orkesteret.»[423]

«Uten at vi blir som barn, kommer du ikke inn i Guds rike. Uten den enkle og lettfattelige kjerne, ingen stor musikk.»

Om forholdet mellom sin kunst og sin egen person har Harald Sæverud sagt: «Jeg håper at min musikk har sin fremtid, selv har jeg bare min fortid.»[424] Et slags musikalsk testamente formulerte han i følgende setninger: «Det har hendt at jeg i et deprimert øyeblikk har spurt: Hva har du egentlig å etterlate deg? Og da har jeg hvisket til meg selv, men meget stille naturligvis: Du har i hvert fall skrevet din *Rondo amoroso*!»[425]

Kilder

Grunnlaget for denne boken ble lagt på slutten av 1970-tallet, da jeg besøkte Harald Sæverud en rekke ganger i forbindelse med en større artikkel om komponisten og hans verk for Cappelens Musikkleksikon. Det ga meg en spennende innsikt både i mennesket Harald Sæverud og hans toneverden. Ved flere anledninger hadde jeg med meg båndopptaker, og han var mer enn interessert i å bli lydfestet mens vi snakket sammen. Lydbåndene fra dengang har både gitt inspirerende gjenhør med en usedvanlig personlighet, og mange holdepunkter og tråder som det har vært mulig å nøste videre på i en grundigere biografisk utarbeidelse.

Men en rekke andre kilder ligger også til grunn for den foreliggende fremstilling. Først og fremst har jeg hatt tilgang til den omfattende samlingen med Harald Sæveruds etterlatte papirer på Siljustøl. Likeledes samlingen med hans musikalier som befinner seg i Musikkavdelingen i Bergen Offentlige Bibliotek. Verdifullt materiale har vært tilgjengelig på Universitetsbiblioteket i Oslo, håndskriftsamlingen og musikksamlingen. Andre arkiver som har gitt bidrag er Riksarkivet i Oslo, Statsarkivet i Bergen, Bergen Offentlige Bibliotek, Universitetsbiblioteket i Bergen, Haugesund Folkebibliotek, Det Vestlandske Indremisjonsforbund, Det Kongelige Bibliotek, København, Hochschule der Künste (Musikkhøgskolen) i Berlin, Musikselskabet Harmonien, Bergen, Filharmonisk Selskap, Oslo, Hjemmefrontmuseet, klipparkivene i Aftenposten, Arbeiderbladet, Dagbladet, Bergens Tidende og Verdens Gang. Bygdebøkene for henholdsvis Bømlo og Samnanger har i stor utstrekning dannet grunnlaget for omtalen av Harald Sæveruds forfedre.

Interessant stoff har vært å finne i intervjuer av bl.a. Elsa Askeland, Rie Bistrup, Kjell Bækkelund, Carl O. Gram Gjesdal, Tove Meyer Hægstad, Ragnhild Plesner, Bernhard Rostad, Reidar Storaas, Veronica (Vera Reff) og Bjørg Øydegard.

Et stort antall enkeltpersoner har gitt opplysninger, lånt ut brever og annet materiale, og vært behjelpelig på så mange måter. Her vil jeg i alfabetisk orden takke Karsten Andersen, Ruth Sæverud Daazenko, Arne Damsgård, Grethe Frydenlund, Hilde Holbæk-Hanssen, Ivar Roger Hansen, Betty Hjelmeland, Helge Hjertholm, Øystein Hjertholm, Ketil Hvoslef, Per Chr. Jacobsen, Karen Falch Johannessen, Jan Henrik Kayser, Laila Kismul, Halvor Kleppa, Robert Levin (avdød), Haagen Ringnes, Sølvin Refvik, Einar Røttingen, Are Sandbakken, Anne Sofi Grung Moe, Laila Mowinckel, Yngve Nedrebø, Øivind Nordheim, Ricardo Odriozola, Jarle Ofstad, Dietmar Schenk, Nora Setersdal, Siren Steen, Simon Steinsbø, Reidar Storaas, Tormod Sæverud, Trond Sæverud, Arvid Vollsnes.

En særlig takk til Rannveig Torstensen for utlån av brevsamlingen etter Sigmund Torsteinson, Ove Schjelderup for kopier av Harald Sæveruds korrespondanse med Gerik (Georg) Schjelderup, Alma Sørbø Sæverud og Sveinung Sæverud for samtaler og stor hjelp med materialet fra Siljustøl. Likeledes til Reidar Storaas som har stilt materiale til disposisjon om Harald Sæveruds og Geirr Tveitts slektsbakgrunn. Staben på Troldhaugen med intendant Erling Dahl jr i spissen for støtte, oppmuntring og trivelig miljø, og ikke minst til Eilif B. Løtveit for aldri hvilende entusiasme og stor hjelp på det praktiske plan. En tålmodig familie fortjener særlig varme tanker, og en stor takk går også til Festspillene i Bergen som ga permisjon slik at jeg kunne arbeide med boken.

Sitatene er holdt i sin originale rettskriving, men for klarhetens skyld er bokstaven aa modernisert til å.

Litteratur

Asbjørnsen, P. Chr. og Moe, Jørgen: *Samlede eventyr.* Oslo 1978

Baedeker, Karl: *The United States. Handbook for travellers.* New York 1909

Benestad, F. og Schjelderup-Ebbe, D.: *Edvard Grieg. Mennesket og kunstneren.* Oslo 1980/90

Bergen Bys historie 1–4. Bergen 1979–1985

Bjørndal, Arne og Alver, Brynjulv: *– og fela ho lèt.* Oslo 1966

Brekke, Nils G. (red.): *Kulturhistorisk vegbok: Hordaland.* Bergen 1973
Bull, Sverre Hagerup (red.): *Musikkens verden.* Oslo 1963
Bue, Pål: Nasjonale ideologier i norsk musikk på 1920-tallet. Mag. avh. Oslo 1974
Cappelens Musikkleksikon. Oslo 1980
Dahm, Cecilie: *Kvinner komponerer.* Oslo 1987
Castberg, Torgrim: *Beretning om Musikakademiets 10 Aars Virke.* Bergen 1915
Egge, Klaus: *Norsk Komponistforening gjennom 25 år.* Oslo 1942
Eide, Bernhard: *Med livets rett. Bergens Indremisjon gjennom 100 år.* Bergen 1963
Fasting, Kåre: *Musikselskabet "Harmonien" gjennom to hundre år.* Bergen 1965
Fischer, Trygve: Modstand – gjennombrudd i *Nordisk Musiktidsskrift* nr. 4. Stockholm 1956
– « – Streng og steil i *Nordisk Musiktidsskrift* nr. 5. Stockholm 1956
Gaukstad, Ø. og Sandvik, O. M.: *David Monrad Johansen i skrift og tale.* Oslo 1968
Grinde, Nils: *Norsk Musikkhistorie.* Oslo 1971
Gurvin, Olav og Anker, Øyvind: *Musikkleksikon.* Oslo 1959
Hall, Pauline: *25 år Ny Musikk.* Oslo 1963
Hove, Richard: H.S. i *Tonekunst.* Oslo 1937
Huldt-Nystrøm, Hampus: *Fra munkekor til symfoniorkester.* Oslo 1969
Hurum, Hans Jørgen: *Musikken under okkupasjonen.* Oslo 1946
Hannaas, Clausen og Jerdal: *Vestmannalaget i 100 år.* Bergen 1978
Jeppesen, Knud: *Kontrapunkt. Vokalpolyfoni.* København 1968
Kleppa, Johannes: *Hør Herrens ord.* Bergen 1993
Lange, Kristian: *Norsk Komponistforening gjennom 50 år.* Oslo 1967
Lauvskard, Nils: *Samnanger bygdebok.* 2 bind. 1930/73 og 1954
Li, Bjørn: *Harald Sæverud.* Oslo 1986
Lind, Sverre: H. S. i *Nordisk Muskkkultur* nr. 4. Stockholm 1952
Mosby, Olav: *Musikselskabet Harmonien 1745–1945.* Bergen 1949
Nilsen, Hans Jacob: *Peer Gynt. Eit antiromantisk verk.* Oslo 1948
Reitan, Lorentz og Storaas, Reidar (red.): *Spill orkester, spill.* Bergen 1990
Sandvik, O. M. og Schjelderup, Gerhard: *Norges Musikhistorie* (2. Bind), Kristiania 1921
Schjelderup, Gerik: *Gerhard Schjelderup.* Oslo 1976
Solås, Eyvind: En studie i Harald Sæveruds scenemusikk til "Peer

Gynt". Mag. avh. Oslo 1968
Sommerfeldt, Øistein: H. S. i *Norsk Biografisk Leksikon.* Oslo 1966
Steinsbø, Simon: *Bømlo Bygdebok.* Bind 1. 1973
Storaas, Reidar: *Fest og spill i 35 år.* Bergen 1987
Storrusten, Erling (red.): *NAF veibok.* Oslo 1992
Torsteinson, Sigmund (m. fl.): *Harald Sæverud.* Oslo 1967
– « – : *Femti år med Troldhaugen,* Oslo 1978
Wallner, Bo: *Vår tids musik i Norden.* Stockholm 1968
Weydahl, Hanna-Marie: Harald Sæverud som klaverkomponist i *Norsk Musiktidsskrift* nr. 2. Oslo 1967

Artikler av Harald Sæverud

Et fremmelig barn i Gaukstad, Ø. (m.fl.): *Klaus Egge – de store formenes komponist.* Drammen/Oslo 1976
Om å følge med tiden i Fjalestad, Olav (red.): *Eivind Groven.* Oslo 1971
Et sørgelig kapittel i Hølmebakk, Gordon (red.): *Det første halvsekel.* Oslo 1974
Når hønen sparker og hanen galer i Meyer, Torben, Müller-Marein, Josef og Reinhardt, Hannes: *Musikalske selvportrætter.* København 1966
Musikalsk selvportrett i *Julefest.* Norges Røde Kors, Oslo 1956
Peer Gynt-Musikk – Salme i Bengtson, Ingmar (red.): *Modern Nordisk Musik.* Stockholm 1957

Noter

1897–1920

1 Harald Sæverud: Et sørgelig kapitel i *Det første halvsekel. Bilder fra norsk barndom.* Gyldendal 1974.

2 Simon Steinsbø: *Bømlo Bygdebok,* bind 1. 1973.

3 Ibid.

4 Ibid.

5 Torben Meyer, Josef Müller-Marein og Hannes Reinhardt: *Musikalske selvportretter.* København 1966.

6 Et sørgelig kapitel.

7 Jfr. *Bygdebok for Samnanger.*

[8] *Bergens Tidende* (B.T.) 31.12.1947

[9] Et sørgelig kapitel.

[10] Jfr. Bernhard Eide: *Med livets rett. Bergens Indremisjon 100 år*. 1963

[11] Et sørgelig kapitel.

[12] Ibid.

[13] Ibid.

[14] Ibid

[15] Fra styreprotokollen til Bergens Indremisjon 23.8.1909.

[16] Fra domsprotokoll for Gulating Lagmannsrett. D.a. 2. Straffesaker 1906–1910.

[17] Et sørgelig kapitel.

[18] Ibid.

[19] Ibid.

[20] Harald Sæverud: Musikalsk selvportrett i *Julefest.* Norges Røde Kors. 1956.

[21] Et sørgelig kapitel.

[22] Ibid.

[23] Torgrim Castberg: *Beretning om Musikakademiets 10 Aars Virke*. Bergen 1915.

[24] Sigmund Torsteinson (red.): *Harald Sæverud.* Gyldendal 1967.

[25] Øistein Sommerfeldt. Lydbåndopptak med Harald Sæverud 16.2.1965. Musikksamlingen,UiO.

[26] Ibid.

[27] «Hugin»s avis, september 1915. Bergen Katedralskole. Statsarkivet i Bergen.

[28] *Morgenavisen,* Bergen (Mo.a.B.) og *Gula Tidend,* Bergen (G.T.) april 1916.

[29] Brev til Johan Ludwig Mowinckel jr. (JLM jr.) 13.11.1917. UiO.

[30] Leif Halvorsen i Tidens Tegn (T.T.) 12.12.1917.

[31] *Aftenposten,* Oslo (Aft.p.) 12.12.1917.

[32] *Bergens Aftenblad* (B.Aftb.) 31.12.1917.

[33] Kort til JLM jr. 26.5.1918. Universitetsbiblioteket i Oslo. (UiO)

[34] Torsteinson etc..

[35] Ibid.

[36] *Aft.p.* 5.3.1920.

[37] *Dagbladet,* Oslo (Dbl.) 5.3.1920.

[38] Brev til JLM jr. 8.3.1920. UiO.

[39] Gjengitt i Torsteinson etc..

40 Brev til Harald Sæverud 22.11.1920. Riksarkivet.

1920–1925

41 Lorentz Reitan. Lydbåndopptak med Harald Sæverud. Mars 1986.

42 Brev til Bjarne Sæverud 7.10.1920.

43 Torsteinson etc..

44 Brev til Gerhard Schjelderup 27.1.1921. UiO.

45 Brev til Gerhard Schjelderup 17.1.1921. UiO.

46 Brev til Gerhard Schjelderup 27.1.1921. UiO.

47 Ibid.

48 Torsteinson etc..

49 Ibid.

50 Ibid.

51 *Deutsche Zeitung,* Berlin april 1921.

52 *Berliner Tageblatt,* Berlin april 1921.

53 *Signale für die Musikalische Welt,* Berlin april 1921.

54 *Der Tag*, Berlin april 1921.

55 *Dbl.* 30.4.1921.

56 Brev til Bjarne Sæverud 9.5.1921.

57 Brev til JML jr. 29.10.1919.

58 Ibid.

59 *B.T.* 3.10.1921.

60 *B.T.* 7.10.1921.

61 *Mo.a.B.* 7.10.1921.

62 *Dagen*, Bergen 7.10.1921.

63 *Morgenavisen*, Bergen (Mo.a.B.) 10.10.1921.

64 *Dagen* 10.10.1921.

65 *Annonce Tidende,* Bergen. 15.10.1921.

66 *Musik.* Danmark. November 1921.

67 *Göteborg Handels- och Sjöfartstidning* 17.10.1921.

68 Kort fra Carl Nielsen 28.11.1921.

69 *Aft.p.* 6.12.1921.

70 *Dbl.* 6.12.1921.

71 Brev til JLM jr. 20.11.1921. UiO.

72 O.M.Sandvik og Gerhard Schjelderup (red.): *Norges Musikhistorie* II. Kristiania 1921.

73 Brev til JLM jr. 19.1.1922. UiO.

74 Brev til JLM jr. 23.1.1922. UiO.

75 Dagny Solheim Nordbø i Torsteinson etc.

76 Brev til Herman Pedersen Sæverud. Stemplet Bergen 4.4.1922.

77 Brev til JLM jr. 25.4.1922. UiO.

78 Bozidar Jakac i Torsteinson etc. (Norsk oversettelse ved forfatteren.)

79 Brev til Bjarne Sæverud 6.12.1922.

80 Kort til Edvard Munch 18.12.1922. Munchmuseet, Oslo.

81 *Dbl.* november 1922.

82 *Aft.p.* november 1922.

83 Ibid.

84 *B.T.* februar 1922.

85 *B.T.* 22.2.1923.

86 *B.T.* 6.10.1922.

87 *B.T.* 31.4.1923.

88 *Arbeidet.* Bergen 17.11.1923.

89 *B.T.* 23.11.1923.

90 *Mo.a.B.* 23.11.1923.

91 *B.T.* 23.11.1923.

92 *B.T.* 14.6.1924.

93 *B.T.* 17.6.1924.

94 Ibid.

95 *Arbeidet* 23.6.1924.

96 *Aft.p.* 18.10.1924.

97 *Ørebladet,* Oslo 21.10.1924.

98 Gjengitt i *Mo.a.B.* 28.10. 1924.

99 Gjengitt i *B.T.* 29.10.1924.

100 *Dagen* 1.12.1924.

101 Jfr. Harald Sæverud.*Cappelens Musikkleksikon,* 1980.

102 *B.T.* oktober 1931.

1925–1930

103 Brev til S. T. 9.3.1925.

104 Brev til Gerik Schjelderup (G.S.) 23.4.1925. UiO.

105 Brev til S. T. 9.3.1925.

106 Brev til S. T. 17.3.1925.

107 Brev til S. T. 6.4.1925.

108 Brev til G. S. 25.4.1925. UiO.

109 Brev til G. S. 23.4.1925.

[110] Brev til JLM jr. 23.4.1925. UiO.

[111] Brev til JLM jr. 5.6.1925. UiO.

[112] Brev til S. T. 16.5.1925.

[113] Ibid.

[114] Ibid.

[115] Brev til S. T. 11.6.1925.

[116] Brev til S. T. 12.6.1925.

[117] Ibid.

[118] Brev til JLM jr. 3.7.1925. UiO.

[119] Brev til JLM jr. 17.7.1925. UiO.

[120] *Mo.a.B* 9.9.1925.

[121] Gjengitt i *B.T.* 26.9.1925.

[122] Brev fra JML jr. 8.1.1926.

[123] Brev til G.S. 2.12.1925. UiO.

[124] Brev til G. S. 15.9.1926. UiO.

[125] Ibid.

[126] Ibid.

[127] Ibid.

[128] Brev til S. T, 2.4. 1927.

[129] Brev til S. T, 11.5.1927.

[130] *Aft.p.* 19.8.1927.

[131] *Aft.p.* 23.8.1927.

[132] *Dbl.* 3.9.1927.

[133] *Oslo Aftenavis* 6.9.1927.

[134] *Arb.bl.* 22.11.1927.

[135] *Aft.p.* 22.11.1927.

[136] *Dbl.* 23.11.1927.

[137] Gjengitt i Pål Bue: Nasjonale ideologier i norsk musikk på 1920-tallet. Magisteravh. UiO. 1974.

[138] Gjengitt i *Ballade* nr. 4, Oslo 1980.

[139] Ibid.

[140] Gjengitt i Olav Mosby: *Musikselskabet «Harmonien» 1765–1945,* bind II. Bergen 1949.

[141] *B.T.* 5.11.1927.

[142] Brev til S. T. 2.12.1927.

[143] *Aft.p.* 6.12.1927.

[144] *Aft.p.* 9.12.1927.

[145] Brev til JLM jr. 8.1.1928. UiO.

146 Brev til S. T. 24.1.1928.

147 *Aft.p.* 19.12.1927.

148 *Aft.p.* 21.1.1928.

149 Brev til JLM jr. 8.1.1928. UiO.

150 Brev til JLM jr. 28.4.1928. UiO.

151 *Aft.p.* 20.3.1928.

152 *Aft.p.* Udatert.

153 *Aft.p.* 30.3.1928.

154 *Aft.p.* 3.2.1928.

155 *Aft.p.* 5.5.1928.

156 *Aft.p.* 6.12.1927.

157 *Aft.p.* 17.4.1928.

158 *Aft.p.* Udatert.

159 *Aft.p.* 6.1.1928.

160 Brev til S. T. 1.2.1929.

161 Gjengitt i *Mo.a.B.* 20.2.1929.

162 Ibid.

163 Ibid.

164 *Aft.p.* 14.4.1928.

165 *B.T.* nov. 1929.

166 *B.T.* 16.11.1929.

167 *B.T.* 30.1.1930.

168 *B.T.* 13.9.1930.

169 Ibid.

170 Ibid.

171 Ibid.

172 *Aft.p.* Gjengitt i Pål Bue.

173 Gjengitt i Pål Bue.

174 *B.T.* 30.11.1930.

175 *B.T.* 15.3.1931.

1930–1940

176 *Helsingin Sanomat* 21.2.1930.

177 *B.T.* Konsertdato er 19.3.1931.

178 *B.T.* Konsertdato er 19.2.1931.

179 *B.T.* 27.3.1931.

180 *B.T.* 19.11.1932.

181 *B.T.* november 1932.

[182] Konsertdato er 12.11.1931.

[183] *Arb.bl.* januar 1932.

[184] Sign. JØ. Udatert utklipp.

[185] *Bergens Arbeiderblad* (B.A.) 26.2.1932.

[186] *Mo.a.B.* 26.2.1932.

[187] *Dagen* 26.2.1932.

[188] *Dbl.* 5.4.1932.

[189] *Aft.p.* 5.4.1932.

[190] *Nationen* 5.4.1932.

[191] *Dbl.* 5.4.1932.

[192] *B.T.* 11.6.1932.

[193] Gjengitt i *Tonekunst,* Oslo, 6.7.1932.

[194] Ibid.

[195] *B.T.* 18.6.1932.

[196] Konsertdato er 18.11.1933

[197] *Dbl.* 15.7.1933.

[198] *Dbl.* 7.11.1933.

[199] Ibid.

[200] *Dbl.* 8.11.1933.

[201] Dbl. 13.11.1933.

[202] *Dagen* 3.5.1956.

[203] Umarkert utklipp.

[204] *B.T.* 14.4.1987

[205] *B.T.* 12.9. 1934.

[206] Ibid.

[207] *T.T.* 11.12.1937.

[208] *Mo.a.B.* 11.12.1937.

[209] *Dansk Musiktidsskrift* nr. 8 1934.

[210] *Svenska Dagbladet* 1.10.1934.

[211] *Morgenbladet,* Oslo (M.B.) 19.11.1934.

[212] *B.T.* 27.11.1934.

[213] *Stockholms-tidningen* 14.3.1935.

[214] *Arb.bl.* 2.4.1935.

[215] *B.T.* Konsertdato 6.3.1932.

[216] *B.T.* 22.11.1934.

[217] Brev til David Monrad Johansen (DMJ) 15.1935. UiO.

[218] Programheftet for «Vold mot Lucretia». DNS Bergen 1935–1936.

[219] Ibid.

[220] Harmoniens program 8.4.1937.

[221] *B.T.* 28.11.1935.

[222] *B.T.* 15.10.1935.

[223] *G.T.* 25.10.1935.

[224] *Norges Handels- og Sjøfartstidende* (NHS) 4.12.1936.

[225] *Nationen* 4.12.1936.

[226] *Tonekunst* nr. 2 1937.

[227] *Dbl.* 8.12.1937.

[228] *Aft.p.* 10.12.1937.

[229] *Dbl.* 10.12.1937.

[230] *Arb.bl.* 10.12.1937.

[231] *Mo.a.B.* 11.12.1937.

[232] Ibid.

[233] *Arb.bl.* 12.9.1938.

[234] Udatert skisse fra Harald Sæverud.

[235] *Göteborgs Handels- och Sjøfartstidning* 17.2.1939.

[236] *Morgontidningen, Göteborg* 17.2.1939.

1940–1950

[237] *Julefest* (se note 20)

[238] Meyer etc.

[239] Harald Sæverud. Platekommentar BIS LP-73.

[240] *Dbl.* 28.9.1945.

[241] Mosby

[242] Harmonien. Program 6.3.1941.

[243] Gjengitt i *Dbl.* 10.3.1941.

[244] *B.T.* mars 1941.

[245] *B.T.* april 1941.

[246] Harmonien. Programkommentar 27.5.1943.

[247] Sverre Hagerup Bull, red. *Musikkens Verden*, Oslo 1963.

[248] Øistein Sommerfeldt: H.S. Tiden Norsk Forlag, Oslo 1985. Korrekturkopi. UiO.

[249] *B.T.* 28.5.1943.

[250] *Norsk Musikkliv*, Oslo. nr. 5 1943.

[251] *Mo.a.B.* 6.5.1944.

[252] *Mo.a.B.* 22.5.1944.

[253] *Mo.a.B.* 24.5.1944.

[254] *Mo.a.B.* 24.5.1944.

[255] *Dbl.* 28.9.1945.

[256] *Dbl.* 23.10.1945.

[257] *Urd* nr. 11, 1945.

[258] *Dbl.* 5.10.1945.

[259] *Aft.p.* 5.10.1945.

[260] *M.B.* 5.10.1945.

[261] *Dagen* 3.6.1946.

[262] *Verdens Gang*, Oslo (V.G.) 14.10.1946.

[263] Brev til H.S. fra Hans Jacob Nilsen (HJN) 24.2.1947.

[264] Ibid.

[265] Ibid.

[266] Jfr. Eyvind Solaas: En studie i Harald Sæveruds scenemusikk til «Peer Gynt». Magisteravhandling 1968. UiO.

[267] *V.G.* 27.9.1946.

[268] Brev fra HJN 24.2.1947.

[269] Bokmålskladd til H.S.s artikkel i Hans Jacob Nilsen: Peer Gynt. Eit antiromantisk verk. Aschehoug 1948.

[270] Ibid.

[271] *B.T.* 18.3.1947.

[272] *V.G.* 18.3.1947.

[273] M.B. Signatur «Haagen» mai 1947.

[274] Aarhus. Udatert.

[275] *V.G.* mai 1947.

[276] Gjengitt i *Bergens Arbeiderblad* (B.A.) 23.9.1947.

[277] *B.T.* 15.11.1947.

[278] Hans Jacob Nilsen: *Peer Gynt. Eit antiromantisk verk.* Oslo 1948.

[279] *Dbl.* 17.2.1948.

[280] *V.G.* 6.3.1948.

[281] *Dbl.* 3.3.1948.

[282] Brev til HJN 13.11.1951.

[283] *Arb.b.* 3.3.1948.

[284] *B.T.* 19.3.1948.

[285] *Politiken* 25.7.1948.

[286] *Sydsvenska Dagbladet* 27.7.1948.

[287] *V.G.* mars 1949.

[288] *Aft.p.* 21.3.1949.

[289] *Dbl.* 21.3.1949.

[290] *V.G.* mars 1949.

[291] *Dbl.* 26.3.1949.

[292] *V.G.* 5.10.1949.

[293] *B.A.* 16.10.1945.

[294] *Dbl.* 14.5.1947.

[295] *V.G.* 30.1.1948.

[296] *B.T.* 9.6.1948.

[297] *B.T.* 18.6.1948.

[298] Ibid.

[299] *M.B.* 29.5.1953.

1950–1960

[300] *Svenska Dagbladet* 6.8.1950.

[301] *Aft.p.* 18.1.1951.

[302] *Arb.b.* 19.1.1951.

[303] *Dbl.* 19.1.1951.

[304] Brev til Olav Gurvin (OG) 12.4.1953, UiO.

[305] Brev til OG 14.4.1953. UiO.

[306] Ibid.

[307] *V.G.* 26.4.1954.

[308] *Mo.a.B.* 28.4.1954.

[309] Ibid.

[310] *Mo.a.B.* 30.4.1954.

[311] *New York Times* (NYT) 16.6.1953.

[312] Gjengitt i *Aft.p.* 21.11.1953.

[313] *Aft.p.* 14.1.1953.

[314] *Politiken* 24.9.1954.

[315] Gjengitt i *V.G.* september 1954.

[316] Gjengitt i *V.G.* 14.1.1955.

[317] *V.G.* 22.2.1955.

[318] *The Scotsman* 31.1.1956.

[319] *Aft.p.* 20.8.1956

[320] 3.3.1958.

[321] Gjengitt i *Aft.p.* 15.4.1958.

[322] *Mo.a.B.* 6.6.1956.

[323] Sir John Barbirolli i Torsteinson etc.

[324] *Stavanger Aftenblad* (S.A.) 14.8.1952.

[325] *The Minneapolis Star* 8.7.1953.

[326] *NYT* 26.2.2957.

[327] *New York Herald Tribune* (NYHT) 26.2.1957.

[328] *B.T.* 8.8.1957.

[329] *Dbl.* 28.4.1958.

[330] UPI-melding. Gjengitt i *Mo.a.B.* 20.10.1958.

[331] Gjengitt i *B.A.* 20.10.1958.

[332] *Aft.p.* 13.6.1959.

[333] Ibid.

[334] *Aft.p.* 13.6.1959.

[335] *Dbl.* 10.10.1959.

[336] *Arb.b.* 12.10.1959.

[337] *Morgenposten* (M.P.) Oslo 10.10.1959.

[338] Ibid.

[339] *Aft.p.* 15.5.1965.

[340] *Aft.p.* 7.9.1996.

[341] Arb.b. 25.4.1955.

[342] L. Reitan og Reidar Storaas. Red.: *Spill orkester spill!* Bergen 1990.

[343] *Berlingske Tidende* (Berl.T.) 8.2.1963.

[344] *Mo.a.B.* 3.10.1965.

[345] Ibid.

1960–1970

[346] *V.G.* 12.5.1960.

[347] Gjengitt i *Aft.p.* 2.5.1960.

[348] *Mo.a.B.* 7.6.1960.

[349] Brev til Lorentz Reitan. Jfr. «Harald Sæverud» i *Cappelens Musikkleksikon*. Oslo 1980.

[350] *Aft.p.* 5.10.1960.

[351] Ibid.

[352] *Dbl.* 5.10.1960.

[353] *Mo.a.B.* 6.10.1960.

[354] *Dagens Nyheter* 11.3.1961.

[355] *Aft.p.* 15.5.1965.

[356] *Mo.a.B.* mai 1965.

[357] Harmonien. Programkommentar 19.10.1961.

[358] Sverre Hagerup Bull, red.

[359] *Dbl.* 6.3.1965.

[360] *M.P.* 6.3.1965.

[361] *Dbl.* 8.10.1965.

[362] *Dbl.* 13.6.1966.

[363] *Arb.b.*14.6.1966.

[364] *Aft.p.* 13.6.1966.

[365] *Aft.p.* 15.5.1965.

[366] Ibid.

[367] Gjengitt i *V.G.* 30.10.1962.

[368] Ibid.

[369] Gjengitt i Bo Wallner: *Vår tids musik i Norden*. Stockholm 1968.

[370] Ibid.

[371] Ibid.

[372] *Berl. T.* 7.2.1963.

[373] Gjengitt i *Mo.a.B.* 2.6.1964.

[374] Ibid.

[375] *Arb.b.* 4.6.1964.

[376] Umerket avis 5.6.1964.

[377] *B.T.* 15.4.1967.

[378] *Mo.a.B.* 25.4.1967.

[379] *Dbl.* 15.4.1967.

[380] *Dbl.* 10.5.1967.

1970–1992

[381] Harmonien. Programkommentar 8.1.1970.

[382] Jfr. Vedtekter for Vestmannalaget. 1971.

[383] Gjengitt i Haanaas, Clausen, Jerdal: *Vestmannalaget i 110 år.* Bergen 1978.

[384] *Dbl.* 9.9.1972.

[385] *B.T.* 19.3.1966.

[386] *Aft.p.* og Dbl. 3.2.1972.

[387] *B.A.* 13.12.1951.

[388] *B.T.* 27.10.1979.

[389] Platekommentar. SIMAX PSC 1094.

[390] Festspillboken. Festspillene i Bergen 1978.

[391] Reitan/Storaas.

[392] Udatert utklipp.

[393] *New York World Telegram and Sun* 24.4.1963.

[394] Udatert utklipp.

[395] J. H. Kayser i Torsteinson.

[396] *Aft.p.* 12.2.1966.

[397] *Aft.p.* 14.2.1966.

[398] Gjengitt i *B.T.* 1.4.1972.

[399] *Svenska Dagbladet* 20.3.1974.

[400] *B.T.* 15.4.1972.

[401] Udatert skisse. H.S. etterlatte papirer.

[402] Brev til DMJ 10.3.1964. UiO.

[403] Gjestebok. Siljustøl.

[404] NTB 21.5.1986.

[405] NTB 12.4.1987.

[406] *B.T.* 21.4.1987.

[407] Et sørgelig kapitel.

[408] *Dagen*. Julenummer 1946.

[409] *Aft.p.* 18.8.1979.

[410] *Arb.b.* 1.6.1983.

[411] *Dag og Tid* 26.6.1965.

[412] Et sørgelig kapitel.

[413] Ibid.

[414] *Programbladet*, NRK nr. 14. 1977.

[415] Brev til G. S. 4.2.1920

[416] Udatert manus fra H.S.

[417] *Norsk Musikkliv* nr. 6, 1943.

[418] Udatert manus. Ca. 1931.

[419] Meyer, Müller-Marein og Reinhardt.

[420] *Vårt Land*, Oslo 21.5.1966.

[421] I. Bengtsson, red.: *Modern Nordisk Musik.* Stockholm 1957.

[422] *B.T.* 14.4.1987.

[423] Gjengitt i *B.A.* 29.3.1992.

[424] *Aft.p.* 15.5.1966

[425] *Dagens Nyheder*, København 1.6.1958. Gjengitt i Torsteinson.

Verkregister (verk omtalt i boken)

Navneregister

Opusliste

Følgende opusliste er utarbeidet i samarbeid med avdelingsleder Siren Steen, Musikkavdelingen, Bergen Offentlige Bibliotek.
BOB = Bergen Offentlige Bibliotek, Musikkavdelingen
NMI = Norsk Musikkinformasjon, Oslo
NMS = Norsk Musikksamling, Universitetsbiblioteket i Oslo
MHF = Musikk-Husets Forlag A/S, Oslo
NM = Norsk Musikforlag A/S, Oslo

Op. 1 5 Capricci. Klaver solo (1918–19)
Til Borghild Holmsen. Uroppført i Bergen 27.9.1921 av Borghild Holmsen (2 stk.); Oslo 26.1.1932 av Robert Levin (3 stk.). NM

Op. 2 Symfoni nr. 1, g-moll (1916–20)
1. del: Symfonisk fantasi, op. 2a. Uroppført i Kristiania 4.3.1920 av Filharmonisk Selskaps Orkester. Dirigent: Torolf Voss. NMI
2. del: Symfonisk fantasi, op. 2b. A Gerhard Schelderup. Uroppført i Berlin 9.4.1921 av Berlin Filharmoniske Orkester. Dirigent: Johan Ludwig Mowinckel jr. Også kjent som «Finale av symfoni nr. 1», senere omarbeidet til «Overtura appassionata». Uroppførelse av sistnevnte versjon i Oslo 16.10.1939 med Filharmonisk Selskaps Orkester. Dirigent: Odd Grüner-Hegge. MHF

Op. 3 Sonate i g-moll for klaver (1921)
1. Allegro maestoso – presto con fuoco
2. Pastorale: Allegretto grazioso quasi andantino
3. Allegro molto e agitato
(2. sats tilegnet Rannveig Torstensen)
Uroppført i Bergen 30.10.1922 av Dagny Solheim. NMI

Op. 4 Symfoni nr. 2, c-moll (1922)
1 Sonata grande
2. Andante mesto
3. Finale
Til Vivi og Joh. Ludw. Mowinckel! Uroppført i Bergen 22.11.1923 av Musikselskabet Harmoniens Orkester. Dirigent: Harald Sæverud.
Omarbeidet versjon:
1. Entrata drammatica
2. Andante mesto
3. Sonata grande
Nyoppført i Bergen 25.11.1934 av Musikselskabet Harmoniens Orkester. Dirigent: Olav Kielland. NMI

Op. 5 Symfoni nr. 3, b-moll (1925–26)
1. Andante molto mosso – Allegro molto con grazia
2. Andante
3. Finale – Allegro molto
Uroppført i Bergen 25.2.1932 av Musikselskabet Harmoniens Orkester. Dirigent: Harald Sæverud. BOB

Op. 6 Suite for klaver (1931)
Preludium
Grazioso
Andante
Scherzando
Rondo
Uroppført i Bergen 23.4.1989 av Einar Røttingen. NMI

Op. 7 Konsert for cello og orkester (1930 –31)
1. Allegro non troppo
2. Andante
3. Rondo
Klaverpartitur. NMI

Op. 8 Cinquanta variazioni piccole for orkester (1931)
An Harald Heide. Uroppført i Bergen 16.3.1933 av Musikselskabet Harmoniens Orkester. Dirigent: Harald Heide. NM

Op. 9 Canto ostinato for orkester (1934)
An Olav Kielland. Uroppført i Oslo 16.11.1934 av Filharmonisk Selskaps Orkester. Dirigent: Olav Kielland. NM

Op. 10 Lucretia-suite. Suite for orkester etter Shakespeares dikt (1936)
A Hans Jacob Nilsen. Uroppført i Bergen 8.4.1937 av Musikselskabet Harmoniens Orkester. Dirigent: Harald Sæverud. MHF.
Scenemusikken til Shakespeare-Obeys «Vold mot Lucretia» ble uroppført den 25.10 1935 på Den Nationale Scene i Bergen.
Dirigent: Sverre Jordan

Op. 11 Symfoni nr. 4 (1937)
Tilegnet Harald Heide. Uroppført i Oslo 9.12.1937 av Filharmonisk Selskaps Orkester. Dirigent: Harald Sæverud. NMI

Op. 12 Konsert for obo og orkester (1938)
1. Allegro moderato
2. Adagio
3. Allegro molto
Til min Marie. Uroppført i Göteborg 16.2.1939. Rolf Lännerholm,

obo, Göteborgs Orkesterförening. Dirigent: Tor Mann. NMI

Op. 13 Divertimento nr. 1. Fløyte og strykere (1939)
Marcia
Amoroso
Andanti
Variazioni continue
An Hilmar Höckner. Uroppført i Bergen 6.3.1941 av Musikselskabet Harmoniens Orkester. Dirigent: Harald Sæverud. NM

Op. 14 Lette stykker for klaver. Hefte 1 (1939)
Småsvein-gangar. Til Sveinung
Syljetone. Til min søster Hildur
Silkesokkslåtten. Til Tormod
Gjætlevise. Til Ketil
Li-tone. Til mormor Sella
Vindharpe-slåtten. Til min Marie
Rondo amoroso. Til mor. Uroppført i Bergen 27.5.1943 av Anne Sofi Grung. MHF

Op. 14a nr 2 Syljetone. Versjon for orkester (1941)
Til Hildur Giørtz. Uroppført i Bergen 27.5.1943 av Musikselskabet Harmoniens Orkester. Dirigent: Harald Sæverud. MHF

Op. 14a nr 7 Rondo amoroso. Versjon for obo, fagott og strykere (1940)
Uroppført i Bergen 6.3.1941 av Musikselskabet Harmoniens Orkester. Dirigent: Harald Sæverud. MHF

Op. 15 Gjætlevisevariasjoner. Orkester (1941)
Til Martin Hjertholm. Uroppført i Bergen 6.3.1941 av Musikseskabet Harmoniens Orkester. Dirigent: Harald Sæverud. MHF

Op. 16 Symfoni nr. 5, Quasi una fantasia (1941)
Også kalt Motstandsviljens symfoni
A Bozidar Jakac. (Uroppført sammen med op. 15) MHF

Op. 17 Siljuslåtten. Symfonisk dans for klaver (1941)
Til min bror Bjarne. NM

Op. 17a Siljuslåtten. Symfonisk dans for orkester (1942)
Til min bror Bjarne. Uroppført i Bergen 18.3.1943 av Musikselskabet Harmoniens Orkester. Dirigent: Harald Heide. NM

Op. 18 Lette stykker for klaver. Hefte 2
Stevnemøte, men hun kom ikke
Småfugl-vals. Til Ingebjørg Gresvik
Bryggevalsen
Vals til en liten pike. Til Sofie
Venevil
MHF
Småfugl-vals. Versjon for kammerorkester.
Uroppført i Bergen 17.4. 1941 av Musikselskabet Harmoniens Orkester. Dirigent: Harald Sæverud. MHF

Op. 19 Symfoni nr. 6, Sinfonia dolorosa (1942)
Til Audun Laviks minne. (Uroppført sammen med op. 14) MHF

Op. 20 Galdreslåtten. Symfonisk dans med passacaglia for orkester (1942)
A Juri Shaporin. (Uroppført sammen med op. 14) MHF

Op. 21 Slåtter og stev fra Siljustøl. 1. Suite. Klaver (1942)
Kristi- Blodsdråper
Dvergmål-slått
Bå'nlåt
Kvelling-sull og lokk
Siljustøl-marsj
MHF

Op. 21a Blåsekvintett nr, 1. Slåtter og stev fra Siljustøl. Suite 1
Uroppført i Bergen 17.10.1982 av Bergen Blåsekvintett: Gro Sandvik, Steinar Hannevold, Lars Kristian Holm Brynildsen, Per Hannevold og Fred Johannesen. MHF

Op. 21a nr 5 Siljustøl-marsj. Versjon for orkester (1943)
Uroppført i Bergen 17.4.1947 av Musikselskabet Harmoniens Orkester. Dirigent: Harald Sæverud. MHF

Op. 22 Slåtter og stev fra Siljustøl. 2. Suite. Klaver (1943)
Revebjølle
Kvernslått
Den siste bå'nlåt (moren ved sitt døde barns vugge)
På kingelvevstrenger
Kjempevise-slåtten. Til Heimefrontens store og små kjempere.
MHF

Op. 22a nr 2 Kvernslått. Versjon for kammerorkester
MHF

Op. 22a nr 3 Den siste bå'nlåt. Versjon for strykere
Uroppført i Bergen 31.1.1946 av Musikselskabet Harmoniens Orkester. Dirigent: Harald Sæverud. MHF

Op. 22a nr 5 Kjempevise-slåtten. Versjon for orkester
Uroppført i Oslo 4.10.1945 av Filharmonisk Selskaps Orkester. Dirigent: Harald Sæverud. MHF

Op. 23 Romanza for fiolin og orkester (1942)
Uroppført samtidig med op. 22a nr. 3. Solist: Øistein Brandvik. MHF

Op. 23a Romanza. Versjon for fiolin og klaver (1942. Rev. 1978)
Uroppført i Oslo 6.5.1946 av Rolf Myklebust, fiolin og Guttorm Skjerven, klaver. MHF

Op. 24 Slåtter og stev fra Siljustøl. 3. Suite. Klaver (1944)
Bruremarsj
Hjuringen 'pi Eismodal
Bjønn'støkk-lokk
Myrdunspele' på månestrålefele
Hamar-Tor slåtten
MHF

Op. 25 Slåtter og stev fra Siljustøl. 4. Suite. Klaver (1966)
Høgsetestev. A Dagny Solheim Nordbø.
Draumeslåtten
Fossekallen

Tones vuggevise
Rondomoltogâjo
MHF

Op. 26 Planlagt hefte med Slåtter og stev fra Siljustøl

Op. 27 Symfoni nr. 7 i en sats med fem avdelinger. Salme (1944–45)
Far og mors symfoni
Uroppført i Bergen 1.10.1945 av Musikselskabet Harmoniens Orkester.Dirigent: Harald Sæverud. MHF

Op. 28 Scenemusikk til Henrik Ibsens Peer Gynt (1947)
Uroppført på Det Norske Teatret, Oslo 2.3.1948. Dirigent: Harald Sæverud. Instruktør: Hans Jacob Nilsen
Orkestersuite på 17 nummer uroppført i Bergen 18.3.1948 av Musikselskabet Harmoniens Orkester. Dirigent: Harald Sæverud. MHF

Op. 28 nr 1 «Peer Gynt». Suite nr. 1. Orkester (1947)
Fa'ens femsteg
Dovreslått
Salme mot Bøygen
Blandet selskap
Solveig synger
Anitra
MHF

Op. 28 nr. 2 «Peer Gynt». Suite nr. 2. Orkester (1947)
Peer-ludium
Brureslåtten
Hotaren
Gravsalme
Tvinnan
Her er mitt keiserdom!
Sov du dyreste gutten min
MHF

Op. 28 «Peer Gynt». Utdrag for piano
Fa'ens Femsteg

Brureslåtten
Hotaren
Dovreslått
Salme mot Bøygen
Anitra
Solveig synger
Gravsalme
Tvinnan
Pinsesalme
Sov du dyreste gutten min
MHF

Op. 28 12 orkesterstykker fra Henrik Ibsens Peer Gynt (1947). MHF

Op. 29 Musikk til Stein Bugges Olav og Kari. Scenemusikk (1948)
Uroppført på Den Nationale Scene i Bergen 17.2.1948.

Op. 30 Seks sonatiner. Klaver (1948–50)
Til Elisabeth de Martens
Til Sidsel Brath Tvedt
Til Tone Solheim Nordbø
Til Anja Vögg Lunn
Til Bitte (Franciska Sitje Mohr)
Til Eva Nordenfelt
MHF

Op. 30a nr 1 Sonatina for fiolin og klarinett
Urfremført i Bergen 1954. NMI

Op. 31 Konsert for klaver og orkester (1948–50)
1. Allegro non troppo
2. Andante cantabile
3. Allegro
A Robert Riefling
Uroppført i Bergen 7.12.1950 av Robert Riefling og Musikselskabet Harmoniens Orkester. Dirigent: Olav Kielland. MHF

Op. 32 20 små violinduetter (1951)
MHF

Op. 33 Havråtunet. Filmmusikk. Orkester (1954)
Première i Oslo 9.3.1956. NMI

Op. 34 Kejser og Galilæer. Scenemusikk til Ibsens drama (1949–51)
Fragmenter uroppført i Bergen 18.10.1951 av Musikselskabet Harmoniens Orkester. Dirigent: Harald Sæverud
Komplett orkestersuite (1949–86)
Kejser Konstantins sørgemarsj – Lovsang i kirken
Stridende krefter
Folkeliv og bakkanal
Øksen ligger ved treets fot
Uroppførelse ved Festspillene i Bergen 27.5.1986. Musikselskabet Harmoniens Orkester. Dirigent: Aldo Ceccato. NMI

Op. 35 *Sjå* soli på Anaripigg. Blandet kor (1952)
Norsk folketone. Tekst E. Hougen. MHF

Op. 36 Fuglefløyt-variasjoner. Klaver (1968)
A Torill Melgaard. MHF

Op. 37 Konsert for fiolin og orkester (1956)
1. Allegro ma non troppo
2. Andante sostenuto
3. Allegro molto
Dedicated to the memory of Serge and Natalie Koussevitzky.
Uroppført i Bergen 20.10.1961 av André Gertler og Musikselskabet Harmoniens Orkester. Dirigent: Sverre Bruland. MHF

Op. 38 Vade mors (Vik fra meg død!). Orkester *(*1955–56)
Opprinnelig tittel: Poema Eroica. A Carl Garaguly. Uroppført i Oslo 24.4.1955 av Musikselskabet Harmoniens Orkester. Dirigent: Carl Garaguly. NMI

Op. 39 Allegria. Sinfonia concertante (1957)
A il presidente del Harmonien Fredrik Skancke Andersen.Uroppført i

Bergen 11.4.1957 av Musikselskabet Harmoniens Orkester. Dirigent: Arvid Fladmoe. MHF

Op. 40 Symfoni nr. 8. Minnesota (1958)
Lento (Once upon a Time)
Andante (Hope and Longing)
Scherzo pastorale (Gay Day)
Allegro (Man and Machine)
Uroppført i Minneapolis, USA 18.10. 1958 av Minneapolis Symphony Orchestra. Dirigent: Antal Dorati. MHF

Op. 41 Entrata regale. Orkester (1960)
Tilegnet H. M. Kong Olav V. Uroppført 27.5.1960 under Festspillene i Bergen. Musikselskabet Harmoniens Orkester. Dirigent: Arvid Fladmoe. MHF

Op. 42 Ridder Blåskjeggs Mareritt. Dramatisk ballett. Koreograf: Ivo Cramér (1960). Uroppført ved Den Norske Opera, Oslo 4.10.1960. Dirigent: Arvid Fladmoe.Orkestersuite:

1. Forspill
2. Digitala
3. Pedantia
4. Vanitasia
5. Querelanta
6. Inquisitana
7. Gelosina
8. Indolenta
9. Grazietta

Oppført 1. gang i Bergen 20.11.1960 av Musikselskabet Harmoniens Orkester. Dirigent: Arvid Fladmoe. MHF

Op. 42 Grazietta fra Ridder Blåskjeggs Mareritt. Klaver. MHF

Op. 43 Håkonshallen. Musikk ved gjenåpningen. Janitsjarorkester (1961). Uroppført i Bergen 14.9.1961
Festopptog (Festmusikk) av Håkonshall-musikken. Orkester (1962)
Uroppført i Bergen 25.5.1962 av Musikselskabet Harmoniens Orkester. Dirigent: Carl Garaguly. NMI

Fanfare Kongen kommer. (1961/67)
Kopi i Bergen Filharmoniske Orkester

Op. 44 Konsert for fagott og orkester (1963. Revidert 1985–87)
A Jan Høye
Allegro
Andante funèbre
Allegro moderato
Uroppført i Bergen 16.4.1964 av Jan Høye. Musikselskabet Harmoniens Orkester. Dirigent: Gunnar Sævig

Op. 44 II Andante funèbre fra fagottkonsert. Cello og klaver (1981)
Uroppført i Bergen 14.4.1977 av Margrethe Willassen, cello og Reidun Askeland, klaver. MHF

Op. 45 Symfoni nr. 9
Allegro appassionato
Andante sostenuto
Poco lento
Moderato Allegro.
A David Monrad Johansen. Uroppført under Festspillene i Bergen 12.6.1966. Musikselskabet Harmoniens Orkester. Dirigent: Karsten Andersen. MHF

Op. 46 Bryllupsmarsj til Sveinung og Kari 2.4.1966
Klaverversjon i BOB.
Marcia solenne. Bryllupsmarsj for orkester (1966)
Uroppført i Bergen 17.4.1967 av Musikselskabet Harmoniens Orkester. Dirigent: Karsten Andersen (manus ukjent)

Op. 47 Sonata Giubilata. Orkester
Uroppført i Bergen 3.9.1970 av Musikselskabet Harmoniens Orkester. Dirigent: Karsten Andersen. Kopi i Bergen Filharmoniske Orkester

Op. 48 Fanfare og hymne. Orkester
Uroppført i Bergen 8.1.1970 av Musikselskabet Harmoniens Orkester. Dirigent: Karsten Andersen. MHF

Op. 48 II Fanfare for tre trompeter og tromme
Kopi i Bergen Filharmoniske Orkester

Op. 49 Strykekvartett nr 1. De to rivalers serenade (1970)
Uroppført i Bergens Kammermusikkforening 18.3.1970 av Harmoniens Strykekvartett: Håkon Gudbrandsen, Henryk Kniejski, Anton Ekerhovd og Jerzy Jasinski. MHF

Op. 50 Mozart - Motto - Sinfonietta. Orkester
Tilegnet Miltiades Caridis. Uroppført i Oslo 2.2.1972 med Filharmonisk Selskaps Orkester. Dirigent: Miltiades Caridis. MHF

Op. 51 Fabula gratulatorum. Piano solo (1973)
A Andor Foldes. BOB

Op. 52 Strykekvartett nr 2 (1975)
Allegro deciso
Andante misterioso
Allegro molto e ben marcato
Allegro deciso
Uroppført i Oslo 17.4.1977 av Bergen Strykekvartett: Rolf Sandvik, Terje Norbeck Johannessen, Jean Tørud og Bo Ericsson. NMI

Op. 53 Overtura Monumentale. Orkester
Uroppført under åpningen av Grieghallen den 24.5.1978 (Festspillenes åpningskonsert). Musikselskabet Harmoniens Orkester Dirigent: Karsten Andersen. NMI

Op. 54 Pastorale. Cello solo. Indian summer (1978)
For Aage Kvalbein. MHF

Op. 55 Strykekvartett nr 3 (1978)
1. Allegro moderato, cantabile («søkende»)
2. Andante con moto («pastoralt hvilende»)
3. Allegro deciso («det siste ord»)
Uroppført 9.5.1979 i Bergens Kammermusikkforening av Bergen Strykekvartett: Rolf Sandvik, Terje Norbeck Johannessen, Jean Tørud og Kerstin Widengård. NMI

Op. 56 Blåsekvintett nr 2 (1983)
1. Allegro con spirito
2. Andante
3. Andantino
4. Vivace
Uroppført i Bergen 23.2.1984 av Bergen Blåsekvintett: Gro Sandvik, Steinar Hannevold, Lars Kristian Holm Brynildsen og Fred Johannesen.
MHF

Verker uten opusnummer

Verker som er oppført og innspilt eller finnes hos NMI. Verkene er for klaver, andre besetninger er markert.
Bukken og gjetene (1940)
Buskebjønn-slått (Fra Tonene lever, Mildred Selmer. Oslo 1946)
Capriccio (1915)
Capriccio: den løsagtige (1922)
Elegie for fiolin og klaver. Tilegnet konsertmester Victor Schuster.
Huldredans Jonsoknat
Karis vals
Kristins vals
Mettes vals
My Ancestors. Fiolin og klaver. Skrevet sammen med Trond Sæverud.
Reisen til eventyrland
Scène Macabre (1983)
Seks små pianostykker. Via nova. København 1952/MHF
Serenata for cello solo
Sonatine for bratsj og klaver (1989)
Ukedagene. 7 små stykker for klaver
Valser Carissimo
Åsnes vals

Diverse

Sanger: *Ei sauevise*. Tekst: Louis Kvalstad. Trykket i Lars Søraas: Sangboka 1960
Ute fra verden vide. Tekst: Herman Wildeney. Trykket i Søraas: Sangboka
Arbeidsbonden. Tekst Inge Krokann, BOB
Kjærlighetsvise. Tekst: Harald Sæverud, BOB

Underveis til fisket. Tekst: Nordahl Grieg, BOB
Sumarnatt-båtsong. Kammerensemble (oppr. op. 14/6. 1940), NMS
Faningen for hardingfele (oppr. op. 36), BOB

Utvalgte CD-innspillinger

PSC 3124 ORCHESTRAL MUSIC Vol 1 (2 CD)
Symfoni nr. 4 og 5. *Sinfonia dolorosa.* Symfoni nr. 7, *Salme. Minnesota-symfoni.* Symfoni nr. 9. *Canto ostinato. Galdreslåtten. Rondo amoroso.* Bergen Filharmoniske Orkester. Dirigent: Dmitri Kitajenko

PSC 3125 ORCHESTRAL MUSIC. Vol 2 (2 CD)
Peer Gynt -suite nr 1 og 2. Konsert for klaver og orkester. *Romanse* for fiolin og orkester. *Fanfare og hymne. Vade Mors. Kjempeviseslåtten. Siljuslåtten. Syljetone. Den siste bå'nlåt. Cinquanta variazioni piccole. Divertimento* for fløyte og strykere. *Gjætlevisevariasjoner. Småfuglvals.* Solister: Einar Røttingen, klaver, Trond Sæverud, fiolin, Gro Sandvik, fløyte. Bergen Filharmoniske Orkester. Dirigent: Karsten Andersen

BIS-CD 762 THE COMPLETE ORCHESTRAL MUSIC. Vol. 1
Sinfonia dolorosa. Galdreslåtten. Kjempeviseslåtten. Peer Gynt -suite nr. 1 og 2. Stavanger Symfoniorkester. Dirigent: Alexander Dmitriev

NCD-B 4954 *Peer Gynt-* suite nr 1 og 2. Oslo Filharmoniske Orkester. Dirigent: Miltiadis Caridis. Konsert for piano og orkester. Solist: Jan Henrik Kayser. Bergen Filharmoniske orkester. Dirigent: Karsten Andersen

NCD-B 4953 *Sinfonia dolorosa.* Symfoni nr. 7, *Salme.* Bergen Filharmoniske orkester. Dirigent: Karsten Andersen. Konsert for obo og orkester. Solist: Erik Niord Larsen. Oslo Filharmoniske Orkester. Dirigent: Mariss Jansons

NCD 4913 Symfoni nr. 9. *Kjempeviseslåtten. Rondo amoroso. Galdreslåtten.* Royal Philharmonic Orchestra. Dirigent: Per Dreier

PSC 1087 COMPLETE WORKS FOR VIOLIN
Konsert for fiolin og orkester. *Romanse* for fiolin og orkester.
Fiolinduetter. Solist: Trond Sæverud. Sønderjylland Symfoniorkester.
Dirigent: Karsten Andersen

ACD 1934 Konsert for fagott og orkester. Solist: Robert Rønnes.
Stavanger Symfoniorkester. Dirigent: Gerard Oskamp

Finlandia
0630-17675-2 *Peer Gynt*-suite nr 1 og 2. Kringkastingsorkestret.
Dirigent: Ari Rasilainen
BIS-CD 291 Blåsekvintett nr. 1. (*Slåtter og stev fra Siljustøl* , Hefte 1)
Bergen Blåsekvintett

PSC 1094 Blåsekvintett nr. 2. Bergen Blåsekvintett

PSC 1141 Strykekvartettene 1–3. Hansakvartetten

VNP 0096-0041 HOMMAGE À SÆVERUD. Strykekvartett nr 3,
div. klaverstykker. Den Norsk Strykekvartett, pianistene Geir Botnen,
Jan Hovden, Audun Kayser, Gudmund Nese og Einar Røttingen

VCD 19084	COMPLETE PIANO MUSIC		CD 1
VCD 19085	«	«	CD 2
VCD 19086	«	«	CD 3

Einar Henning Smebye, piano

PSC 1070 THE COMPLETE PIANO MUSIC. (3 DC)
Inkludert er verker i manuskript som *Sonate* i g-moll og *Suite* op.6.
Einar Røttingen, klaver

PSC 1116 SÆVERUD AMOROSO. Utvalgte klaverstykker, deriblant
Kjempeviseslåtten og *Rondo amoroso*. Jan Henrik Kayser, klaver

BIS-CD 173/174 *Siljuslåtten. Lette stykker for klaver*, op. 14. *Slåtter og stev fra Siljustøl,* hefte 1 og 2. Jan Henrik Kayser, klaver

Sæverud-kalender

Her følger i stikkords form en kronologisk oversikt over de viktigste hendelsene i Harald Sæveruds liv:

1897 Harald Sæverud blir født den 17.4. i Nordnesbakken 7 i Bergen

1905 Familien flytter inn i eget hus i det fasjonable Fjøsanger

1910 Herman P. Sæverud, komponistens far, går konkurs

1913 Middelskoleeksamen, Bergen Katedralskole

1915 Slutter gymnaset for å begynne på Musikakademiet i Bergen. Komponistdebut den 12.12. med *Huldredans* og *Nocturne* fra suiten *Jonsoknat*

1916 Begynner å komponere på sin første symfoni

1919 Militærtjeneste i Kristiania. Møter Christian Sinding og Gerhard Schjelderup

1920 *Symfonisk fantasi,* første sats av symfoni nr. 1, uroppføres i Kristiania med Filharmonisk Selskaps Orkester. Opptas som student ved musikkhøgskolen i Berlin, hvor han studerer komposisjon i to år med Friedrich E. Koch

1921 Annen sats av første symfoni, *Symfonisk fantasi* op. 2b, uroppføres i Berlin med Berlin-filharmonien dirigert av Johan Ludwig Mowinckel jr.. Norsk førsteoppførelse av verket i Bergen i oktober. Oppmuntring fra Carl Nielsen

1922 Møter den slovenske maleren Bozidar Jakac i Berlin. Han maler portrettet «Den Hvite Mann» av Harald Sæverud. Kritiker i Bergens Tidende

1923 Debuterer som dirigent med Harmonien under uroppførelsen av Symfoni nr 2

1924 Tildeles årets beløp fra Wilhelm Hansens legat, København

1925 Studieopphold i Paris

1927 Stipendiesaken i Oslo. Kritiker i Aftenposten

1928 Kinomusiker i Bergen

1932 Dirigerer selv uroppførelsen av sin Symfoni nr 3 i Bergen. Verket fremføres også under den nordiske musikkfesten i Helsinki

1934 Ekteskap med Marie Hvoslef. Flytter inn i «Huset» i Nydalen på Fjøsanger

1935 Komponerer musikk til *Vold mot Lucretia* på Den Nationale Scene. Sveinung blir født. Dirigentkurs i Tyskland hos Clemens Krauss

1937 Eiendommen på Siljustøl kjøpes. Symfoni nr 4 uroppføres i Oslo med Sæverud på dirigentpulten

1938 Medstifter av foreningen Ny Musikk. Tormod blir født

1939 Innflytting på Siljustøl. Ketil blir født. Komponerer *Rondo amoroso*

1941 Uroppførelse i Bergen av *Rondo amoroso,* Symfoni nr 5 og *Galdreslåtten.*

1943 Uroppførelse i Bergen av *Sinfonia dolorosa*. Komponerer *Kjempeviseslåtten*

1945 Uroppførelse av Symfoni nr 7, *Salme* og *Kjempeviseslåtten*

1947 Komponerer ny musikk til Peer Gynt. Representert med *Galdreslåtten* på verdensmusikkfesten for samtidsmusikk i København

1948 *Peer Gynt*-musikken uroppføres 3. mars på Det Norske Teatret

1952 Medlem av Kungliga Musikaliska Akademien i Stockholm

1953 Tildeles statens kunstnerlønn. Leopold Stokowski dirigerer *Kjempeviseslåtten* under de første Festspillene i Bergen

1957 Musikken til *Peer Gynt* oppføres i New York i konsertant versjon med skuespillere. Ridder av 1. klasse av Den Kgl. Norske St. Olavs Orden

1958 *Minnesota-symfoni* uroppføres i Minneapolis 18. oktobber dirigert av Antal Dorati

1960 Styreformann i Musikselskabet Harmonien, og har vervet i fire år. Balletten *Ridder Blåskjeggs Mareritt* uroppføres på Den Norske Opera

1961 Fiolinkonserten uroppføres i Bergen med André Gertler som solist

1966 Symfoni nr 9 uroppføres ved Festspillene i Bergen

1970 *Fanfare og hymne* til Bergen bys 900-års jubileum. Strykekvartett nr 1, *De to rivalers serenade*

1972 *Mozart-Motto- Sinfonietta* uroppføres i Oslo

1973 Ridder av det Jugoslaviske Flagg og «Corresponding member of the Slovene Academy of Sciences and Arts»

1977 Kommandør av Den Kgl. Norske St. Olavs Orden

1978 Overtura monumentale uroppføres under åpningen av Grieghallen i Bergen

1982 Marie Hvoslef Sæverud dør 82 gammel

1986 Festspillkomponist ved Festspillene i Bergen. Uroppførelsen av *Kejser og Galilæer*

1989 Siste originalkomposisjon: *Sonatine for bratsj og klaver*. Får hedersprisen under Spellemann-utdelingen

1992 Harald Sæverud dør 27. mars. Gravlegges på Siljustøl 6. april. Statbegravelse

Billedliste